JOSÉ SÁNCHEZ
ÜBER DIE SEHNSUCHT
Urgrund und Abgründe

José Sánchez

Über

die

Sehnsucht

Urgrund und Abgründe

Aufgang Verlag

© 2015 Aufgang Verlag Augsburg
Das Werk ist urheberrechtlich geschützt.
Alle Rechte vorbehalten
2. durchgesehene Auflage
Redaktion: Renate M. Romor und Christoph Rinser
Umschlagentwurf: Gil Ziner express-graphic.com Caleta de Vélez (MA)
Foto auf der Rückseite: Martina Bieräugel

Gedruckt auf umweltfreundlichem Papier
Printed in Germany
ISBN   978-3-945732-07-6 (Hardcover)
         978-3-945732-06-9 (Paperback)
         978-3-945732-08-3 (eBook)

Bibliografische Information der Deutschen Nationalbibliothek: Die
Deutsche Nationalbibliothek verzeichnet diese Publikation in der
Deutschen Nationalbibliografie. Detaillierte Daten sind im Internet
unter http:// dnb.d-nb.de abrufbar.

Inhaltsverzeichnis

1. Ein deutsches Wort für eine menschliche Urerfahrung. Vom Begriff zum Tiefenphänomen.

2. Männliches und weibliches Empfinden.

1. Wo bist du? 2. Die Heimat, 3. Auch unterwegs bin ich zu Hause: Mischa und Tamita (Eine Erzählung), 4. Das Kind im Menschen, 5. Die Berge, 6. Die Wüste, 7. Die Meere, 8. Das Weltall

Vorbemerkung zum Begriff *Leidenschaft*

1. Wenn der Leib zu eng wird: Explosive Erotik. Das Phänomen Mechthild von Magdeburg (1207–1282), *Anhang:* Katharina von Siena (1347–1380), Jeanne d'Arc (1412–1431), Teresa von Ávila (1515–1582)

Vorwort

Einstimmung

Wer hat nicht oft von Größe und Liebe geträumt – das Bedürfnis nach Anerkennung, den Drang nach Gerechtigkeit gespürt? Auch Ängste, Hoffnungen und der Wunsch nach Geborgenheit bewegen uns. Die Menschen sprechen dabei von Sehnsüchten (Mehrzahl). Um diese geht es in der vorliegenden Abhandlung, vor allem jedoch um deren Wurzel – um das, worauf das deutsche Wort *Sehnsucht* (Einzahl) verweist.

Was bedeutet sie *eigentlich*? Woher rührt sie? Was bewirkt sie?

Langjährige Untersuchungen zu historischen Gestalten, geschichtlichen Ereignissen und Naturphänomenen führten den Autor zu einer Dimension, die ihm tiefer als Denken und Fühlen zu liegen scheint – zu der Ortschaft gleichsam, in der sich die Schicksale schmieden.

Denkansätze hängen von epochalen und individuellen Umständen ab; Gefühle schwanken. Doch das Phänomen Sehnsucht ist von all dem unabhängig; es bezeichnet die Wesensdynamik des Seins selbst. In der Mythologie wird mit aller Selbstverständlichkeit von der Sehnsucht der Natur, ja des Kosmos gesprochen. Ist das nur eine Metapher? Wonach soll sich das Ganze sehnen? Davon wird später ausführlich die Rede sein. Hier sei es nur erwähnt, um den Blickwinkel von Anfang an zu erweitern.

Das Phänomen Sehnsucht betrifft die tiefste Innerlichkeit des Menschen. In unserer Sprache nennen wir es *ein* oder vielmehr *das Tiefenphänomen*.[1] Es ist *allgemein* menschlich, überschreitet die Grenzen der Individualität – erscheint jedoch zugleich bei jedem Einzelnen *einmalig*.

So zeigt die Untersuchung *zum einen*, dass Menschen, die – wie etwa Atomphysiker, Dichter, Ökonomen oder Seefahrer – durch psychische Eigenart und historische Entwicklung weit voneinander entfernt oder gar entgegengesetzt zu sein scheinen, tatsächlich vom selben Drang beherrscht werden. Ob man von der Kraft der Sehnsucht getrieben in der Dichtung, in der Ökonomie, im Sport, im religiösen Glauben, in der Wissenschaft oder in der Wollust aufgeht, ändert nichts an der Substanz der Problematik. Höhenflüge des Geistes sehen gewiss anders aus als die Niederungen des Fleisches. Doch beide stellen unterschiedliche Verwirklichungsversuche ein und desselben Strebens dar.

Zum anderen verbindet die Urdynamik seiner Wesensart den Menschen mit Naturerscheinungen.
Exemplarisch wird auf das Meer, auf Berge und
Vulkane, auf die Wüste eingegangen. Doch auch das
jähe Durchbrechen des Blitzes, die Schnelligkeit des
Lichts, die Wirkung des elektrischen Stroms (es
funkt!) sind lehrreich, um die Labyrinthe der Seele
zu erhellen. Sie spiegeln dem Menschen Inhalte
seines Innenlebens wider – mit seiner Schönheit, mit
seinen Abgründen, mit seinen Gefahren.

Eine ausgezeichnete Bedeutung kommt Phäno-
menen wie *Heimat* und *das Kind im Menschen* zu.
Auch sie werden in einem weiten Horizont situiert.
Man findet zwar die Phänomene als solche überall in
der Natur; doch uns geht es darum, die Eigenart der
menschlichen Erscheinung herauszuarbeiten.

Die Selbstinterpretation des Menschen, die dem
gegenwärtigen Zeitalter zugrunde liegt, war von
Anfang der Hochkulturen an eng (hauptsächlich
vom Kopf her) angelegt; zunehmend wird sie punktuell erfolgreicher, im Ganzen jedoch immer problematischer. Die medizinischen und technischen Errungenschaften erleichtern gewiss das Dasein, der
Lebenssinn lässt sich dennoch wissenschaftlich
nicht herstellen.

Das epochale Unbehagen zeigt, dass materieller
Fortschritt das Wesen des Menschen nicht zu erfüllen vermag. Die herrschende Gier, der Skandal der
Weltarmut und ständiger Kriegsführung werden sich
wohl in naher Zukunft kaum ändern lassen. Doch

immer mehr Menschen sind durch die geschichtliche Entwicklung zutiefst beunruhigt.

Wie es anders werden könnte, wissen wir nicht. Dennoch finden sich in vielen Epochen der Menschheitsgeschichte – so auch heute – seelenverwandte Minderheiten, die sich die Lebensbejahung als Ziel setzen und die Bereitschaft bekunden, an sich selbst arbeiten zu wollen. Hier beginnt die wahre Revolution. Das Fehlen dieser Einsicht bei führenden Persönlichkeiten der Weltgeschichte gehört zu den dramatischen Entdeckungen des vorliegenden Buches.

Das menschliche Leben ist ein spannendes Geschehen – von Überraschungen, erfüllenden Glücksmomenten und beängstigenden Abgründen begleitet. Beides – Höhenflug und Niedergang, Erfolg und Katastrophe, Begeisterung und Willenlosigkeit – ereignen sich oft kurz nacheinander, gelegentlich sogar fast gleichzeitig. Den Grund für diesen abrupten Stimmungswechsel, für die mitten in der Üppigkeit nagende Leere, versucht diese Studie aufzudecken. Sie stellt gleichsam eine Röntgenaufnahme des menschlichen Geistes dar. Geheime Wünsche, verborgene Ecken werden offengelegt. In der Regel spricht man kaum davon, aber sie steuern das private wie das öffentliche Leben.

Das geistige Abenteuer, von dem in diesem Buch berichtet wird, begann vor knapp vier Jahrzehnten ganz privat – also ohne akademischen bzw. literarischen Zweck – mit der philologischen Erkundung des Wortes *Sehnsucht,* das den Autor schon früh fasziniert hatte. Von der muttersprachlichen Gewöhnung nicht betroffen, wirkte in der Frische der

jungen Jahre der ursprünglich gehörte Ausdruck geradezu geheimnisvoll. Beim magischen Ton öffnete sich das Tor. Die Welt des Menschen zeigte sich rein – so wie sie erscheint, bevor sie wissenschaftlich seziert wird, um in Kategorien eingepresst zu werden. Der Anblick war schön und zugleich erschütternd.

Unsägliches wollte sich aussprechen. Was Menschen zu allen Zeiten erfahren, was aber als solches – soweit mir bekannt – in anderen Sprachen kaum zum Ausdruck kommt, begegnete mir um 1970, noch in der Vorhalle meines Forscherlebens, als klangvoller Begriff, der *Exaktheit* und *Unbestimmtheit* als Seiten desselben aufweist.

Es folgten die Versuche, den Menschen von diesem Urgrund her zu verstehen und das philosophische Geschäft bei dem zu beginnen, worauf das so unerwartet entdeckte Tiefenphänomen *Sehnsucht* hindeutete. Der jahrelang in Lehrveranstaltungen vorgetragene Ansatz wurde dann ab 1980 zunächst universitätsintern mitgeteilt und seitdem öffentlich in verschiedenen Dimensionen entfaltet. Dabei hat er sich verändert und weiterentwickelt, Doch die ursprüngliche Einsicht bleibt nach wie vor: Denken, diese erhabene Fähigkeit des Menschen, verliert seine Lebendigkeit, wenn es zu einer institutionalisierten, gar bezahlten Beschäftigung wird. Es kann wieder aufblühen, wenn es sich aus dem tätigen Leben des Menschen ereignet – getragen von Stunden der Stille und Besonnenheit.

Nun geht es hier wieder um den Anfang: um die Geburt jener menschlichen Selbsterfahrung, die, gerade weil so nah, immer wieder übersehen –, und weil so innig, meistens sorgfältig verhüllt wird.

Dieses Buch ist in deutscher Sprache gedacht, aber für alle Menschen geschrieben.

Beendet im August 2015,
Axarquía und München

Einstimmung

Gedächtnis des Lebens,
will Freud und Leid aufheben.

Das Herz ist wie ein Meer,
der Leib das Weltall,
als Tempel gilt das Schifflein,
es gibt jedem den Halt.

Unendliches Verlangen
in endlicher Gestalt.
Die Träume sind vergangen.
Nun bleibt allein die Nacht.
Die Sonne untergangen.
Die Tage werden kalt.
Wohlauf! ruft es erneut,
Der Geist hat noch viel Kraft.

Leise aus der Landschaft
steigt empor der Nebel,
und streichelt die Seele,
wie einst so oft getan.
Gestalten, die schweben,
gegangen sind und leben,
erschüttern die Untiefen
und legen fest den Grund.

Wo seid ihr nun?

Die Worte sind ach! stumm,
Gespräch bringt die Musik,

durchdringend wie der Wind.
Einst bebend, die Erde
Ergriffen singt ihr Lied.
Von Düften sei erfüllt
erneut meine Gegend,
das Frühere verhüllt.

Gedächtnis des Lebens,
will Freud und Leid aufheben.

Erstes Kapitel
Das Wort, der Begriff, die Gefühle

1.
Ein deutsches Wort für eine menschliche Urerfahrung

„Ich habe Sehnsucht", „mich plagen solche Sehnsüchte" ...

Diese einfachen Sätze wären, folgt man der Auffassung einschlägiger Sprachwissenschaftler, in die meisten der uns vertrauten Sprachen eigentlich nicht übersetzbar. Vielleicht aus gutem Grund. Denn zwar – so interpretieren wir – hätten alle Menschen diese Erfahrung. Doch komme anderswo der Wesenszug kaum zum Ausdruck, den das deutsche Wort *Sehnsucht* kennzeichnet.

Nostalgie wird in europäischen Sprachen das Phänomen meistens genannt. Es stammt aus dem Griechischen *nostos* (Rückgang) und *algos* (Leiden). Gemeint ist der Schmerz, den die Unmöglichkeit der Rückkehr (etwa in die Heimat, in die Kindheit) verursacht.

Hinzu kommen andere Ausdrücke. Eine beachtliche Verschiedenheit ist festzustellen:

Im Französischen finden sich *désir ardent, langueur, ennui, vague à l'âme, aspiration. Je m'ennuie de toi* (etwa „ich vermisse dich" = tu me manques). Ein Kenner der Thematik, wie Émile Boutroux, gesteht jedoch, dass der begriffliche Inhalt des deutschen Wortes ins Französische nicht übertragen werden kann.

Außer *nostalgia* finden sich im Spanischen *anhelo* und vor allem *añoranza* (Verbum *añorar*), das vermutlich auf das katalanische *enyorar* zurückgeht. Etymologische Wurzel ist das lateinische *ignorare*: von etwas nicht wissen. „Du bist weit weg, und ich weiß nichts von dir." „Was ist zurzeit in meiner fernen Heimat los?" Dieses Nicht-Wissen macht traurig, tut weh. „So gerne käme ich zu meinen Lieben zurück, doch ich kann nicht." Nahe steht der *añoranza* das vornehmlich in Nordwestspanien (Galizien, Asturien) gebräuchliche *morriña*, das sich eigentlich auf die kleine Heimat, auf den Geburtsort, auf die Familie bezieht. Im Deutschen heißt es *Heimweh*, im Holländischen *heimwee*, englisch *homesickness*.

Das Thema der Nostalgie nach der Heimat, fern von der man leben muss, hat Milan Kundera in seinem Roman *Die Unwissenheit* (2001) entfaltet. Durch Rückgriff auf den Ulisses-Mythos (Odysseus) – den verzweifelten Versuch der Heimkehr nach Ithaka – und durch den Vergleich mit Ausdrücken aus verschiedenen Sprachräumen hat er die Bedeutung herausgearbeitet.

Das Isländische, eine der ältesten indogermanischen Sprachen, unterscheidet zwischen allgemeiner Nostalgie (*söknudur*) und konkretem Heimweh (*heimfra*). Ebenso hat das Tschechische für Nostalgie ein eigenes Wort (*stesk*), mit dessen Verbum der Satz gebildet wird *styska se mi po tobe* (ich vermisse dich,

ich kann den Schmerz deiner Abwesenheit nicht mehr ertragen).

Alle diese Ausdrücke beinhalten als Hauptbedeutung die Traurigkeit, welche die Abwesenheit eines geliebten Menschen, der Heimat oder auch einer teuren Sache verursacht. Entscheidend ist dabei der Rückblick auf die Vergangenheit, der Bezug auf etwas, das nicht da ist.

Umfassender ist die portugiesische *saudade*. Das Wort kommt aus dem Lateinischen „solitas" und bezeichnet eine tiefe Melancholie, die durch die Erinnerung an eine frühere Freude hervorgerufen wird. Mehrere Gefühle klingen zusammen: Liebe, Verlust, Ferne, Leere, Not. Was einmal erfreute, ist nun weg, dessen Erinnerung jedoch bedrückt und beflügelt zugleich die Gegenwart. Wegen dieser Bedeutungsmannigfaltigkeit ist *saudade* ein grundlegender Begriff der portugiesischen und brasilianischen Kultur. Er wächst aus der Lebenserfahrung hervor, worauf der *fado*, die *samba*, die *bossa nova* und auch *cabanga* hinweisen.

Der portugiesische Schriftsteller Manuel de Melo definierte im Jahre 1660 *saudade* als „bem que se padeçe y mal de que se gosta" (Gutes, das man erleidet, und Leiden, das man genießt). Sie vereinigt Lebensfreude, süße Traurigkeit und tiefen Schmerz, Kreativität und melancholische Traditionsgebundenheit, Metaphysik und Sinnlichkeit, Mystik und Sexualität. Aus diesem Reichtum an Erlebnissen entstand in Portugal zu Beginn des 20. Jahrhunderts die literarische und spirituelle Bewegung *saudismo*, zu der die Schriftsteller Teixeira de Pascoaes (1877–1952) und Fernando Pessoa (1888–1935) gehörten. Gemeinsam ist diesen Worten, dass sie sich *konkret* auf Vergangenes beziehen bzw. auf etwas, das dem Menschen fehlt. Dieses Fehlen stimmt melancholisch.

Zum deutschen Wort Sehnsucht gehört dagegen wesenhaft die *Unbestimmtheit*. Man weiß nicht genau, was man will, worunter man leidet. Auf die Frage: „Was hast du denn?", lautet die Antwort: „Nichts, ich weiß nicht …" Die Ursache des Unbehagens liegt nicht außerhalb des Menschen, sondern *in seinem Innersten*.

Diese Grundbedeutung kann mit Zeugnissen aus der deutschen Tradition von Dichtung, Musik und Philosophie belegt werden. Wir kommen später darauf zurück. Hier halten wir fest:

Sehnsucht weist eine transzendentale Dynamik auf, die in den Ausdrücken anderer Sprachen nicht mitklingt. Im Deutschen jedoch besteht eine Nähe zwischen dem Phänomen *Sehnsucht* und dem Wort *einst*. Dieses bezieht sich sowohl auf die Vergangenheit als auch auf die Zukunft: *Damals* und *künftig* werden in einer Grundstimmung der Gegenwart verbunden. Das Leben wird im Zeichen dieser Spannung erfahren – im Zeichen eines Seins, das *ist* und *nicht ist* in einem. Denn es ist nur, indem es verschwindet. Diese Art zu empfinden hat die deutsche Kultur geprägt.

Da es sich um eine menschliche Urerfahrung handelt, findet sich natürlich überall das Phänomen

– aber nicht zugleich der begriffliche Ausdruck dafür.

Im Dialog *Kratylos* erörtert Plato (428–347 v.Chr.) die Volksetymologie des Wortes πόθος (pothos, Sehnsucht). Es weist auf etwas „anderswo Seiendes und Abwesendes". πόθος erscheint ebenso im *Symposion* als Sohn des Eros, die Gestalt des Begehrens, das über sich hinaus auf das gespannt ist, was es nicht besitzt. Und beim *Phaidros* wird πόθος zur Bedingung der Erkenntnis gemacht, mithin in die Ursprünge des philosophischen Dranges gestellt.

Die Erfahrung eines Dranges nach Glück, der im Bereich der Endlichkeit nicht befriedigt werden kann, ist ferner Tatbestand der mystischen Traditionen. Doch nicht nur in der Mystik, auch im Erleben der alltäglichen Religiosität (in der Liturgie wie in Volksliedern) wird das Phänomen Sehnsucht thematisiert.

In die philosophische Spekulation des Abendlandes wurde es durch das jüdisch-christliche Verständnis vom Leben entsprechend eigenartig eingeführt. Demnach wäre die Zerrissenheit des Menschen nicht Merkmal seines Wesens, sondern Folge eines geschichtlichen Urfalls. Der Mensch, so die biblische Überlieferung, sei am Anfang der Geschichte von seinem Ziel abgefallen und seit dem also von sich selbst getrennt, innerlich gespalten. Nun kennzeichne zwar diese Spannung auf tragische Weise seinen historischen Zustand, bestimme jedoch nicht sein Wesen, das sich an den ursprünglichen Ort seines Glückes zurücksehnt. So sei die Entfremdung des menschlichen Daseins als eine vorläufige Stufe aufzufassen. Daher die Vorstellung des irdischen Lebens als eines Aufenthalts in der Fremde („im Jammertal") unterwegs zur Heimat. Die wahre Heimat des Menschen wäre die himmlische, da erst in dieser die Ausgeglichenheit des Ursprungs endgültig auf ewig wiederhergestellt werden soll.

So weit die jüdisch-christliche Vorstellung.

Die indogermanische *Sehnsucht* dagegen weist in eine ganz andere Richtung:

Hier geht es um eine Selbsterfahrung, die weniger verstanden als mitgefühlt werden kann. Die entsprechende Lebensauffassung kommt zum Vorschein in einem Sprachzusammenhang, der sich in Worten wie Nostalgie, einst, Heimweh, Fernweh bekundet. Sie wurde vor allem dichterisch, aber auch philosophisch und sogar naturwissenschaftlich im 18./19. Jahrhundert offengelegt und stiftete eine goldene Epoche der europäischen Geistesgeschichte: die deutsche Romantik. Dann geriet sie in Vergessenheit, und zwar nicht nur philosophisch und wissenschaftlich, sondern auch im alltäglichen Sprachgebrauch. Nicht immer, wenn man das Wort Sehnsucht verwendet, wird auch der Begriff getroffen. Und nicht jeder, der über den Begriff handelt, stellt auch das Phänomen dar.

Sehnsucht ist ein Schlüsselwort, welches den Zugang zur Dimension auftut, aus der die Dränge und die Kraft, aber auch die Widersprüche des Menschen hervorgehen: Ekstase und Verzweiflung, Kreativität und Niedergeschlagenheit, unerhörte Leistungen. Woher kommt der Ausdruck?

Zur Entstehungsgeschichte des Wortes

Sprachgeschichtlich kommt das Phänomen *Sehnsucht* erstmals unter dem Namen *Nostalgie* vor. Der Medizinstudent Johannes Hofer (1662–1752) verfasste seine Doktorarbeit mit dem Titel „Dissertatio medica *de Nostalgia oder Heimwehe*" (Basel 1688). Es ging dabei um das krankmachende Heimweh, das besonders Schweizer Söldner in der Fremde befiel („Schweizer-Heimweh"). Über Heimweh wurde die Nostalgie als Erkrankung behandelt. Nun näherten sich zwar beide dem Phänomen Sehnsucht. Doch dieses blieb als solches unausgesprochen. Dennoch wurde der Begriff durch diese Untersuchung in der Medizin als eine neue Pathologie bekannt.

Seitdem lassen sich zwei Auffassungen unterscheiden: Die eine, eher oberflächliche, sieht die Sehnsucht als punktuelles Gefühl in Bezug auf Menschen, Ortschaften, Epochen usw. Man habe Sehnsucht nach einem Freund, nach dem Geburtsort, nach dem Mittelalter, nach der guten alten Zeit usw. Dabei ist Sehnsucht gleichbedeutend mit Nostalgie. Eine andere Betrachtung jedoch sieht die Sehnsucht geradezu als eine spezifische Grundstimmung, welche die Wesensart des Menschen betrifft.

Diese zweite Auffassung versuchen wir hier zu entfalten. Wir gehen von der etymologischen Bedeutung des Wortes aus und schreiten fort bis zum Begriff. Dann versuchen wir das Phänomen zu erhellen.

Was bedeutet Sehnsucht?
Vom Begriff zum Tiefenphänomen

Die Herkunft des Wortes ist unklar. Allgemein wird jedoch als sicher angenommen: Am Ursprung steht nicht Suchen, sondern *Siechtum,* es hat also mit krank machen zu tun. Aber es hängt auch mit *sehnen* (Bogen spannen) zusammen. So empfehlen Sprachwissenschaftler, angesichts der philologischen Ungewissheit, zur Klärung des Begriffs die Philosophie einzuschalten.

Nun hat ausgerechnet ein Mann des Volkes, der Görlitzer Schuster Jakob Böhme (1575–1624), den Hegel den ersten deutschen Philosophen nannte, eine tiefsinnige Interpretation geliefert, die philosophiegeschichtlich einflussreich gewesen ist. Von einem unmittelbaren Verständnis des Wortes ausgehend zielt er geradewegs auf den Grund. In seiner Schrift Von der Gnadenwahl schreibt er:

> Der Ungrund ist ein ewig nichts, und machet aber einen ewigen Anfang, als eine *Sucht.* Denn das Nichts ist eine Sucht nach etwas. Und da doch auch Nichts ist, das Etwas gebe, sondern die Sucht ist selber das Geben dessen, das doch auch ein Nichts ist, als blos eine begehrende Sucht [...] So dann nun also eine Sucht im Nichts ist, so machet sie ihr selber den Willen zu etwas; und derselbe Wille ist ein Geist, als ein Gedancke, der gehet aus der Sucht, und ist der *Sucht Sucher,* denn er findet seine Mutter durch die Sucht.

Der sprachlich feinfühlige Naturphilosoph hält alle Aspekte zusammen. Sehnsucht sieht er als brennendes Verlangen, einen Urtrieb, der nicht erst im Lebendigen wohnt. Es ist der Drang des Seins, der die Materie über sich hinaus zur Pflanze und die Pflanze zum Tier wachsen lässt. So findet der Görlitzer Mystiker die Sehnsucht in Gott selbst. Genauer: Gott ist eine Bezeichnung für die ursprüngliche Energie, aus der alles entsteht. Die Urenergie ist kein Seiendes, hat keine Gestalt. Vielmehr geht aus ihr, die sie nichts ist, alles hervor. Am Anfang war ein purer Drang – Seinsdrang. Ohne ihn gäbe es kein Leben.

Von seinen Zeitgenossen befragt, wie er trotz geringer Bildung zu solchen Spekulationen komme, pflegte Jakob Böhme zu antworten, der Mensch brauche nur in sich selbst zu schauen und seine Umgebung zu beobachten. Das Studium in der Hochschule sei wichtig. Doch der Mensch müsse zuvor unmittelbar sehen und hören lernen.

Denkgeschichtlich stehen wir vor einem Paradoxon. Obwohl es sich um ein deutsches Wort handelt, das eine menschliche Urerfahrung eigenartig zum Ausdruck bringt, haben ausgerechnet deutsche Philosophen Schwierigkeiten, ja regelrechte Scheu, sich mit dem Thema angemessen zu befassen.

Kant hat sich abfällig über Sehnsucht geäußert. Sie sei nur der „leere Wunsch [...] die Zeit zwischen dem Begehren und Erwerben des Begehrten vernichten zu können". Der Grund für diese Geringschätzung: Das Phänomen Sehnsucht lässt sich weder analytisch erforschen noch von der Vernunft überblicken. Denn es reicht tiefer, entzieht sich dem wissenschaftlichen Zugriff.

Ähnliches zeigt sich bei Hegel. Persönlich soll er gefühlsbetont gewesen sein, wehrte sich jedoch vehement dagegen, Thema der Philosophie werden zu lassen, was nicht begrifflich erfasst werden kann. In der Phänomenologie des Geistes heißt es:

> Dieses unglückliche, in sich entzweite Bewußtsein muß also, weil dieser Widerspruch seines Wesens ein Bewußtsein ist, in dem einen Bewußtsein immer auch das andere zu haben, und so aus jedem unmittelbar, indem es zum Siege und zur Ruhe der Einheit gekommen zu sein meint, wieder daraus ausgetrieben werden.

Das Verlangen nach dem „unwandelbaren Wesen" gilt ihm als Grundantrieb des Philosophierens, das nach dem letztlich Wahren und Sicheren trachtet – in der Gewissheit, es geschichtlich auch erlangen zu können. Das ist der Widerspruch Hegel'schen Denkens: Es wird angestrebt, was innerweltlich nicht vollzogen werden kann. So bleibt er, im Versuch ihr zu entgehen, vom Traum der Sehnsucht gefangen.

Diese Inkonsequenz hat der dänische Denker Søren Kierkegaard offengelegt. Hegel sei der absolute deutsche Professor, der Paläste baue, während er selber in einer Hütte wohne.

Die These, dass *Sehnsucht* als eigentümlich seelisches Empfinden die deutsche Kultur wesentlich prägt, ist nicht neu. Doch das besagt keineswegs, dass sie immer in gleichem Sinne vertreten worden wäre. Um den Unterschied zu verdeutlichen, sei exemplarisch auf eine französische und eine deutsche Interpretation zurückgegriffen.

Um die Bedeutung der Sehnsucht für die deutsche Kultur zu erklären, wies der französische Philosoph Émile Boutroux auf Naturbedingtheiten hin. Durch das meist schlechte Wetter bedingt, habe das deutsche Volk die Tendenz, in den Süden zu fliehen, den es idealisiere. Das erkläre eine doppelte Tatsache: Der deutsche Mensch sei immer enttäuscht, wenn er im Süden ankommt, denn er finde dort natürlich nicht das, was er in seiner Phantasie imaginiert habe. So wolle er, kaum angekommen, schon wieder weg. Das Immer-wieder-Wegwollen werde ihm allmählich zum psychischen Zustand – und die Nichtigkeit alles Bestehenden zur typisch deutschen Grundsicht.

Boutroux' Auffassung entspricht einem Gemeinplatz, der gewiss seinen Grund hat: Das launische Wetter sei eine Grundlage für die deutsche Eigenart im Guten wie im Schlechten. Damit will er den (scheinbaren) Widerspruch oder gar das Rätsel klären, dass eine Unzufriedenheit mit sich selbst, ein Mangel also an Selbstliebe, mit den Leistungen einer der größten Weltkulturen einhergeht.

Boutroux' Auffassung ist nicht banal. Klimatische Bedingungen prägen zweifelsohne die Wesensart des Menschen. Doch die konkrete Schlussfolgerung Boutroux' überzeugt aus zwei Gründen nicht: Erstens ist die Unzufriedenheit mit sich selbst keine spezifisch deutsche, sondern eine allgemein menschliche Stimmung. Zweitens hat nicht jedes Volk, das in einer kalten Weltgegend verwurzelt ist, eine derart große Kultur und so viele Zeugnisse von Lebenslust hervorgebracht. Es gibt kaum eine Weltgegend, in der nicht deutsche Menschen mit Firmengründungen, Stiftungen, Vereinen usw. wirken würden. Geht diese Energie auf die Pein der eigenen Leere zurück? Jedenfalls dient sie als Startbahn für erstaunliche Leistungen. Die Unruhe des deutschen Geistes schlägt in Kreativität und Produktivität um.

Doch Boutroux' Deutung beschränkt sich auf die Außenseite des Phänomens. Die Innendimension betrachten dagegen deutsche Denker, die auf den Wesenszug der eigenen Empfindsamkeit selbstinterpretierend eingehen.

Es finden sich einerseits Aussagen, die das Phänomen reflektieren, und andere, die Wort und Begriff programmatisch hervorheben.

Als genuiner Exponent der deutschen Denkart kann der bereits zitierte Natur- und Sprachphilosoph aus Görlitz, Jakob Böhme, angeführt werden.

Der Drang, ursprüngliches Wissen zu erlangen und grenzenlose Liebe zu erfahren, machte aus dem ungebildeten Schuster einen intuitiven Wissenschaftler. Émile Boutroux könnte natürlich interpretieren, in jener deutsch-polnischen Gegend sei das Wetter meistens so unfreundlich, dass die Menschen die Neigung stark entwickelt hätten, in mystisch-philosophische Dimensionen zu fliehen.

Man kann das Phänomen aber anders erklären. Schelling zum Beispiel schrieb:

Man kann nicht umhin, von Jacob Böhme zu sagen, er sei eine Wundererscheinung in der Geschichte der Menschheit, und besonders in der Geschichte des deutschen Geistes. Könnte man je vergessen, welcher Schatz von natürlicher Geistes- und Herzenstiefe in der deutschen Natur liegen, so dürfte man sich nur an ihn erinnern, der über die gemein-psychologische Erklärung, die man von ihm versucht, in seiner Art ebenso erhaben ist, wie es z.B. unmöglich wäre, die Mythologie aus geheimer Psychologie zu erklären. Wie die Mythologie, so ist Jakob Böhme mit der Geburt Gottes, wie er sie uns beschreibt, allen wissenschaftlichen Systemen der neueren Philosophie vorausgegangen.

Mit dem Ausdruck „gemeinpsychologische Erklärung" ist die Deutung Feuerbachs angezielt. Es gibt nämlich Tiefenphänomene, die von der wissenschaftlichen Schulpsychologie nicht erreicht werden können.

In diesem Sinne besteht die Notwendigkeit, sich an *Jakob Böhme* zu erinnern, heute genauso wie im 19. Jahrhundert. Seitdem haben sich zwar technische Möglichkeiten entwickelt, zugleich sind aber unstreitig menschliche Empfindsamkeiten abhanden gekommen.

Die Spannung zwischen Leidenschaft und Vernunft, zwischen Drang und Besitz, Kampf und Vergeblichkeit durchzieht *Tristan und Isolde*. Die Tragik des menschlichen Schicksals, das Höchste anzustreben und das Unmögliche zu wollen, wird durch Richard Wagner Klang von hinreißender Schönheit. Abgründe tun sich auf. Besessenes Verlangen nach Erfüllung, Blindheit des Begehrens. Die Seele wird zur Wiege der Verzweiflung, der Geist zum Feuer der

Leidenschaft – das Dasein zu einmaligem Abenteuer. Bilder sprechen deutlicher als Worte. Töne geworden, verwandeln sich metaphysische Grundinhalte in die Choreographie des Seins.

E.T.A. Hoffmann entdeckt die unendliche Sehnsucht auch in der Musik Beethovens, des „romantischen Komponisten", der auf die Tiefe des Lebens mit Furcht und Schauder zu schauen vermag. Die majestätische Grundhaltung der sanften Transzendenz durchstimmt Bachs Präludien und Fugen. Bach, Beethoven, Wagner: Drei Exponenten der einen Grunderfahrung.

In all dem, so Friedrich Schlegel, wirke das reine Streben als Mitte des menschlichen Bewusstseins. Es ist der Drang nach dem Unerreichbaren, das Verlangen nach dem Unmöglichen. Durch diesen Impetus hebe sich der Mensch aus den Niederungen des Alltags zu höheren Welten empor. Dynamik der Verwandlung irdischer Inhalte in Erscheinungsformen von Größe und Schönheit.

Schlegel bringt zur Sprache, was sich in seiner Zeit tat: Die Philosophie selbst könne, hoch gedacht, als Wissenschaft der Sehnsucht aufgefasst werden. Sein Bruder August Wilhelm Schlegel schlussfolgert in den Vorlesungen über dramatische Kunst und Literatur: Die Entdeckung der Sehnsucht als Wurzel der menschlichen Dynamik kennzeichne die neue Zeit und unterscheide sie von früheren Epochen:

> Die Poesie der Alten war die des Besitzes, die unsrige ist die der Sehnsucht; jene steht fest auf dem Boden der Gegenwart, diese wiegt sich zwischen Erinnerung und Ahndung.

Der epochale Umbruch im Deutschland des 19. Jahrhunderts ereignet sich in einer Vielfalt von Selbsterfahrungen, die oft von tragischen Schicksalen geprägt sind:

Der schmerzvolle Verlust seiner jungen Verlobten und die Sehnsucht nach Wiedervereinigung bringen Novalis dazu, die Geburt einer neuen Zeit zu entwerfen, in welcher die abendländisch-christliche Zivilisation sich zu erneuern vermöchte.

Einfühlsam öffnet sich das dramatische Schauspiel des irdischen Lebens im Gesang von Joseph von Eichendorff. Von Abschied zu Abschied voranschreitend erweise sich der Mensch als Homo viator, ein Wesen des Unterwegs, geplagt vom Weh nach seinem ewigen Zuhause.

Sehnsucht hat man oft, ohne zu wissen wonach. Heimweh kann man auch zu Hause empfinden. Man sucht die Fülle. Man findet sie lange nicht. Doch dann bricht sie unerwartet aus der verborgenen Mitte hervor.

Die Mitte ist das Herz. Solange es schlägt, gibt es Leben.

Es sprudelt aus dem Menschen hervor, wenn aus dem Ich durch die Begegnung mit dem Du das Wir entsteht. Doch auch in dieser Ekstase bleibt das Unbehagen gleichsam als Siegel der menschlichen Eigenart. Denn auch im Wir bleiben Ich und Du verschieden, einsam.

Goethe hat es so zu Wort gebracht:

> Nur wer die Sehnsucht kennt,
> Weiß, was ich leide!
> Allein und abgetrennt
> Von aller Freude,
> Seh ich ans Firmament
> Nach jener Seite.
> Ach, der mich liebt und kennt,
> Ist in der Weite.
> Es schwindelt mir, es brennt
> Mein Eingeweide.
> Nur wer die Sehnsucht kennt,
> Weiß, was ich leide.
>
> (Mignon)

Die Sehnsucht nach ewiger Jugend liegt dem *Faust* zugrunde. Das Leiden des Vergehens – die Schwere des Altwerdens – ruft bei ihm den Aufstand hervor. Doch dem deutschen Dichter verwandelt sich die uralte Mephistopheles-Thematik von Grund auf. Die Gestalt lebte schon lange in der Literaturgeschichte. Durch Goethe wird sie zu einem Grundsatz endlichen Lebens. Er revoltiert gegen das konventionelle Denken, das vor den tatsächlichen Problemen in formalistische Scheinlösungen flüchtet. Das Dasein wird schonungslos offengelegt. Und da findet sich der Widerspruch, der dem Leben innewohnt:

> Ich bin der Geist, der stets verneint!
> Und das mit Recht, denn alles, was entsteht,
> ist wert, daß es zugrunde geht;
> Drum besser wär's, daß nichts entstünde.
> So ist denn alles, was ihr Sünde,

Zerstörung, kurz, das Böse nennt,
mein eigentliches Element.

Ist alles also nur ein böses Spiel? Gewiss hat es
wunderbare Momente. Doch auf dem Höhepunkt der
Spannung lauert der Spuk der Vorläufigkeit. Das
Glück steht auf schwachen Beinen. Margarethe ist
verliebt. Die große Stunde ist da – der Friede weg:

Meine Ruh ist hin,
Mein Herz ist schwer;
Ich finde sie nimmer
und nimmermehr.
Wo ich ihn nicht hab,
Ist mir das Grab,
Die ganze Welt
Ist mir vergällt.
[...]
Nach ihm nur schau ich
Zum Fenster hinaus,
Nach ihm nur geh ich
Aus dem Haus.
[...]
Mein Busen drängt
Sich nach ihm hin,
Ach dürft ich fassen
Und halten ihn,

Und küssen ihn,
So wie ich wollt,
An seinen Küssen
Vergehen sollt!

Was beunruhigt das Mädchen? Der Schatten der
Vergänglichkeit – die Ahnung, dass alles, was
entsteht, auch einmal zu Ende geht?

Die Ekstase endet in der Katastrophe. Doktor Faust erreicht sein Ziel, Margarethe auch; sie wollte ja erobert werden. Doch der Sieg war kurzlebig, Einsamkeit und Verzweiflung warten.

Goethe verwandelt die Sage des Gelehrten, der ewige Jugend mit Zaubermitteln anstrebt, indem er dem Phänomen das Siegel der Tragik einprägt.

Doch in den Traditionen der germanischen Dichtung finden wir das Phänomen des Ringens gegen das Vergehen auch in anderen Prägungen.

Bei Hölderlin erscheint das Tragische verkleidet im Gewand der Zärtlichkeit. Des Dichters Gesang weht, göttlich vertont, sanft über die Gefilde des Leidens.

> Froh kehrt der Schiffer heim an den stillen Strom,
> Von Inseln fernher, wenn er geerntet hat;
> So käm auch ich zur Heimat, hätt ich
> Güter so viele, wie Leid, geerntet.
>
> Ihr teuern Ufer, die mich erzogen einst,
> Stillt ihr der Liebe Leiden, versprecht ihr mir,
> Ihr Wälder meiner Jugend, wenn ich
> Komme, die Ruhe noch einmal wieder?
>
> (Die Heimat)

Wie eingangs angemerkt, wird in der Dichtung vieler Sprachräume über das Phänomen Sehnsucht gehandelt. Märchen, Mythen und Sagen der Völker erzählen ausgiebig davon. Doch der begriffliche Inhalt des deutschen Wortes ist als solcher nirgends anzutreffen – entsprechend scheint sich selten eine Kultur der Sehnsucht so fruchtbar entwickelt zu haben wie in Deutschland.

In der Deutschen Romantik wurde vornehmlich die Natur bedacht. Im Deutschen Idealismus nahm der Traum des Menschen nach Wissen und Freiheit (nach Selbsthervorbringung) die Mitte ein. In der *Neuzeit* erstrebt die Kultur der Sehnsucht – nach *Nietzsche* und *Wagner* – durch *Martin Heidegger* eine entscheidende Grundlegung. Dabei zeigt sich die gefährliche Seite des Dranges. Er bleibt nicht bei Schönheit und Dichtung, Liebe, Fortpflanzung und Vollendung stehen. Er entwickelt sich zum Wahn einer absoluten Macht. Die Selbststilisierung des Germanischen ist unverkennbar. Heidegger stellt das Sein selbst in die Obhut der Sehnsucht nach Macht und Größe. Hirt des Seins sei der Mensch, Haus des Seins wird seine Sprache genannt. *Sein-zum-Tode* seine Wesensbestimmung. „Sein *und* Zeit" bedeutet: das Sein *ist* Zeit. Dass Sein in seinem Wesen Zeit sei, bringt die Vergänglichkeit zu Wort, welche die Sehnsucht als abgründige Grundstimmung des Menschen hervorruft. Wird damit der Mensch überhaupt getroffen – oder nur der deutsch empfindende, der germanische Mensch?

Alle Kulturen sind von der Tatsache der menschlichen Sterblichkeit gezeichnet. Ägypten ganz besonders. Griechenland ebenso. Doch kaum anderswo wird das Leben so radikal vom Tode her verstanden wie in der deutschen Geistesgeschichte.[2]

Zu dem Wort Sehnsucht gesellt sich eine Reihe

---

[2] Vgl. dazu José SÁNCHEZ DE MURILLO, *Die Deutschen und ihre Minderwertigkeitskomplexe*, in Aufgang 11, Stuttgart 2014.

von ebenso in anderen Sprachen kaum wiederzugebenden Ausdrücken – wie die erwähnten *einst*, *Heimweh*, *Trauer* –, welche die Aura des Germanischen bilden.

Dagegen kann man einwenden: Und die Wissenschaft, die Technik, zu deren Entwicklung die Deutschen beigetragen haben – entstehen sie nicht aus der Liebe zum Leben? Stellen sie vielleicht einen kulturellen Selbstverrat des Germanentums dar? Im Gegenteil. Gerade der Erfolg lässt bei entsprechender Sensibilität die Nichtigkeit menschlichen Tuns erscheinen. Nichts vermag den Menschen zufriedenzustellen. Denn er spürt in jedem Beginn das drohende Ende – deshalb, so Goethe, wäre es besser, dass nichts entstünde. Sein-zum-Tode definiert apodiktisch der germanische Denker. Der nekrophile Wesenszug ist offensichtlich. Die Frage wäre vielmehr: Gibt es in germanischen Welten irgendeine Ecke, wo die Todesangst nicht bestimmend wäre? In den Augen von Albert Einstein bekundet sich unendliche Traurigkeit. Der große Physiker, der privat so unglücklich war, suchte die absolute Wahrheit – und vermutlich auch das absolute Glück – in der Weltformel. Vergeblich. Am Ende war er dort, wo Meister Eckart anfing: Wo war ich, bevor ich war? Was bedeutet der Mensch in der kosmischen Unendlichkeit?

Aus Deutschland kommen gleichzeitig Forderung, Förderung und scharfe Kritik der Technik. Die Vereinigung dieser Gegensätze offenbart die Eigenart dieses Geistes: Das Streben nach dem Unerreichbaren, welches gerade wegen seiner Unerreichbarkeit anzieht, *und* die Unausweichlichkeit des Scheiterns als antreibende Bestätigung des endlichen Unterwegs.

Die Vergeblichkeit menschlichen Tuns ist der geheime Grund, der die deutsche Kultur anspornt. Er wird auch thematisiert – von den Kirchen und Konzertsälen bis in die Bierzelte. Die Sehnsucht ist überall wie die Luft, die man atmet. An einigen Orten tritt sie aber besonders energisch hervor – gleichsam als aufmerksamer Wächter der germanischen Identität.

Warum sonst wurden Deutschland und der deutsche Sprachraum zur Wiege der höheren Musik?

In diesem ureigenen Element entfaltet die Sehnsucht die Vielfalt ihres Geschehens. Durch explosive Leidenschaft oder sanfte Traurigkeit, kriegerisch oder mystisch kommt die Wonne der Ekstase zum Ausdruck: Selbsterfahrung auf höchstem Flug. Gestalt der unendlichen Unruhe, welche Fülle findet in der Stille oder im Kampf.

Wein, Weib, Gesang. Sich selbst verlieren, um das Leben – durch den Genuss der Selbstaufopferung – überhaupt fortzupflanzen. Das Ich wird aufgeopfert, damit das Wir entsteht. Entscheidend ist die Ekstase des Sterbens. Ist das nicht der Alltag des Germanentums? Minnegesänge, Volksfeste, höhere Musik. Kontemplation durch Bach und Erfolgserfahrung bei Mozart und Beethoven. Schubert und Schumann – jeder eine Welt. Dazu der Krieg der Kolosse: Wagner im Liebeskampf mit und gegen Nietzsche. Einheit durch die Vielfalt. In der Verschiedenheit schöpfen alle aus dem einen Grund: Leben durch den Tod, Eros und Thanatos. Sie gehen auseinander hervor.

Gigantische Mythologie als Wiege von Gigantomanie. Das hat zu Katastrophen geführt – obwohl es als Vorbereitung zum großen Schöpfungstag gemeint war, an welchem der Mensch sich endlich selbst begegnet und zu leben anfängt. Das tragischste – wenn auch nicht das einzige – Missverständnis dieses so großen wie gefährlichen Gedankens war der Nationalsozialismus. Er verwechselte die Menschheit mit dem Germanentum.

Derselbe Wind, der die Musik belebt, weht *in der philosophischen Dichtung wie in der mystischen Wissenschaft.* Deren Exponenten sind hochkarätig: Der Naturmystiker aus Görlitz, der den metaphysischen *Ungrund* zu sehen vermeinte, der dominikanische Meister, der zu enthüllen versuchte, *was ich war, bevor ich war*; der Philosoph aus Königsberg, der die begrenzte Welt der Vernunft offenlegte und zugleich vor dem Ding an sich, dem Geheimnis des Noumenons, Ehrfurcht empfand, und der Physiker aus Ulm, der die Relativität in der Unendlichkeit offenlegte, sind Größen aus der gleichen Familie. Unverkennbar die Geistesverwandtschaft. Ob Sturm oder Ruhe, Feuer oder Schnee, Leidenschaft oder Kalkül – in der transzendentalen Spaltung der Sehnsucht pulsiert stets Urleben.

Über Deutschland hinaus ist der Mensch an sich gemeint. Wäre es möglich, diese Seinserfahrung von Nationalismen und Regionalismen dorthin zurückzu befreien?

Ohne das Postulat der Vernunft wäre die Menschheit der Barbarei ausgeliefert. Ohne Wissenschaft und Technik könnte der Mensch sein Dasein auf Erden kaum würdevoll bewältigen. Das Menschliche jedoch blüht erst durch die schöpferischen Prozesse der Kunst auf. Dichtung, Musik, Spiritualität beflügeln zur Dimension, in welcher die Schönheit waltet und auch das Leiden durch die Aura des Erhabenen würdevoll zu erscheinen vermag.

2.
Männliches und weibliches Empfinden

Der Mensch existiert nicht als solcher, sondern nur in der Gestalt von Mann und Frau. Biologisch sind beide notwendig – rechtlich gleichwertig. Doch ontologisch (seinsmäßig, nicht nur physiologisch) prägt der Unterschied die Eigenart.

Die Rede vom Menschen im Laufe der Menschheitsgeschichte war grundsätzlich unzutreffend und ungerecht. Denn es war – offen oder stillschweigend – immer der Mann gemeint. Von ihm aus wurde auch die Frau und der Mensch überhaupt interpretiert.

Nun haben Frau und Mann gewiss die gleichen Rechte und die gleichen Pflichten. Aber die Art zu empfinden, wahrzunehmen, zu lieben und zu denken ist verschieden. Die Wesensverschiedenheit betrifft auch das Phänomen Sehnsucht.

Was Frauen fühlen, können Männer nicht nachempfinden, heißt es. Dennoch scheinen die Geschlechter jeweils klare Vorstellungen über die andere Seite zu haben. *Frauen* seien eher nach innen gekehrt, wärmer, weicher, reiften schneller heran. *Männer* lebten dagegen nach außen hin, seien machtstrebiger, oberflächlicher, langsamer in der Entwicklung.

Diese Behauptungen müssen mit einem Fragezeichen versehen werden. Man glaubt zu wissen, wie der andere ist, aber man spürt zugleich, dass es nicht ganz zutrifft. Die Vorstellung über die andere Seite ist stets von Unbegreiflichkeit überschattet. Beide Aspekte – Empfindung und Geheimnis – begründen die Anziehung und ermöglichen die Begegnung.

Ich weiß nicht, wie der andere Mensch ist. Aber ich spüre in ihm etwas, das mich anzieht. Die geschlechtliche Anziehung geht dem Bewusstsein und dem Willen des Menschen voraus.

Es sind zu unterscheiden: die leibliche und die seelische Anziehung. Die erste äußert sich physiologisch, die zweite psychisch. Beide hängen zusammen, sind dennoch wesensverschieden. Deshalb können sie auch selbstständig wirken. Im Unterschied zu anderen Tierarten hat die Vereinigung von Frau und Mann nicht die Fortpflanzung als ausschließlichen Zweck, wenngleich sie fundamental ist.

Auf die zwischengeschlechtliche Vereinigung ist die physiologische Entwicklung ab dem Augenblick der Empfängnis ausgerichtet. Aus der anfänglichen Undifferenziertheit im Embryo gestalten sich die Geschlechter auseinander und zugleich aufeinander zu. Frau und Mann sind bis in die Einzelheiten so gebaut, dass sie eins werden können. Dieses biologische Faktum des exakten Aufeinander–abgestimmt-Seins wird in den Mythen so erklärt, dass der Mensch ursprünglich in zwei Hälften auseinanderfiel, die keinen anderen Sinn haben als wieder zusammenzukommen.

Von dieser antiken Vorstellung weicht die sachliche Auffassung der Gegenwart nur scheinbar ab. Zwar lautet die neue Erkenntnis: Frau und Mann können in jeder Hinsicht selbstständig leben. Sie sind trotzdem füreinander entworfen worden. Von wem?

Die geschlechtliche Eigenart geht auf Prinzipien zurück. Diese Prinzipien werden das Weibliche und das Männliche genannt. Das Weibliche bestimmt die Frau, das Männliche den Mann. Doch das Weibliche ist nicht identisch mit der Frau, das Männliche nicht identisch mit dem Mann. In jedem Geschlecht wirken vielmehr beide Prinzipien. Aber sie sind jeweils anders konstelliert. Meistens bestimmt das Männliche den Mann und das Weibliche die Frau – aber nicht immer. Deshalb ist nicht jeder Mann vorwiegend männlich, noch jede Frau vorwiegend weiblich. Dennoch sind die Prinzipien richtungweisend für das Verständnis und die Organisation des menschlichen Haushalts.

Das weibliche Prinzip zieht nach innen, nimmt auf, sammelt. Es gestaltet das Heimliche, pflegt die Erinnerung. Es bewahrt in der Wärme auf, ist wesenhaft Gedächtnis.

Das männliche Prinzip drückt vornehmlich den Drang nach außen aus, treibt nach vorne, kämpft, um zu erobern, durchdringt, um zu beherrschen. Es trachtet danach, den Besitz zu sichern, zu vermehren, zu erweitern.

Die Prinzipien sind nicht statisch. Sie offenbaren die Bedeutung ihrer Eigenart in der geschichtlichen Entwicklung.

Der Urmensch jagte, um zu essen und überleben zu können. Er musste kämpfen, sich wehren, Gebiete erobern, um Weite zu gewinnen. Durchsetzungskraft war lebenswichtig. So prägte sich von Anfang an eine hierarchische Ordnung aus. Die Kraft war für das Überleben wesentlich. Und der Mann, der sie verkörperte, übernahm die Führung. So wurde allmählich das Männliche für das Grundlegende genommen und begrifflich mit dem Menschen überhaupt identifiziert. Das Heimliche, Bergende und Wärmende, welches die Frau darstellte, war nur insofern wertvoll, als es den Mann unterstützte, damit er arbeiten konnte und die Ernährung sicherte. Aus diesem Grund wurde das Weibliche zunächst praktisch als untergeordnet und dann begrifflich als zweitrangig angesehen.

Entsprechendes geschah auf der Ebene der Zeugung. Allein die männliche Potenz war zuerst sichtbar gebend, während das Weibliche annahm und im Verborgenen empfing. Es bedurfte vermutlich einer langen Zeit, bis der Zusammenhang zwischen Beischlaf und Zeugung hergestellt wurde – und noch länger, bis die eigentliche Bedeutung des Weiblichen nachvollzogen werden konnte. Anfangs war die Durchdringungskraft des Männlichen ein Wert an sich, der später durch den Aspekt von Belohnung für die Leistungen in Krieg und Arbeit

Steigerung fand. Die Frau ermöglichte das Geschehen, indem sie ihre Rolle passiv auffasste. So wurde übersehen, dass es sich um zwei Seiten handelt, die einander bedingen und ermöglichen.

Die Menschheitsgeschichte wuchs in das Missverständnis hinein.

Die Einseitigkeit wurde sublimiert. Als erste förderte die Philosophie die einseitige Vorstellung, dass das Männliche höher sei als das Weibliche, die Männer also zu herrschen, die Frauen zu dienen hätten. Die entgegengesetzte Entwicklung zu herrschender Frau und dienendem Mann stellt das gleiche Missverständnis in der Umkehrung dar.

In unserer Zeit wird das Verhältnis der Geschlechter zueinander differenzierter gesehen. Zwar sind sie physiologisch so gebaut, dass sie sich vereinen können. Das tun auch die Tiere. Auf der Grundlage dieser tierischen Dynamik seines Wesens entstand bislang und entsteht in der Regel immer noch die Familie. Das ist aber nur *eine* Funktion der geschlechtlichen Anziehung.

Die Vereinigung von Frau und Mann ist von der Natur nicht ausschließlich auf die Fortpflanzung hin geplant. Lust aufeinander und ekstatische Freude miteinander sind gleichfalls Zweck an sich. Daraufhin sind beide Körper strukturiert.

Der Mann ist prinzipiell in Körper und Psyche härter, ausgeformter und starrer als die Frau. Sein Körper ist kräftiger, seine Haut fester, sein Gang zielgerichteter. Die Sexualorgane des Mannes sind nach außen gerichtet, ihre Haltung ist erobernd, gebend, die Keimzellen sind aufsuchend, anstoßend. Die Sexualorgane der Frau sind umgekehrt nach innen gerichtet, aufnehmend, bergend. Das Männliche und das Weibliche wollen dasselbe – aber in entgegengesetzter Richtung.

Daraus ergibt sich die Einsicht:

Das Männliche ist wesenhaft Sehnsucht nach dem Weiblichen.

Das Weibliche ist wesenhaft Sehnsucht nach dem Männlichen.

Aber natürlich sehnt sich empirisch nicht jede Frau nach einem Mann, noch jeder Mann nach einer Frau. Ein Naturgesetz hat genauso viel Gewicht wie davon abweichende Fälle.

Nun stellt die Naturgrundlage die eine Seite dar. Die andere Seite ist, was die Evolutionsgeschichte darauf baut:

Die Urbestimmung des Menschen ergibt sich nicht allein aus der Natur. Diese legt zwar den Grund. Aber das eigentliche Menschsein geht über sie hinaus. So lehrhaft es auch sein kann, auf die Pflanzen- und Tierwelt hinzuweisen, so wenig können nur daraus endgültig bestimmende Grundsätze für die Menschlichkeit gewonnen werden. Dies gilt vor allem im Hinblick auf die basale Naturstufe: die Fortpflanzung durch die sexuelle Begegnung. Denn ein fundamentales Problem besteht darin, dass die basale Stufe auch als die höchste angesehen werden kann.

Der Mensch ist weder als Geistigkeit ohne Natur noch als Natur ohne Geistigkeit lebensfähig. Er ist auch nicht eine Zusammensetzung aus beidem. Nach dreitausend Jahren Philosophie bleibt die alte Frage aktuell: Was ist eigentlich der Mensch? Die klassische Definition animal rationale (mit Vernunft begabtes Tier) hat ausgedient. Denn die Vernunft ist ein Postulat, das den Wunsch nach Ordnung zum Ausdruck bringt. Aber die Rätsel der geschichtlichen Wirklichkeit lassen sich mit der Vernunft nicht erklären. Man muss tiefer ansetzen: in der Tiefe der menschlichen Unruhe.

Das Weibliche und das Männliche sind aufeinander gespannt. Erst durch die gegenseitige Berührung vermögen sie sich als solche zu erfahren. Diese Berührung kann, wenn sie physiologisch geschieht, in der sexuellen Vereinigung gipfeln.

Führt diese zur Befruchtung, geschieht Ursprüngliches:

Für das neue Lebewesen hat der aufnehmende weibliche Genitaltrakt mit seinem Zentrum, der Gebärmutter, nicht nur die Funktion zu nähren und zu schützen. Er ist der Ort, an dem der Mensch als Individuum entsteht, die fundamentalen naturgeschichtlichen Evolutionsphasen durchlebt und die erste grundlegende Erfahrung von Geborgenheit und Heimat macht. Der Uterus ist Wiege und Urheimat des Menschen, wo er in der ursprünglichsten Form Glück erfährt.

Im Mutterleib ereignet sich die erste Selbsterfahrung des Menschen als Wir-Erfahrung im Zeichen der Geborgenheit.

Doch auch die andere Seite muss betrachtet werden.

Die gemeinte Begegnung von Mann und Frau ist zwar von sich aus auf Freude und Ekstase angelegt – obwohl die alten Römer anmerkten: *post coitum tristitia* (nach der Vereinigung kommt die Traurigkeit), was zum Phänomen der Selbstpreisgabe gehört. Doch im Falle einer Schwangerschaft folgen der Freude oft Übelkeit und Unwohlsein. Danach begleiten Wehen, Schmerzen und Ängste die Geburt. Das sind physiologische Tatsachen und zugleich geistige Symbole. Jede Freude weist auf einen Grundmangel hin. Die Ekstase der sexuellen Vereinigung bedeutet einerseits Erfüllung, andererseits ist sie Vorbote einer noch größeren Sehnsucht.

Frau und Mann ermöglichen zusammen Entwicklung und Leben – aber sie beengen sich auch gegenseitig und stiften Tod und Vernichtung. Denn sie bestehen zwar aus derselben materia prima, aber in entgegengesetzter Formation.

Zweites Kapitel
Wonach sich die Menschen sehnen

1.
Wo bist du?

Gelehrte Erläuterungen helfen wenig, wenn ein Mensch Sehnsucht hat. Vielmehr hat er das Bedürfnis sich zurückzuziehen. In der Abgeschiedenheit fühlt er sich manchmal wie von einer Wolke umhüllt – meint die teure Stimme zu hören ... Doch die Sehnsucht sagt oft nichts, sie streichelt die Seele wie ein Hauch von leidender Zärtlichkeit.

Es flüstert dann in mir: „Ich bin traurig, aber ich weiß nicht, was ich habe, ich weiß nicht, was ich will." Es wird heller, die Wolke wird durchsichtig: „Ich sehne mich nach dir. Doch wenn du da bist, sehne ich mich weiterhin – vielleicht nach dem in dir, was ich nicht erreichen kann? Oder sehne ich mich nach dem in dir, wonach du dich auch sehnst?"

Es widerhallt von fernher. Deine Stimme. „Auch du sehnst dich nach mir – nach dem in mir, was nicht einmal ich kenne."

Wir sind im „Siechtum" miteinander verbunden – im Erleiden des Schicksals, dass wir der Fülle stets hinterherlaufen. Meine Fülle bist du.

Oft flüstert die Sehnsucht nicht einmal. Sie steigt stumm aus Tiefen herauf, die uns unbegreiflich sind. Ganz leise spüren wir sie und zart – die große Stille.

In der Einsamkeit spricht alles von dir. Die Bäume und die Vögel, die Berge und das Meer.

Dann litten wir zusammen. Es wurde still. Und du warst weg.

Wo, Liebe, bist du denn? Überall sehe ich deine Augen, überall höre ich deine Stimme, überall spüre ich deinen Geruch. Aber du bist nicht da.

Es war ein Traum. Da freute es mich, dich gefunden zu haben. Doch wenn ich erwache, leide ich erneut. Denn das Verlangen reicht tiefer als das, was jeweils eintritt.

Du bist dasjenige, das nie ankommt, obwohl es immer da ist. Ganz da bist du, und trotzdem verborgen. Dich nur zu spüren befriedigt mich nicht mehr. Ich möchte du sein.

„Ich habe Sehnsucht nach dir!", säuselt der Wind nun im Wald wie einst auf meinen Bergen. Erhabene Tortur, die Wonne einer Qual.

„Wo bist du denn?"

„Ich bin da!"

Ja, ich fühle es, aber ich sehe dich nicht.

Das Unbehagen lässt nicht nach. Eins sollen wir werden – und doch getrennt bleiben. So für immer? Erhabenes Schicksal.

Das Leiden eint. Die Liebe tröstet. Das Kind erfreut. Die große Sehnsucht bleibt unverändert – und schreitet stets voran, begleitet von der Stille, die Kraft und Frieden spendet.

Ruhe in der Unruhe.

Sie strömt aus den Urtiefen empor, durchdringt – hat kein Woher und auch kein Wohin. Stationen einer Reise ohne endgültiges Ziel. Stiftet Mitte, keine Peripherie. Tiefe ohne Grund. Umkreisung des Nirgendwoher und Nirgendwohin. Verlangen als solches, Hingabe und Annahme. Begehren an sich. Das Glück ist überall. Doch ich will nur dich.

2.
Die Heimat

Wenn wir unsere Ursprünge angeben wollen, sprechen wir von *Geburtsort, Familie, Herkunft, Vaterland, Muttersprache, Heimat.* Diese Worte zielen auf dasselbe, doch sie meinen Verschiedenes. Über das Wort können wir auf den Begriff kommen. Heimat ist jedoch mehr als ein Begriff. Muttersprache reicht tiefer als Grammatik, Phonetik und Schreibstil.

In unserer Zeit vermischen sich die Kulturen, Plurikulturalität nimmt zu. So bringt das Wort *Heimat* ein heikles Thema zum Ausdruck. Klare Ideen und gefühlvolle Rücksicht sind notwendig.

Abstammung (Herkunft) ist eigentlich ein biologischer Begriff, der sich in erster Linie auf die Blutsverwandtschaft bezieht und die Weitergabe von Genen über die Generationen hinweg (Blutlinie) meint. Der Begriff ist familienrechtlich und ethnosoziologisch von Bedeutung.

Vaterland bezeichnet in der Regel das Land, aus dem ein Mensch stammt. Der Begriff schließt – gegebenenfalls maßgeblich – die Verbindung mit den Vorfahren ein. Dieser historische Zusammenhang kann einem Menschen die Volkszugehörigkeit vermitteln, obwohl er biologisch und geographisch anderswo geboren wurde und er als Muttersprache eine andere als die vaterländische spricht.

Herkunft und Vaterland können mit Heimat zusammenfallen, sind jedoch damit nicht identisch.

Muttersprache wird im engen Sinne die Sprache genannt, welche die Mutter vermittelt. In einem weiteren Sinne wird so die Sprache bezeichnet, die ein Mensch durch die unmittelbare Umgebung in der frühen Kindheit erlernt. Sie verleiht ihm über die Kommunikationsbefähigung hinaus das Gefühl der Volkszugehörigkeit, der Geborgenheit in der Gemeinschaft, und ist deshalb wichtiger Bestandteil der persönlichen Identität.

Diese Begriffe fallen in der Praxis oft ganz oder teilweise zusammen. Aber sie sind voneinander unabhängig und können jeweils zur (etwa politischen oder ethnischen) Grundlage der Existenz werden. So spricht man zum Beispiel von Deutschtürken, chinesisch-stämmigen Amerikanern, Italo-Argentiniern, Sudetendeutschen usw. Doch diese Bezeichnungen treffen nicht unbedingt das, was die Menschen empfinden, wenn sie von Sehnsucht nach der Heimat sprechen.
Darüber findet sich keine eindeutige Meinung in der Wissenschaft. Doch könnte die Aussage gelten: Heimat nenne den sozialgeographischen Rahmen, innerhalb dessen ein Mensch Stabilität, Vertrauen, Verlässlichkeit erfährt. Grundbestandteile von Heimat wären: Familie, Gemeinschaft, Raum, Sprache, Tradition. Sie tragen entscheidend zur Bildung der Ich-Identität bei.

Der Gegenbegriff zu Heimat ist *die Fremde*. Das ist eigentlich nur ein Begriff, der juristische Merkmale, Eigenart und Folgen eines Schicksals einschließt. Doch absolut heimatlos vermag der Mensch nicht zu existieren.

Über die Begrifflichkeit hinaus bringt Heimat die Gefühlsmitte des Menschen zum Ausdruck: die bergende Konkretion eines Ortes als das Gesamt von vertrauter Landschaft, Lebensursprünglichkeit, Familiengebundenheit.

Heimat besagt Urvertrauen, Hoffnung und Zuversicht. Sie meint den Geist und das Insgesamt einer Vergangenheit, welche die Gegenwart trägt und als Boden für Zukunftsentwürfe dient.

Heimat nennt den Lebensquell, den Grund der Daseinsberechtigung – den Ort, an dem der Mensch uneingeschränkt sein darf. In diesem Sinne betrachten viele Schriftsteller die Sprache, in der sie ihr Gedachtes und Erlebtes niederschreiben, als ihre eigentliche Heimat.

Heimat ist dem Wesen des Menschen derart eigen, dass sich viele Hochkulturen vollendetes Glück nur in einer ewigen Heimat vorstellen können.

Ist der Begriff Heimat, wie angedeutet, unsicher und in gewisser Hinsicht formalistisch, so ist das Phänomen umso reicher. Es entwickelt sich so vielfältig wie das Leben selbst.

In der realen Menschenwelt wird Heimat als eine höhere, ideal-geistige Wirklichkeit erfahren – als eine

Aura, die den Lebensprozess umhüllt und wie eine leise Brise erfrischt, manchmal schwindet, dann wiederkehrt. Als abwesend oder anwesend begleitet sie den Menschen von der Wiege bis zum Grab.

Heimat kann zart und hart, süß und bitter sein – bergend und abweisend, voller Überraschungen. So verursacht die Sehnsucht danach – das Heimweh – einen Schmerz, der die Seele bricht und zugleich in Ekstase versetzt. Es liegt im Wesen des Phänomens, dass Menschen unter Umständen die Heimat mehr als die Familie, mehr als sich selbst lieben können. Denn Heimat ist ein Wort für tragende Mitte, Kraft spendenden Geist, belebende Seele – für das, was nie vergeht.

3.
Auch unterwegs bin ich zu Hause:
Mischa und Tamita
(Eine Erzählung)

Als Kind eines russischen Musikers und einer chinesischen Akrobatin wurde Mischa „irgendwo unterwegs" geboren. Seine Eltern hatten einen eigenen Zirkus gegründet und fuhren damit fröhlich durch die Welt.

Mit zwanzig Jahren hatte sich Mischa von seinen Eltern unabhängig gemacht. Er war ein begnadeter Geigenspieler, der auch viel von Malerei verstand. So konnte er sich mit beiden, Musik und Malerei, finanziell durchschlagen.

Weniger Glück hatte er mit den Frauen. Eigentlich hatte er leichten Zugang zum anderen Geschlecht. Doch die Beziehungen gingen jeweils ziemlich schnell auseinander. Das machte ihn traurig. Warum klappt es bei mir nicht?, fragte er sich. Er konnte es sich nicht erklären.

Mit diesen trüben Gedanken reiste Mischa als Straßenmusiker durch die Städte.

Eines Tages änderte sich unerwartet sein Schicksal.

Es war in Rom an einem schönen Maientag. Mehrere Stunden hatte er seine Geige gespielt. Die Passanten blieben an der Nostalgie hängen, die Mischa mit russischen Melodien hervorzauberte. Dann hatte er genug vom Musizieren und schickte

sich an, in sein *albergo* zurückzugehen. Doch da sah er an einer Straßenecke, auf ihrem Rucksack sitzend, eine junge Frau mit asiatischen Gesichtszügen. Ihm schien es, als ob sie weinte.
– Bist du alleine?, fragte Mischa.
– Nein, meine Gruppe ist essen gegangen. Ich wollte mich eine Weile ausruhen.
– Was arbeitest du?
– Ich spiele Flöte.
– Ich spiele Geige und heiße Mischa.
– Ich heiße Tamita und komme aus Guatemala.

Tamita hatte sich vor einiger Zeit drei Straßenmusikern – zwei Engländerinnen und einem Franzosen – angeschlossen. Die kleine Truppe hatte beschlossen, Rom zu verlassen und nach London zu gehen. Doch Tamita war unsicher, sie wusste nicht, ob sie mitgehen oder sich von den beiden trennen sollte.
– Dann wünsche ich Dir viel Glück, sagte Mischa und ging weiter. Tamita blieb auf ihrem Rucksack sitzen.
In der Trattoria fragten einige Gäste Mischa, ob es gut gegangen sei. Der russische Künstler war beliebt. Er nahm seinen gewohnten Platz an der Ecke ein. Aber er war nicht so unbekümmert wie sonst. Die junge Frau mit der zierlichen Figur, den großen verträumten Augen und den langen schwarzen Haaren ging ihm nicht aus dem Kopf. Ob ich sie je wiedersehe, fragte er sich.
Das Mädchen erinnerte ihn an seine Mutter, die auch solche Augen hatte. Was machten nun wohl

seine Eltern in Paris? Er hatte sie schon lange nicht mehr gesehen. Sie führten ihren Zirkus weiter, das wusste er. Meine Alten mögen sich gerne, sagte er manchmal sehnsuchtsvoll. So ungleich sie körperlich waren – er groß, ein echter russischer Koloss, sie zierlich, eine schöne chinesische Puppe –, so ähnlich waren sie sich seelisch im Laufe der Jahre geworden. Und diese Wärme, die er zu Hause als Kind erfahren hatte, trug Mischa überall auf der Welt in seinem Herzen.

Tage vergingen. Bei gutem Frühlingswetter in Rom pflegte Mischa jeden Tag mit seiner Geige auf die Straße zu gehen. An diesem Tag jedoch hatte er keine Lust, für die Leute zu spielen. Lieber male ich heute, entschied er. Er setzte sich auf eine Bank im Park und begann mit den Gesichtszügen des Indio-Mädchens. Immer wieder, auch in den nächsten Tagen, malte er Tamita in verschiedenen Stellungen: sitzend auf ihrem Rucksack, auf einem Berg, am Strand, an einem Fenster. Gerade malte er ihr Gesicht, er arbeitete an ihren großen schwarzen Augen. Die Augen von Tamita! Er glaubte, darin eine tiefe Traurigkeit entdeckt zu haben. Die unendliche Sehnsucht, die wohl asiatischen Menschen eigen ist. Das war auch der Blick seiner Mutter. So hatte sie bestimmt ausgesehen, als sie so jung war wie Tamita.

In diesen Gedanken versunken hatte Mischa nicht gemerkt, dass das Mädchen hinter ihm stand.

– Tamita, du bist noch in Rom!?

– Ja, meine Freunde sind nach England weitergereist. Ich weiß aber nicht, was ich tun möchte.

– Wollen wir zusammen nach Teneriffa gehen?

– Echt?, rief sie aus.

– Ich glaube, wir werden uns gut verstehen.

Tamita blieb wortlos vor Überraschung. Dann lächelte sie so, dass Mischa sie umarmen musste. Er strahlte.

– Das müssen wir feiern!

Er stand auf und spielte. Seine Geige zauberte russische Melodien hervor. Kraft und Zärtlichkeit, vereint durch Liebessehnsucht.

In wenigen Minuten waren sie von einer Menge Menschen umgeben, die still zuhörten. Dann spielte auch Tamita auf der Flöte. Asiatische Gefühle in mittelamerikanischem Gewand. Es sah aus, als ob sie seit Langem zusammen gespielt hätten. Sie waren sich vor einigen Tagen begegnet, aber sie hatten das Gefühl, sich schon lange zu kennen.

Ohne große Aussprache, unbekümmert, wie junge Menschen oft sind, entschieden sie, gemeinsam wegzuziehen.

Von Rom fuhren sie mit dem Zug nach Barcelona, dann weiter bis Algeciras, die letzte spanische Stadt vor Gibraltar. Von da aus erreichten sie mit dem Schiff Puerto de la Cruz, eine kleine Stadt auf den Kanaren, wo das Wetter meistens schön ist und die Menschen ohne Eile leben.

– Was hast Du in Guatemala gemacht, Tamita?, fragte einmal Mischa, während sie abends auf dem großen Felsen hinter dem Hafen saßen und die gewaltige Wucht des Atlantiks beobachteten.

– Mein Vater war der *Zahorín* des Dorfes, erzählte sie. Das ist wie der Priester einer Indianer-Gemeinschaft. Er verstand viel von Ackerbau und auch von Medizin. Als junger Mann hatte er in den USA studiert und war dort einige Jahre in einem Krankenhaus tätig. Dann kehrte er ins Dorf zurück. Er pflegte zu sagen: Ich musste mich entfernen, um unsere Heimat zu entdecken. Die Gewöhnung tötet die Gefühle. Seine wissenschaftlichen Kenntnisse waren ihm zwar wichtig, aber er verließ sich vor allem auf seine Intuition, auf das Wissen unserer Traditionen. Die Naturmedizin war für ihn geradezu eine Berufung. Er verlangte kein Geld, nahm dankbar an, was die Menschen ihm spendeten. Damit konnte er uns, seine Familie, ernähren.

– Und du hast ihm dabei geholfen?

– Ja, er hat mich in seine Heilkunst eingeführt. Dann habe ich Schulmedizin studiert und ihm einige Jahre assistiert. Bis mein Leben unerwartet eine andere Richtung nahm.

Tamita schwieg eine kurze Weile. Dann fuhr sie fort:

– Einmal kam eine deutsche Frau, namens Ursula, zu meinem Vater ins Dorf. Sie war Lehrerin, die vor Jahren unter den Indios als Entwicklungshelferin gearbeitet hatte. Nach einem Autounfall mit schweren Beinbrüchen musste sie nach Deutschland zurückkehren. Sie wurde in einer Fachklinik behandelt. Ihre zertrümmerten Beine wurden zwar wiederhergestellt. Doch auch nach dieser Operation konnte sie nicht gut gehen und hatte große Schmerzen. Sie war zu diesem Zeitpunkt erst dreißig Jahre alt. Der Gedanke, für den Rest ihres Lebens auf einen Rollstuhl angewiesen zu sein, war ihr unerträglich. Sie war aber eine kämpferische Natur, die nie aufgab. Eines Tages sagte sie zu sich: Die wissenschaftliche Medizin kann mir nicht mehr helfen. Trotzdem glaube ich, dass es besser werden kann. Ich gehe zum Zahorín. So kam sie wieder zu uns ins Dorf. Sie blieb mehrere Wochen. Mein Vater behandelte sie täglich. Drei Jahre hintereinander kam sie zur Behandlung. Danach hatte sie keine Schmerzen mehr und konnte ordentlich gehen.

– Was hat dein Vater gemacht?, fragte Mischa.

– In erster Linie auf ihre Ernährung geachtet.

– Obwohl es um Knochen ging?

– Die Ernährung ist die Grundlage für alles. Dann hat er mit ihr Übungen gemacht. Und sie hat auch jeden Tag zweimal, früh und abends, jeweils eine halbe Stunde meditiert. Gesunde Ernährung für den Leib, Kraft durch Gebet für den Geist, Bewegung. Das waren seine Prinzipien.

– Was ist aus Ursula geworden?, fragte Mischa.

– Sie führt ein normales Leben als Lehrerin, hat geheiratet und Kinder bekommen. Einmal lud sie mich zu sich ein. Sie meinte, ich sollte Deutschland und Europa kennenlernen. Ich nahm die Einladung an. Sie besorgte mir Arbeit in einem Krankenhaus ihrer Stadt. Es gefiel mir gut, die Familie war lieb zu mir. Doch ich spürte in mir den Drang zur Weite. Nach einigen Monaten wollte ich weg. Eines Tages lernte ich eine kleine Gruppe von Musikanten kennen. Da ich Flöte spiele, nahmen sie mich auf. Wir haben uns gut verstanden, sind in vielen

Städten Europas gewesen. Die letzte war Rom.
Mischa hatte still zugehört. Dann fragte er:
– Und deine Mutter?
Tamita sprach:
– Meine Mutter ist eine Indio-Frau aus dem Maya-Volk, tüchtig und treu. Sie liebte ihren Mann und ihre Kinder über alles. Wir waren glücklich.
Sie schwiegen, hielten die Hände. Dann sprach Mischa:
– Auch wir hatten ein gutes Zuhause in unserer russischen Heimat. Meine Mutter war einmal als Akrobatin nach Moskau gekommen. Da lernte sie meinen Vater lieben.

Mischa und Tamita blieben mehrere Monate auf den Kanarischen Inseln. Eine nach der anderen besuchten sie die Städte der Inseln und spielten auf den Straßen für die Menschen, die sich darüber freuten und ihre Kunst großzügig honorierten.
Da wurde Tamita schwanger. Sie gebar ein gesundes Kind, einen Jungen, Anselmo nannten sie ihn. Tamita musste pausieren. Mischa verdiente mit seiner Trompete genug, um die Familie zu ernähren. Zwei Jahre später konnte sie wieder mitmachen.
Die Zeit verging. Anselmo wurde größer und lernte Trompete spielen. Alle drei gingen dann durch die Städte und spielten im Freien die Töne der Freude und der Traurigkeit, Melodien der Sehnsucht, die alle Völker der Geschichte miteinander verbindet.
Die Familie wuchs zu einer Liebesgemeinschaft. Papa Mischa, energisch und kraftvoll, hatte eine zarte Seele in einem großen Körper. Mama Tamita

wurde eine reife Frau, still und fleißig. Anselmo erwies sich als begnadeter Musiker. Er wuchs zweisprachig, russisch und spanisch, auf, besuchte die Schule und erhielt eine musikalische Ausbildung. Bei seinen Eltern lernte er vor allem die Liebe, die Treue, Disziplin, das Gefühl der Zusammengehörigkeit.

– Wie lange sind wir schon zusammen?, fragte einmal Mischa. Sie hatten beide die Lebensmitte erreicht, und Anselmo war ein lebensfroher junger Mann geworden.

– Ach, Mischa, antwortete Tamita, seitdem wir zusammen sind, hat für mich die Zeit eine neue Bedeutung. Früher lebte ich gleichsam von Termin zu Termin: Wie viele Tage fehlen noch, wie lange bin ich schon hier? Von einer solchen Unruhe wurde ich getrieben.

– So lebte ich auch, bestätigte Mischa.

– Doch jetzt ist mir nur wichtig, dass wir drei zusammen sind.

– Ich empfinde genauso, sagte Mischa. Wenn ich früh am Morgen aufstehe, freue ich mich, dass ihr da seid und noch schlaft. Ist einer von uns müde, wird er von den anderen mitgetragen. Haben wir Erfolg, teilen wir die Freude. Wir brauchen uns nicht einmal zu fragen, ob wir glücklich sind. Du hast es schön ausgedrückt: Wir sind zusammen, das ist die Hauptsache.

Mehrere Jahre hatten sie ihren Wohnsitz in Puerto de la Cruz und organisierten von da aus ihre Tourneen. Eines Tages erreichte sie die Nachricht aus Paris, Mischas Vater sei schwer erkrankt. „Mein Sohn", sagte er am Telefon, „ich bin schon alt und sehr krank. Der Zirkus ist zu einem großen Unternehmen geworden. Mir fehlt die Kraft, es weiterzuführen. Könntest du nicht zu uns kommen?"

Alle drei – Tamita, Mischa und Anselmo – reisten nach Paris. Sie lernten den Zirkusbetrieb kennen. Nur wenige Monate später übernahmen sie das Geschäft, dem sie nach und nach ihre Prägung verliehen. Mischa trug die Hauptverantwortung. Vieles ließ er wie bisher weiterlaufen. Einiges änderte er. Tamita und Anselmo standen ihm zur Seite.

Einmal verbrachte die Zirkustruppe im Dezember mehrere Wochen in Nordfrankreich. Lille, Valenciennes, bis zum Pas-de-Calais hin. Die Menschen hatten Freude an den Vorführungen der Künstlertruppe. Aber es war sehr kalt.

– Tamita, wie fühlst du dich bei diesem Wetter?, fragte Mischa.

– Kälte vertrage ich nach wie vor nicht, antwortete sie.

– Der russische Winter ist noch härter. Schnee erinnert mich an gute Zeiten meiner Kindheit.

Anselmo hatte offensichtlich beides in sich: Er liebte die Wärme und vertrug die Kälte.

– Hast du Sehnsucht nach deiner Heimat, nach dem Urwald und der tropischen Hitze?, fragte Mischa seine Frau.

– Nein, Mischa. Den Ort meiner Kindheit liebe ich.

Denn sie war schön, meine Eltern waren gut. Doch meine Heimat ist nun immer dort, wo wir drei zusammen sind.

– Ja, Tamita, antwortete Mischa, unsere Heimat ist wie unser Zirkus. Sie rollt durch die Welt von Stadt zu Stadt, entfaltet sich und birgt das Leben von Augenblick zu Augenblick. Heimat ist, wo Liebe geschieht. Für uns drei ist Heimat hier, wo wir zusammen sind.

4.
Das Kind im Menschen

Die Kindheit vergeht. Aber das Kind bleibt in uns. Viele Erlebnisse werden vergessen, andere verbleiben als Erinnerung. Doch bewusst oder unbewusst prägen die Erfahrungen des Kindes das Leben des Menschen.

Kann man überhaupt Kindheitserfahrungen in späteren Lebensphasen nacherleben? Einige Fachleute verneinen es, die Kindheit als solche sei uneinholbar. Andere halten es mithilfe von wissenschaftlichen Methoden für möglich und manchmal für therapeutisch ratsam. Diese Meinungsverschiedenheit sei achtungsvoll zur Kenntnis genommen.

Es gibt aber alte Wege der Selbstbesinnung, durch die der Mensch dem näher kommen kann, was er einmal war und im *Grunde* immer noch ist. Wie oft sehnen sich Erwachsene danach, wieder so empfinden zu können wie damals als Kind?

Da waren wir selbstvergessen, ganz bei der Sache. Das kleine Kind ist eins mit dem, was es tut.

Das Kind *hat* nicht nur seinen Körper, es *ist* sein Körper. Es kennt noch keinen Unterschied zwischen innen und außen, also kein Schamgefühl. Alles ist rein. Noch keine Trennungslinie zwischen den Dingen. Nichts ist tot. Alles lebt – und jedes ist mit den anderen verwandt.

Das Kind lebt im Reich der Möglichkeiten. Wünsche sind genauso wirklich wie sogenannte Fakten. Elefanten können fliegen, Pferde schwimmen unter Wasser, Schlangen bekommen Füße, wenn sie rennen wollen. Jedes kann alles werden – so wie man es sich einst, zu Beginn der Zeit, vielleicht vorgestellt hat.

Magie beseelt die Welt. Verwandlung ist die Seinsform.

Die Sterne sind ganz nah. Der Mond ist meistens still, die Sonne lacht und brennt nicht. Es gibt nur Leben und Spiel. Dabei sind zwar einige – Menschen, Tiere, Pflanzen – schon heimgegangen, aber die verstorbenen Lieben spielen auch mit oder schauen vom Himmel aus zu.

Und was wäre ein Spiel ohne Drachen und Dämonen, ohne Hexen und Geister?

Besonders wichtig ist der Zauberer, der große Künstler, der die Gabe hat, die verborgensten Möglichkeiten sichtbar werden zu lassen. Die Erwachsenen sehen sie in der Regel nicht mehr. Doch unter ihnen sind einige, die Kinder geblieben sind. Das eben sind die Magier.

Die Zeit der Kindheit ist eigenartig. Die Gegenwart überwiegt, gewichtig ist nur das Jetzt. Obwohl kurz und noch frisch, wird die Vergangenheit als weit zurückliegend empfunden. Kinder vergessen schnell; nicht nur verdrängen sie das Unerwünschte, sondern schauen meisterhaft darüber hinweg. – Zukunft ist das traumhafte Reich der auf Erfüllung wartenden Wünsche. Wenn ich einmal groß bin ...

Das Kind erfährt die Welt ohne trennenden

Abstand zu sich. Überall ist es zu Hause. Fülle des Erlebens. Völlig präsent und zugleich unaufmerksam. Das ist kein Widerspruch. Man geht in etwas gänzlich auf (Konzentration) – man vergisst folglich den Rest (Abwesenheit). So prägen sich die Erlebnisse unauslöschlich ein. An der Ebene des Bewusstseins vorbei werden sie Leib.

Die Formel des Kindseins könnte lauten: erstaunlich wach – beängstigend zerstreut.

Das kleine Kind sieht die Dinge zum ersten Mal. Es ist fasziniert, nicht nur über dieses oder jenes Merkmal, sondern dem voraus darüber, dass es die Dinge gibt. Es erstaunt über das Sein überhaupt, über das Dasein als solches. Wenn ein Kind redet, ist es oft Philosophie pur.

Es gibt die Dinge nicht. Sie leben vielmehr. Die Unterscheidung zwischen Lebewesen und toter Materie wird in der Schule erlernt. In der Kinderwelt jedoch sind Tod und Sterben keine Sonderphänomene. Sie gehören zum Leben, und dieses ist voller Überraschungen. Daher die Bedeutung von Geschenken. Das Kind erstaunt über das Elementare. Nichts ist selbstverständlich. Dass die Pflanzen wachsen, die Sonne scheint, das Feuer brennt, das Eis erstarrt – das ist Magie.

Ein Wunder ist eine Ausnahme im Naturgeschehen. So sehen es die Kinder. Die Welt offenbart sich ihnen als eine Kette von Wundern, als ein Schauplatz von Zauberei.

Genies, Weise, Heilige sind große Kinder. Sie nehmen das Leben ernst, wissen aber auch, den

Ernst zu relativieren – und vermögen den größten Erschütterungen Gelassenheit entgegenzubringen.

Die Lehre des Kindseins: Das Höchste ist Liebe, das Schönste Spiel. Das Leben ist ein Liebe-Spiel.

Manche Kinder werden – von widrigen Umständen gezwungen – zu schnell erwachsen. Es gibt aber auch Erwachsene, die seelisch Kinder bleiben. Solche Ausnahmeerscheinungen kommen überall vor. Und erstaunliche Menschen gibt es auch, welche durch das Leiden – statt zugrunde zu gehen – die Unschuld des Kindes zurückerlangen. So vermögen sie sich noch in hohem Alter von Neugier und Spannung antreiben zu lassen. Lebenslust und Kreativität haben eigentlich kein Alter, sie entspringen der Frische, welche dem Lebensbeginn eigen ist. Das Leben bleibt bei sich, indem es unaufhörlich anfängt.

Die Kindheit ist nicht nur eine grundlegende Phase des Lebens. Sie stellt die Wiege dar, die man eigentlich nie verlässt.

Die Bedeutung von Nachtschrecken
(pavor nocturnus)

Idealisierung wird dem Phänomen nicht gerecht. Die Kindheit hat Schwierigkeiten, die keineswegs nur biologischer oder psychischer Herkunft sind. Sie liegen tiefer. Selbst bei stimmigen Familienverhältnissen müssen Kinder alterstypische Krisen durchstehen.

Unschuldig, aber nicht unvorbelastet wird der Mensch ins Leben geboren. Über das genetische Erbgut hinaus wirken in ihm von Anfang an Abgründe, über die wir zwar keine genauen Kenntnisse, wohl aber begründete Vermutungen haben.

Die Abgründe kommen durch Ängste und Aggressionen zum Vorschein. Ein Tor zu diesen Dunkelheiten des Neugeborenen stellen die Nachtschrecken dar. Viele Kinder haben Einschlafschwierigkeiten; auch das Schlafen muss gelernt werden. Rätselhaft dagegen ist das Phänomen der Nachtschrecken, unter dem in der Regel Kinder unter sieben Jahren leiden. Sie fangen unvermittelt an zu schreien, sind kaum zu beruhigen, bis sie dann ebenso unvermittelt wieder einschlafen. Nachtschrecken hängen nicht von der Umgebung ab. Sie geschehen in zerrütteten wie in harmonischen Familien bei vielen (vielleicht bei allen?) Kindern in den ersten Lebensjahren.

Wovon können Babys träumen, die noch so wenig (bewusst kaum etwas) erlebt haben? Wovor können sie sich fürchten? Diese Frage stellt sich freilich ebenso bei anderen Kindheitsphänomenen, zum Beispiel: Wieso können ganz kleine Kinder schlagen wollen, die möglicherweise weder bei sich noch bei anderen Gewalt erfahren haben? Psychoanalytische Erläuterungen bzw. archetypische Begründungen scheinen zu kurz zu greifen, da sie sich grundsätzlich doch auf die Familien- oder Menschheitsgeschichte beziehen. Doch Nachtschrecken weisen oft eindeutig auf Nachwirkungen kosmischer, vorgeschichtlicher Zeiten im Neugeborenen hin.

Könnte die Ursache nicht im puren Faktum des Daseins liegen, das in den ersten Lebensjahren besonders intensiv erfahren wird? Sobald etwas entsteht, ist ein Grund für Angst mitgesetzt. Dadurch, dass ein anderer den Lebensraum betritt, wird meiner eingeengt, werde ich infrage gestellt. Das Phänomen der *Andersheit* schließt die *gegenseitige Infragestellung* ein. Die Angst (die Panik vor der Beengung) ist älter als der Mensch – ein Naturphänomen.

In diesem Urgrund des Lebens wurzelt die Tatsache, dass Kinder instinktiv all das gut heißen, was ihnen angenehm oder zu ihnen lieb ist – und schlecht, was davon abweicht.

Dieses angeborene Grundmuster steuert das Verhalten des Menschen von der Wiege bis zum Tod. Auch Launen haben ihre „Gründe" – Ehrgeiz, Neid, Rassismus ebenso. Die Ursache liegt immer tiefer – aber auch näher – als wir meinen.

Zu den Mechanismen der Selbsterhaltung gehört die Idealisierung der Kindheit. Vieles, wonach wir uns sehnen, denken wir ins Kind hinein. Doch auch ein waches Problembewusstsein ist vorhanden. Kinderpsychiatrie hat Konjunktur. Die Medien bringen tagtäglich Bilder von hungernden, missbrauchten, bewaffneten Kindern.

Über punktuell empörende Fakten hinaus stellt das Kind reell und symbolisch die tragische Lage des Daseins dar. Ungefragt wird der Mensch in die Welt gesetzt. Unschuldig wird er bedroht, angegriffen. Vielleicht mit schwacher Gesundheit ausgestattet, muss er den Lebenskampf antreten. Trotz guter Lebensführung erkrankt er. Der Tod wartet siegessicher von Anfang an.

Doch das Erhabene glänzt in der Dunkelheit. Beide Seiten gehören zum Schicksal: Das Leiden erdrückt, vermag jedoch die Unschuld nicht zu trüben.

Das Tiefenphänomen bleibt dennoch rätselhaft: die ausgesetzte Unschuld, die von der Lawine des unverschuldeten Schuldigwerdens überrollt wird. Hölderlin hat diese komplexe Befindlichkeit ergreifend schlicht zu Wort gebracht:

Schicksallos, wie der schlafende
Säugling, atmen die Himmlischen;
Keusch bewahrt
In bescheidener Knospe,
Blühet ewig
Ihnen der Geist,
Und die seligen Augen
Blicken in stiller

Ewiger Klarheit.
Doch uns ist gegeben,
Auf keiner Stätte zu ruhn,
Es schwinden, es fallen
Die leidenden Menschen
Blindlings von einer
Stunde zur andern,
Wie Wasser von Klippe
Zu Klippe geworfen,
Jahrlang ins Ungewisse hinab.

Der ausgesetzte Säugling, der gefallene Gott.
Das Himmlische waltet in der Seele als Erinnerung, wälzt sich im Kampf mit den Dämonen.

Das Kind: erste Leibwerdung der Sehnsucht nach einer Fülle, die dem Menschen bereits mit der Geburt entging.

5.
Die Berge

Sehnsucht nach den Bergen. Viele Menschen kennen dieses Gefühl. Doch wie fühlen Menschen, die in den Bergen leben? Ob es Menschen gibt, die niemals Berge gesehen haben? Es ist schwer vorstellbar. Erstrecken sich doch die Berggebiete über mehr als ein Fünftel der Erdoberfläche. Sie gehören ökosystemisch zusammen, sind dennoch verschieden – wesensverschieden, wie der französische Historiker Lucien Febvre wahrscheinlich sagen würde.[3] Berge können zur Heimat werden. Man liebt sie, man fürchtet sie; durch die Berge kann man zu sich selbst finden.[4]

Das Bergleben prägt die Sprache: aufsteigen, absteigen, über den Berg sein – verbergen – Hang, Spitze. In den meisten Kulturen sind sie gegenwärtig. Die altorientalischen Zikkurats ahmen Berge nach, die Stufenpyramiden der Maya ebenso, auch die buddhistischen Stupas.

Woher rührt diese Anziehungskraft? Vielleicht daher, dass die Berge als solche die Dynamik der Sehnsucht darstellen. Sie tragen durch ihre reine

---

[3] *La Terre et l'évolution humaine.* Albin Michel, Paris 1922.
[4] Vgl. Reinhold Messner, *Ich bin geworden der ich bin,* in: Aufgang 11 (2014) 207–214.

Gestalt vor, wie sich das Leben ermöglicht. Das Gebirge als erste Hochschule des Lebens:

Drang nach oben, Abgründe um und in sich, treibende Frische. Irdigkeit. Hitze und Schnee. Leben, das wuchert. Tod als Verwandlung. Ständige Neugeburt. Das sind die Berge.

Erzeuger und Verschlinger, Verführer und Bedroher. Lehrer der Stille mit göttlicher Wortgewalt. In ihrer Mitte ein Wasserfall, der auf Eigentliches verweist.

Das Eigentliche ist: Leben, das sich hält, wenn es nach oben strebt. Stehenbleiben bedeutet oft Rückfall.

Die Bewegung weist Hauptmomente auf, welche den Rahmen der Selbstverwirklichung bilden:

– Höhe.

Spitze und Wege, die dahin führen können.

Als erstes sichtbar ist der Gipfel, erreichbar zuletzt, manchmal nie. Doch er ist stets da, thront als das Unbewegliche, das zum Aufstieg einlädt.

Es gibt viele Arten, die Berge zu begehen: steigen, klettern, wandern. Äußerlich sind sie verschieden, im Grunde jedoch miteinander verbunden. Steigerung gehört wesenhaft zum Werdeprozess des Lebens. Denn dadurch ereignen sich Geburt, Entfaltung und Tod, als Übergang, der den Kreislauf ermöglicht.

– Der Wille zum Wollen.
Die Spitze lädt ein. Aber man muss hinaufwollen, den langen steilen Hang. Meistens lebt der Mensch unten. Die höheren Dimensionen anzustreben, ist

eine Grundentscheidung (oder eine Berufung?), die oft aus der Erfahrung der Beengung hervorgeht: „Ich ersticke hier, will nach oben." Doch wirklich zu wollen, das vermag der Mensch alleine kaum. Der Wille zum Wollen wird geboren aus der Erfahrung des Todes, getragen durch die Gruppe, geleitet durch den Führer.

Das ist die erste Lehre der Berge: In der Gemeinschaft erhält der Mensch Ausdauer und Kraft, wächst über sich hinaus.

– Abgründe
Beim Begehen der Berge erfährt der Mensch das ungeheure Treiben der Natur und das Unheimliche des Daseins. Je höher er steigt, umso deutlicher werden die Abgründe. Sie sind zurückzulassen, zeigen die Dringlichkeit des Weitersteigens. Auf sie zu starren, kann den Absturz heraufbeschwören. Die Abgründe offenbaren den Ungrund, über dem alles hängt.

Das ist die zweite Lehre der Berge: Wir sind von der Leere umgeben und durchdrungen, wollen aber Fülle und Helle. Die Niederungen sind fruchtbar, solange sie Niederungen bleiben. Ohne höhere Horizonte jedoch erstickt der Mensch.

– Boden und Weite
Wir brauchen Boden und Luft – sehnen uns zugleich nach Geborgenheit und nach Weite. Zu viel Schutz

erdrückt uns; in der Weite ohne Grenzen verlieren wir uns. Die Berge zeigen uns, wie unsere Bestimmung ist. Auf der Erde gehen, getrieben vom Drang nach der höchsten Spitze, auf welcher Himmel und Erde zusammenkommen.

– Die große Freiheit.
Der Dichter Johannes vom Kreuz (1542–1591) hat den Berg zum Hauptsymbol für die Erläuterung seiner mystischen Lehre gewählt. Eines seiner Hauptwerke heißt Subida del Monte Carmelo (Aufstieg zum Berge Karmel). Leben als mühsamer Aufstieg. Bei jeder Stufe wiederholt sich in neuer Form die Erfahrung. Der Mensch meint zunächst, hier (beim Besitz, beim Wissen, in der Glaubenssicherheit) finde sich endlich das Glück. Doch bald erlebt er deren Nichtigkeit, wird enttäuscht – und lernt „ni eso" („nicht einmal das" vermag dich zu befriedigen). Nach und nach wird Ballast abgeworfen. Auf der Spitze angelangt, schaut der von allem, auch von sich selbst befreite Mensch nach unten und sieht die vielen Wege, Wendungen, Irrwege, durch die er gegangen ist. Nun steht er oben, wo Helle, Reinheit und Weite walten. Da wird ihm die Lehre erteilt: Was er suchte, findet er weder oben noch unten, sondern letztendlich in sich selbst: *Ya* por aquí no hay camino porque para el justo no hay ley; él para sí se es ley (und hier gibt es keinen Weg mehr, denn für den Gerechten gibt es kein Gesetz, er ist sich selbst das Gesetz).

– Geborgenheit

Johannes vom Kreuz, gebürtiger Kastilianer, war nie in Israel, kannte den Berg Karmel nicht. Aber er konnte sich aufgrund seiner Lebenserfahrung bis zur Weisheit der Bergwelt emporarbeiten.

Hölderlin dagegen komponierte seinen Gesang mit Momenten der geographischen Konkretion seiner Erfahrung, welche Heidelberg, die Donau, den Neckar, den Schwarzwald, Stuttgart, Tübingen umfasst:

Und ihr sanftblickenden Berge,
Wo über buschigem Abhang
Der Schwarzwald saust,
Und Wohlgerüche die Locke
Der Tannen herabgießt,
Und der Neckar
und die Donau!

[...]

Und der Stadt Klang wieder
Sich findet drunten auf ebenem Grün
Stilltönend unter den Apfelbäumen

Des Tübingens   wo
Und Blitze fallen
Am hellen Tage
Und Römisches tönend ausbeuget der Spitzberg [...]

(Ihr sichergebaueten Alpen)

Namen des Lebenswandelns sind die heiligen Begriffe des dichterischen Gesangs.

Namen von Bergen stecken ebenso den Gedächtnisweg der Menschheitsgeschichte ab:

Mount Everest
im Himalaya, nach dem britischen Landvermesser George Everest benannt, ist mit 8848 m der höchste Berg der Erde. Er befindet sich im Gebirgsmassiv Mahalangur Himal, Region Khumbu (Nepal) im autonomen Gebiet Tibet, an der Grenze zu China. Sagenumwobener, in chinesischen Traditionen als heilig geltender Berg. Für das Volk der Sherpas bewohnen Geister und Dämonen Wege, Quellen, Bäume, vor allem den Gipfel. Der Mount Everest (tibetisch Gomolangma) ist nach Glaubenssicht der Buddhisten Sitz von Jomo Miyo Lang Sangma, einer der fünf „Schwestern des langen Lebens", die auf den fünf höchsten Gipfeln des Himalaya wohnen. Jomo Miyo Lang Sangma gibt den Menschen Nahrung und Schutz gegen Unheil.

Meru
ist in altorientalischen Kosmogonien der Name des Weltenberges, der als unvorstellbar hoch gilt. Der Berg *Sumeru*, Wohnsitz von Göttern und Schutz-Gottheiten, erhebt sich im Mittelpunkt des Universums. Um ihn kreisen Sonne und Mond, Sterne und Planeten, die den Lauf von Tag und Nacht beeinflussen, das Kommen und Gehen der Jahreszeiten und damit das Wohlergehen der Menschen. Im Hinduismus wird er *Mahameru* genannt. Buddhisten nennen ihn *Kailash*.

Hara Barzaiti
heißt nach altiranischen Traditionen der Berg im El-burs-Gebirge, von dem Zarathustras Botschaft aus-

geht. Der Berg umschließt die Welt. Um seinen Gipfel kreisen Sterne, Mond und Sonne.

Kilimandscharo

ist das höchste Bergmassiv des afrikanischen Kontinents. Es wird von alters her verehrt. Kilimandscharo bedeutet in der Sprache des Volkes Wachagga „Haus Gottes". Die dort lebenden Menschen erzählen, dass sein Gipfel über alle Vergänglichkeit erhaben ist, da die Zeit dieser Gestalt des Göttlichen nichts anhaben kann.

Olymp und Parnass

Olymp heißt in der griechischen Mythologie der Sitz des Göttervaters Zeus und die Wohnstätte der übrigen Götter – Parnass die Wiege der Menschheit. Dazu sagt Ovid in seinen Metamorphosen (I, 313–321):

> „Dort erhebt sich ein Berg zu den Sternen mit doppeltem Scheitel, namens Parnass, und über die Wolken ragen die Gipfel. Dies ist das Land, wo Deukalion fährt mit seiner Gemahlin, und hier strandet sein Schiff – das Meer überdeckte sonst alles. An die corycischen Nymphen sowie an die Götter des Berges wandten sie sich im Gebet ..."

Das Empyreum ist zum symbolischen Ort der Glückseligkeit geworden, den Dante in seiner Göttlichen Komödie dichterisch überformt hat.

Karmel

wird von kerem el „Weingarten Gottes" abgeleitet. Das Gebirge, 23 Kilometer lang und 8 bis 10 Kilometer breit, in Israel entlang der Mittelmeerküste gelegen, erreicht eine Höhe von 546 Metern. Üppige Vegetation. Das Gebiet des Karmel gehört zu den frühen Siedlungsgebieten der Menschheit. 130.000 Jahre alte Spuren der Neandertaler und des archaischen Homo sapiens sind gefunden worden. Von den Kanaanitern wurde am Karmel der Gott Baal verehrt. Gemäß alttestamentlicher Überlieferung gliederte König David um 1000 v.Chr. das Gebiet in sein Reich ein. Erst später setzte sich der Kult Jahwes durch. In den folgenden Jahrhunderten wechselte die Herrschaft über das Karmelgebiet häufig: Es gehörte unter anderem zum Assyrischen, Römischen, Byzantinischen, Osmanischen Reich. Ab der Kreuzzugszeit ließen sich Christen am Berg Karmel nieder. Seit 1948 gehört das Gebirge zum israelischen Staatsgebiet.

El Teide
in der Gemeinde La Orotava auf der kanarischen Insel Teneriffa ist mit 3718 Metern der höchste Berg auf spanischem Staatsgebiet und der dritthöchste Inselvulkan der Erde.

Der Name stellt die hispanisierte Form des Guanchen-Ausdrucks Echeyde dar. Er bezeichnet die Wohnung des bösen Dämonen Guayota, welcher der Legende nach den Sonnengott Magec eingefangen hatte und im Echeyde gefangen hielt. Die Dunkelheit erschreckte die Guanchen zutiefst, und sie baten ihren obersten Gott Achamann um Hilfe. Dieser verjagte Guayota, befreite den Sonnengott Magec und verschloss die obere Öffnung des Echeyde mit einem Stopfen, dem sogenannten Pan de Azúcar (Zuckerbrot) oder Pilón (Zuckerhut).

Der Vulkan, der zuletzt 1902 ausbrach, erhebt sich mitten im Atlantischen Ozean. Aus dem Wasser steigt das Feuer, das sich als verbrannte Erde niederlässt – unter einem meistens hell bestirnten Himmel.

Die Alpen

Doch dem deutschen Dichter gilt ein anderer Berg – konkret und zugleich ins Allgemeine erhoben – als Offenbarungsort aller Größe. Hier verschwinden die Unterschiede. Eines glänzt: die Kraft und ungeheure Güte der göttlichen Macht:

1

Drin in den Alpen ists noch helle Nacht und die Wolke,
Freudiges dichtend, sie deckt drinnen das gähnende
Tal.
Dahin, dorthin toset und stürzt die scherzende Bergluft,

Schroff durch Tannen herab glänzet und schwindet
ein Strahl.
Langsam eilt und kämpft das freudigschauernde Chaos,
Jung an Gestalt, doch stark, feiert es liebenden Streit
Unter den Felsen, es gärt und wankt in den ewigen
Schranken,
Denn bacchantischer zieht drinnen der Morgen
herauf.
Denn es wächst unendlicher dort das Jahr und die
heilgen
Stunden, die Tage, sie sind kühner geordnet, gemischt.
Dennoch merket die Zeit der Gewittervogel und zwischen
Bergen, hoch in der Luft weilt er und rufet den Tag.
Jetzt auch wachet und schaut in der Tiefe drinnen das
Dörflein

Furchtlos, Hohem vertraut, unter den Gipfeln hinauf.
Wachstum ahnend, denn schon, wie Blitze, fallen die
                                                    Alten
Wasserquellen, der Grund unter den Stürzenden
                                                dampft,
Echo tönet unher, und die unermeßliche Werkstatt
Reget bei Tag und Nacht, Gaben versendend, den Arm.

2

Ruhig glänzen indeß die silbernen Höhen darüber
Voll mit Rosen ist schon droben der leuchtende
                                                Schnee.
Und noch höher hinauf wohnt über dem Lichte der
                                                Reine
Seelige Gott vom Spiel heiliger Stralen erfreut.

(Heimkunft: An die Verwandten)

Meine Berge
Dies fing ich heute früh an zu schreiben. Meine Berge waren von Nebel umgeben. Es hatte in der Nacht kräftig geregnet. Der Jasmin duftete frisch und wunderbar.

Man hat wenig Lust, über die Berge zu schreiben, wenn man auf den Bergen erwacht. Man möchte vielmehr den Tag ausleben.

Inzwischen sind mehrere Stunden vergangen. Die Sonne schien eine Weile, dann war es wieder bewölkt. Nun neigt sich der Abend. Die Sonne verschwindet im Horizont – dort, wo die afrikanische Küste in meiner Vorstellung beginnt. Ich lasse die Wissenschaft beiseite. Herbst kann man am besten dichterisch nachempfinden.

Stimmung ist hier das Wort für ein ungeheures Geschehen. Es hat wenig mit Laune zu tun. Es sind Schwingungen des Geistes, der Seele, des Leibes. Ach! Diese altehrwürdigen akademischen Unterscheidungen haben sicher ihren Wert. Wer hat nicht auch manchmal Sehnsucht nach den Zeiten, da man sie unschuldig erlernte? Wir waren mehrmals Kind im Laufe unseres Lebens, werden es immer wieder. Doch die Kindheit in den Bergen kann besonders schön sein – und auch lehrreich, um die Verwicklungen des Menschen zu verstehen. Aber wissenschaftliche Definitionen erscheinen hier oben zu klein, zu einseitig, zu trocken.

In den Bergen wird man eigentlich nicht alt. Der Leib verfällt zwar, wie die Bäume und die Blumen. Aber der Mensch steht jeden Morgen frisch auf. Die Erde riecht immer nach sich selbst und zu jeder Jahreszeit anders.

Wie schon an einer anderen Stelle dieses Buches vermerkt, habe ich viele Jahre am Meer gelebt. Doch geboren wurde ich in den Bergen, aufgewachsen bin ich auf dem großen Felsen über dem Abgrund.

Nun habe ich beides: meine Bleibe auf dem Hang mit Blick auf das Meer.

Entsprechend ist der Rahmen, in dem diese Schrift entsteht: Meer und Berg mit Pflanzen und Tieren, Tiefe und Höhe, rauschende Gewalt, säuselnde Stille.

Unterdessen ist es Nacht geworden. In meinen Bergen scheint der Himmel, wenn er, wie heute, glänzt, besonders nah zu sein.

6.
Die Wüste

Viele Dünen. Das Licht grell. Blaue Berge rechts im Horizont – ganz weit auf der anderen Seite sind die Berge rot.

Ein Meer von Sand, wo die Inseln der Hoffnung Oasen heißen.

Glühende Hitze bei Tag. Nachts ruht der Wind. Einst schmerzte die Stille. Nun ist sie wohltuend. Doch bald wird es eisig kalt. Der bestirnte Himmel wacht über die öde Landschaft, Heimat von Klapperschlangen, Skorpionen, Schakalen.

So stellt man sich realitätsnah die Wüste vor. Wie konnten Menschen je in solch unheimlicher Einsamkeit wohnen? Wovon sollten sie leben, woher Wasser holen für den täglichen Bedarf?

Doch nicht nur seit Jahrtausenden leben Menschen dort. Zu allen Zeiten haben sie sich von der Wüste stark angezogen gefühlt: Von der großen Einsamkeit, von den harten Lebensbedingungen, die den Menschen auf sich zurückwerfen. Die Nähe des Todes offenbart den Wert des Lebens.

Die Wüste ist ein erstaunliches Faktum unserer Erde – und ein geheimnisvolles Symbol für mystisches Erleben.

Als Wüste bezeichnet man die vegetationslosen oder vegetationsarmen Gebiete der Erde. Sowohl fehlende Wärme der subpolaren und subnivalen Regionen als auch Überweidung oder Wassermangel können Wüsten verursachen. So gibt es *Kältewüste, Eiswüste* (Quittinirpaag, Russische Arktis, Tupungato in Argentinien, Tadschikischer NP) *Trockenwüste* und *Hitzewüste* (Afrika, Libyen). Ferner gibt es – nach der Oberfläche – *Sandwüste, Steinwüste, Kieselwüste* und *Salzwüste*.

Wüsten nehmen ein Fünftel der Erdoberfläche ein. Ein Drittel der Landfläche fast aller Kontinente ist von Wüsten oder Steppen bedeckt. Die ältesten Wüsten sind ungefähr 5 Millionen Jahre alt.

Das größte geschlossene Wüstengebiet der Welt ist die Sahara in Nordafrika. Da herrscht tagsüber Hitze bis zu 70° C, in der Nacht dagegen kann die Temperatur bis zum Gefrierpunkt fallen. Kaum Regen, trockener Sandboden, der vom Wind verweht wird und sich in Senken sammelt. Das zweitgroße Wüstengebiet der Erde – die Victoria-Sandwüste – nimmt fast die Hälfte der Fläche Australiens ein. Das dritte große Trockengebiet der Erde, die Wüste Gobi, liegt in Mittelasien.

Ob Kälte oder Hitze, die Wüste stellt Einsamkeit in materieller Gestalt durch entgegengesetzte Phänomene dar: erdrückend (durch die Hitze des Tages), erschreckend (durch die Kälte der Nacht), belebend (wenn der Wind leise weht). Physikalisch ereignet sich eine Luftspiegelung, die man mit einem italienischen Ausdruck *fata morgana* nennt. Die unteren Luftschichten werden von der Sonne und vom heißer. Sand aufgeheizt; sie dehnen sich aus, die Luft wird gleichsam dünner. Die Luftschichten darüber sind kühler und deshalb dichter; sie wirken wie ein Spiegel, der das Bild von weit entfernten Objekten zeigt. Es handelt sich nicht um eine Einbildung; die Gegenstände sind wirklich. Aber sie werden optisch näher und anders wahrgenommen – und die Gegend erhält einen märchenhaften Charakter (fata=Fee).

In Krisenzeiten pflegen Menschen Abstand von der Geschäftigkeit und vom Lärm zu nehmen. Der Gang in die Wüste ist anders als der Gang in die Berge oder in den Wald. In der Wüste wird der Mensch innerhalb von Stunden extremen Grenzsituationen ausgesetzt: Hitze, Kälte. Wassermangel, knappen Lebensmöglichkeiten. Einsamkeit, unerträglicher Stille. Die Weite schlägt, da sie kaum Halt und Ausbreitung zulässt, in Enge um.

Leben wird zum Überleben. Durch die Härte und ständige Gefahr wachsen die Kraft und die Bescheidenheit. Oben, unfasslich, die kosmische Wölbung, die aussetzend und bergend zugleich den Menschen umarmt.

Normales Dasein ist in der Wüste kaum möglich. Man existiert am Rande des Abgrundes: Vernichtung und Befreiung, Angst, Niedergeschlagenheit und Ekstase wohnen beisammen.

Was suchen die Menschen, die in die Wüste gehen? Väter der abendländischen Kultur wie Antonius und Hieronymus, islamische Mystiker, unruhige Menschen auf der Suche nach Sinn wie der Soldat Charles de Foucauld haben die Bedeutung ihrer Existenz hoch bewertet und den Kampf mit sich selbst in der Öde gewagt.

Das Schweigen und die ihn umgebende Haltlosigkeit sind für den Menschen umwerfend. Nahezu alles entzieht sich, das bloße Existieren wird zum Selbstzweck, das nackte Überleben zum Lebensinhalt. Nullpunkt.

In der Wüste suchen die Menschen den absoluten Ursprung. Viele behaupten, ihn dort auch gefunden zu haben, indem sie in der Wüste das Wesentliche entdeckt haben. Dieses haben auch Religionsgründer gesucht, die sich selbst gegenüber skeptisch geworden sind. In der Wüste erst wird offensichtlich, wie gründlich und unmerklich man sich zu irren vermochte. Auf der Flucht vom Lärm des Geredes zeigt das Schweigen seine heilsame Kraft. Wird nicht in der Stille erst das Urwort vernommen? Mythen erzählen, am Anfang war das Sein wüst und leer.

Am Nullpunkt ereignet sich der Geist – unpoetisch und hart, wie es am Anfang wirklich war. Schlangen, Dürre, Insekten, Fieber, Furcht, Wahn. Das Auf-sich-allein-Angewiesensein ist ein unmöglicher Zustand. Der Mensch vermag nur mit anderen zu existieren. Was dies bedeutet, lernt er erst in der Wüste.

Einzig in der Dichtung ist die Wüste anziehend, in der Wirklichkeit kann man in ihr nicht leben, sie ist vernichtend.

Es gibt eine Kultur der Wüste mit beeindruckender Literatur. Eine Philosophie der Wüste hat sich dabei kaum entfaltet. Stattdessen ist geschichtlich grundlegend ihre Spiritualität. Gerade im Zeitalter der entfremdenden Medienherrschaft suchen die Menschen sich selbst in der Ruhe und Konzentration des Schweigens. Die Stille ist wie Wasser in der Wüste des menschlichen Daseins.

In der Wüste gibt es kaum Wege. Dort ist es öde wie das Sein, bevor Leben entsteht. Einige Mythen stellen sich den Zustand vor der Schöpfung wie einen grenzenlosen Ozean vor. Die Wüste ist gleichsam ein Ozean aus Sand. Spuren darauf verweht der Wind; sie bleiben kaum länger sichtbar als die Wellen des Ozeans. So ist auch die Existenz. Jeder muss seinen Weg finden. Einmal begangen wird er vom Wind verwischt. Der Nachfolger muss den bereits beschrittenen Weg wieder erfinden. Die Erfindung des Gewesenen ist die Findung der Gegenwart.

Jenseits der Wüste sei Abgrund, fasst ein arabischer Schriftsteller die Volksweisheit zusammen. Man könnte vielleicht auch sagen: Die Wüste selbst wird zum Abgrund, bleibt man stehen. Immer weitergehen, selbst wenn man nicht weiß, wohin das Gehen in der unendlichen Sandfläche führt.

Viele Autoren meinen, in der Wüste finde der Mensch die Freiheit. Ist das nicht ins Phänomen hineininterpretiert? Die Menschen, die in die Wüste gehen, wurden oft durch seelische Verletzungen, durch die Erfahrung der Leere dazu veranlasst. Sie sind enttäuscht von der Oberflächlichkeit der zivilisierten Welt. Suchen sie vielleicht Liebe, bedingungslose Anerkennung? Vielleicht auch das. Aber sie wollen meistens Urvertrauen, einen Halt, der von nichts abhängt. Diesen unbeweglichen Halt, der alles trägt und von nichts getragen wird, nennen die Menschen Gott. Aber es handelt sich um eine besondere Art der Gotteserfahrung.

Grenzenlose Sandfläche. Kieselsteine. Vereiste Landschaft. Wüsten dieser Welt. Darauf verloren der Mensch, der – Wege suchend – geht und immer weiter geht. Ohne zu wissen wohin. Mut, Bescheidenheit. Kunst des Überlebens durch Ausdauer und Geschick. Immer weiter gehen. Hier nur Sand – dort ausschließlich Eis.

Der Gott der Wüste ist der Gott der Nichtwissenden, der Suchenden.

Der Gott der Wüste ist der Gott der Verzweiflung in der Irrnis, der Gott des Durstes und des Hungers, der Gott der Angst und des Todes.

Aus der Erschöpfung heraus immer weiter gehen, ohne Grund und Sicherheit – angesichts des Unmöglichen von der Hoffnung getragen.

Hoffnung, welche nur hofft – auf die Oase hin. Die Oase ist nicht sichtbar, vielleicht ist da gar keine, doch daran zu glauben, ist lebenswichtig. Über den Glauben an die Hoffnung zu debattieren, ist hier nicht der Ort. In der Wüste ist keine Zeit für spekulative Diskussionen. Die Not schärft den Verstand, das Wesentliche wird klar: das Leben.

7.
Die Meere

Vom großen Felsen auf dem Berghang betrachte ich über die Hügel hinweg unten das Meer. Bucht, langer Strand, Fischerboote. In der Ferne ein Passagierschiff. Rechts im Horizont ist ein anderer Kontinent sichtbar. Links nur Wasser.

Das Leben wird hier vom Meer bestimmt. In der Biographie vieler Menschen fungiert das Meer als Hauptfigur. Auch die Berge, die sich im Horizont erheben, definieren sich von ihm aus.

Wie die Wüste und die Berge stellt auch das Meer eine geographische Tatsache, ein lebenswichtiges Element für Pflanzen, Tiere und Menschen dar – und ein geistiges Symbol.

Das Meereswasser bedeckt zu etwa 71% die Erdoberfläche und erreicht in 31,7% der Fläche 4000–5000 m Tiefe. Die Meeresflora produziert ca. 70% des in der Erdatmosphäre vorhandenen Sauerstoffes. Am Meeresgrund befinden sich Täler, Gebirge, Vulkane – alte Städte, Überreste von Seegefechten und Kriegen, von Flugkatastrophen und Schiffbrüchen.

Ist die Geschichte des Meeres älter als die Geschichte der Kontinente? War am Anfang unser Planet vielleicht – wie viele Mythen erzählen – nur ein Ozean? Jedenfalls empfindet der Mensch seit eh und je Angst und Faszination vor der Urgewalt,

Interesse für die wirtschaftlichen Möglichkeiten durch Fischfang, Schätze, Rohöl.

Von der mythologischen Spekulation und den Abenteuern der Seefahrt über die Ästhetik des Erhabenen in der europäischen Aufklärung und Romantik bis zur beängstigenden Rohölproduktion und zum Massentourismus in Strandgebieten im technischen Zeitalter ermöglicht und erleidet das Meer die geistige und die materielle Entwicklung der Menschheit.

Doch von der unmittelbaren Empfindung des Menschen gegenüber der Naturgewalt zeugen in erster Linie die Ausdrücke der Völker.

Im Deutschen ist das Wort ein Neutrum. In einigen Sprachen trägt es den männlichen (il mare), in anderen den weiblichen Artikel (la mer). Im Spanischen wird beides verwendet. In der Regel heißt es männlich *el mar*. Doch in der Fischerwelt wird meistens weiblich *la mar* gesagt. Fischer, meistens Männer, sprechen mit Ehrfurcht und zugleich liebevoll von ihm. Die Wassermenge erscheint ihnen als ein Ungeheuer, von dem ihr Leben abhängt, das sie auch bedroht. Oft zornig, wütend, manchmal sanft, stets gewaltig und unberechenbar. Abgrund, Geheimnis, Lebensquell, Gefahr.

Das Meer ist eine Quelle für Symbole. Urweib, aus dem das Leben hervorsprudelt, das seine Kinder aber auch verschlingt. Es bringt die Menschen miteinander in Verbindung, macht sie aber auch zu Feinden. Es stiftet Handelswege für Wohlstand, aber auch Schauplätze für Kriege.

Dichtung und Malerei bieten in ihren Beschreibungen ein Portrait der Empfindlichkeit verschiedener Epochen, welche Meere und Ozeane je anders betrachtet haben.

Im alten Griechenland, in Rom und Ägypten brachten Dichter und Denker ihr Erleben mit tiefsinnigen Ausdrücken zu Wort, die sowohl ihre Ehrfurcht als auch ihre Angst bezeugen.

Bedeutungsreich sind ebenso die Farben: Grau, Schwarz, Dunkelbraun, Weinfarben.

In der Romantik wird das Meer mit Blau, der Farbe der unendlichen Sehnsucht, verbunden. Doch auch als Dekoration, als Schmuck für das kleine Bürgertum, wird die Farbe des Meeres angesehen – und zwar nicht erst seit dem 18. Jahrhundert und freilich auch nicht nur in Europa. Vor den römischen Villen der Patrizier gibt es von Griechenland über die Türkei bis Lissabon Bauten, die das Meer als Rahmen für den Wohlstand des Menschen einbeziehen. In Mittel- und Nordamerika wiederholt sich das Phänomen. In Ländern wie Japan prägt das Meer eigenartig die Wohnweise der Menschen.

Wenn die Fischer mit ihren Booten auf Fischfang auslaufen, werden sie meistens von der Notwendigkeit des Broterwerbs getrieben. Doch bald befinden sie sich mitten in der Gefahr. Die Boote erscheinen winzig. Von der Weite umgeben halten sie sich mühevoll über dem Abgrund. Auch große Luxusschiffe erweisen sich als unbedeutend in der grenzenlosen Wasserlandschaft. Das Unglück der Titanic erinnerte den durch die Macht der Technik euphorisch gewordenen Menschen an seine Grenzen.

Die Tragödie bewegt heute noch die Menschen. Mitten im eiskalten Ozean zeigte ein als technisches Wunder betrachtetes Luxusschiff seine Ohnmacht. Der Kampf gegen die Natur war vergeblich. Die meisten Passagiere ertranken. Das war ein Unfall. Doch wie viele Menschen lassen sich aus Verzweiflung vom Abgrund verschlingen? Wie viele Fischer mussten den Broterwerb mit dem Leben bezahlen?

Über den Lebensunterhalt hinaus meldet sich bald die Gier. Das Meer wird zum bevorzugten Ort einer verbissenen Geschäftigkeit, die die Menschen verfeindet und die Armen zugunsten der Reichen ausbeutet. Wilder Fischfang, frenetischer Wettkampf um Rohstoffe.

Die Poesie des Meeres endet wieder im Kampf um Macht und Geld.

Ich habe den Felsen am Hang des Berges verlassen und sitze nun vor der Tür meines Hauses. Der Tag neigt sich. Die Sonne geht unter im Horizont. Neben mir liegen einige Bücher, die über das Meer handeln. Wissenschaftliche Werke, Romane, Dichtung.

Darunter ist eine Erzählung, die ich vor Jahren gelesen habe. Ich will sie nicht nochmals lesen. Aber ich vergegenwärtige sie mir, indem ich gelassen über die Meeresfläche hinausblicke:

Ein Mann ringt um sein Leben. Sein Schiff ist auf Grund gelaufen. Seit Tagen kämpft der Mann gegen die Natur, die keine Spur von Anteilnahme zeigt. Der Sturm will sich einfach nicht legen. Jetzt liegt der Mann erschöpft in seinem Rettungsfloß, einem winzigen Stück Plastik inmitten des Ozeans. Einen Kanister mit Trinkwasser konnte er retten und nun versucht er sich endlich einen Schluck zu gönnen.

Trotz seiner verzweifelten Lage rebelliert der Mann nicht. Er ist noch bei Bewusstsein. Er hofft. Er denkt an seine Lieben. Das gibt ihm Kraft. Ich muss es aushalten bis zum Strand, sagt er zu sich. Aber Erde ist noch nicht sichtbar. Alle seine Kameraden sind ertrunken. Er hofft weiter.

Nun schlage ich doch das Buch auf und lese. Der Autor bemerkt, dass der Sturm nichts empfindet. Die Natur bleibt unberührt. Menschen ertrinken einsam und verzweifelt – der Riese, der Ozean, empfindet nichts dabei. So schreibt der Autor der Erzählung. Doch mir zwingt sich die Frage auf: Woher weiß er das? Der Mensch kann zwar Häufigkeit und Kraft der Wellen messen, die Zusammensetzung des Salzwassers analysieren. Ob und was die Wassermenge empfinden mag, lässt sich mit wissenschaftlichen Methoden nicht untersuchen. Der Mensch kann sich nicht in die Innerlichkeit des Meeres versetzen. Wir können nicht einmal wissen, ob der Ausdruck Innerlichkeit hier zutrifft. Empfinden ist ein menschliches Gefühl, merkt auch der Autor der Erzählung an. Vielleicht. Aber es ist nur eine Vermutung, die weder bewiesen noch widerlegt werden kann. Dennoch dürfen wir uns die Frage stellen: Was entspricht dem, was wir Gefühle nennen, in der Welt der Materie, des Wassers, des Meeres, das manchmal sanft erscheint, dann aber wieder tobt und verschlingt? Die physikalische Erklärung dieser Phänomene kennen wir. Ob aber die riesigen Wellen etwas empfinden, wenn sie Passagierschiffe wie ein Spielzeug zertrümmern?

Das Meer bleibt, was es ist, ob Menschen sterben oder nicht, ob Fische aussterben oder nicht.

Trotzdem sehnen wir uns danach, worauf die grenzenlose Wasserfläche, der wilde Sturm hindeuten. Nun lasse ich diese Geschichte beiseite – und die Bücher, die Malerei, die Dichtung, den Fischfang und die Rohölproduktion, die Seegefechte von damals und die vielen Touristen von heute.

Ich bin am Meer geboren. Viele Jahre meines Lebens habe ich in verschiedenen Städten am Meer verbracht. Ich habe einige Zeit vom Fischfang gelebt, habe dann auch Meereswissenschaft studiert. Doch trotz Erfahrungen und Kenntnissen bleibt mir wie in der Zeit meiner Kindheit die enorme Wassermenge ein Geheimnis.

Was ist das Meer? Die Wissenschaft belehrt uns über die Komposition des Salzwassers, über einige (sehr wenige) Fischarten, über die Geschichte der Völker, die am und vom Meer leben oder gelebt haben. Wenn sie an den Punkt Entstehungsgeschichte des Meeres kommt, versagt die Wissenschaft.

Was das Meer ist – über die chemische Zusammensetzung, die physikalisch messbaren Kräfte hinaus? Eine ausgezeichnete Offenbarung des Seins. Anziehend und abschreckend. Abgrund, der entsetzt und verschlingt. Größe, die ohne den Menschen besteht.

Ich schaue auf das Meer und spüre eine unendliche Sehnsucht. Nach Freiheit, nach Geborgenheit – beides zusammen, unzertrennlich.

Das Meer bedeutet Weite und Ausgesetztheit – mein Haus Schutz. Ich brauche beides.

Inzwischen ist es dunkel geworden. Plötzlich scheint mir auch das Meer ganz klein, ein Teil der Erde, dieses winzigen, lieben Planeten – ein verlorener Tropfen in der kosmischen Unendlichkeit.

Am nächsten Morgen höre ich im Rundfunk: Das Meereswasser um die Insel Hierro bei den Kanaren, in der Nähe des Vulkans Teide, mitten im Atlantischen Ozean, brodelt. Unter dem Wasser ist Feuer. Und oben das bestirnte Firmament.

Einmal fragte ein Kind: Was ist stärker: das Feuer oder das Wasser? Der Erwachsene war klug und antwortete nichts. Das Kind fragte nochmals: Was ist stärker, das Feuer oder das Wasser? Der Erwachsene blieb klug und antwortete: Alle beide sind stark, sie können auch angenehm sein – jedes auf seine Weise.

8.
Das Weltall

Vielleicht mehr noch als Gebirge, Ozeane und Vulkane ergreift das Weltall den Menschen. Die unvorstellbare Tiefe und unendliche Weite rufen in ihm die Grundfragen hervor: Wer sind wir? Wo kommen wir her und wo gehen wir hin? Wo beginnt und wo endet alles? Beim Anblick des bestirnten Himmels erwacht ein angeborenes Gefühl für das Erhabene, das auch in der Sehnsucht nach Freiheit und großer Liebe zum Ausdruck kommt. Doch auch das sachliche Interesse bewegt die Menschen. So sind seit dem Altertum Theorien verfasst und Beobachtungsstellen errichtet worden.

Bemerkenswert ist allerdings: Wie die Theologie, so hat auch die Astronomie einen Gegenstand, dessen Erforschung das Fassungsvermögen des menschlichen Geistes überfordert. Dennoch wird darüber spekuliert. Dieser Drang, über Dinge zu reden, die man nicht kennt und nicht kennen kann, gehört offensichtlich zur Natur des Menschen. So geben Astronomie und Theologie weniger über Gott und den Himmel Auskunft als über die Wesensbeschaffenheit des Menschen.

Das Problembewusstsein in der heutigen Wissenschaft hat sich im Vergleich zu früheren Zeiten nicht so radikal geändert, wie oft angenommen wird. Belege dafür liefern historische Zeugnisse aus verschie denen Kulturräumen: China, Indien, Babylon, Ägypten, Griechenland, Rom, Mittelamerika. Dabei sind Ähnlichkeiten zwischen geographisch und zeitlich entfernten Kulturen offensichtlich. Wie ist das möglich?

Die biblische Genesis etwa geht auf die babylonische Mythologie zurück, die ihrerseits sumerische Traditionen wieder aufnimmt. Ergebnisse von geradezu identischen Himmelsbeobachtungen bezüglich Sonne, Mond, Gestirne finden sich in den ägyptischen Pyramidentexten, die an die Keilschriftreliefs des Codex Hammurapi erinnern. Die Maya-Kultur war zu astronomischen Kenntnissen gekommen, die heute noch bemerkenswert erscheinen.

Haben diese Kulturen einen gemeinsamen Quell – oder gehen sie auf die Bewusstseinsstruktur des Menschen zurück? Diese eher philosophische Frage befriedigt nicht. Denn es geht nicht um theoretische Interpretationen, sondern um Bauten, Skulpturen, architektonische Werke, die rein technisch bei den damaligen Möglichkeiten kaum zu erklären sind. Soll etwa eine außerirdische Herkunft dieses Wissens angenommen werden? Darüber wurde schon in der Vergangenheit spekuliert. Ergebnis: viele Meinungen, nur Vermutungen.

Doch auch Sicheres lernen wir aus der Geschichte, zum Beispiel dies: Der Mensch hat keineswegs von Anfang an (geozentrisch) die Erde als Mitte und (anthropozentrisch) sich selbst als Krönung der Schöpfung gesehen. Die ältesten Zeugnisse deuten vielmehr auf Ehrfurcht, Ohnmacht, Angst hin.

Erst an der Wende zum zweiten Jahrhundert setzte sich im Abendland das ptolemäische Weltbild durch, das die vorhandenen Kenntnisse unter der geozentrischen Vorstellung zu einer Einheit führte. Dies allerdings geschah in erster Linie nicht aus wissenschaftlichen Gründen. Theologische und auch politische Interessen spielten eine Rolle.

Das ist eine höchst bedeutende Tatsache: Der außerwissenschaftliche Gesichtspunkt war bei einer als streng wissenschaftlich geltenden Angelegenheit von entscheidendem Gewicht. Das gilt heute genauso wie zu Beginn der Zeitrechnung oder zur Zeit Giordano Brunos. Die Motivation wandelt sich, das anthropologische Faktum bleibt unverändert. Glaubensvorstellungen und politische Interessen (also Gefühle) waren stets bestimmend. Heute wird das Weltbild mit Hilfe von komplizierten mathematischen Formeln, quantenphysikalischen und relativitätstheoretischen Prinzipien konstruiert. Doch verhüllt – bzw. dem Wissenschaftler möglicherweise unbewusst – werden nach wie vor die astronomischen Forschungen von menschlichen Interessen gesteuert.

Der griechische Gelehrte Claudius Ptolemäus wurde um 100 n.Chr. vermutlich in Ptolomeis Hermeiou (Ägypten) geboren und starb nach 160 wahrscheinlich in Alexandria. Einige seiner Schriften wurden in Europa zu wissenschaftlichen Standardwerken und blieben es bis in die frühe Neuzeit. Dazu gehört seine 13 Bücher umfassende *Mathematike Syntaxis* („mathematische Zusammenstellung"), welche *Almagest* (vom Arabischen al-maǧisṭī) genannt wird. Neben einem Sternenkatalog enthält es eine Verfeinerung des von Hipparchos von Nicäa vorgeschlagenen geozentrischen Weltbildes. Erst später wurde es *ptolemäisches* Weltbild genannt.

In Übereinstimmung mit den meisten Gelehrten seiner Zeit verwarf Ptolemäus das heliozentrische Weltbild. Doch 1300 Jahre später kehrte es durch Nikolaus Kopernikus, Johannes Kepler und Galileo Galilei wieder zurück.

Dreizehn Jahrhunderte lang wurde in Europa das ptolemäische Weltbild als der angemessene Rahmen für religiöse und politische Ansprüche gelehrt. Demnach befände sich die Erde im Mittelpunkt des Weltalls. Alle anderen Himmelskörper (Mond, Sonne, die fünf Planeten und der Sternenhimmel) bewegten sich in Sphären auf Kreisbahnen (Deferent) um diesen Mittelpunkt. Die Himmelskörper zögen auf ihren Bahnen weitere Kreise (Epizykel) um diese Deferenten und teilweise noch weitere Bewegungen um die primären Epizykel. Diese Konstruktion erlaubte, das Modell mit anderen zeitgenössischen Systemen in Übereinstimmung zu bringen. Überdies: Durch den Einsatz solcher (gegeneinander leicht geneigter) Bahnen konnte Ptolemäus sein Modell mit den damals freiäugigen Beobachtungen in Einklang bringen.

Dieses Weltbild war aus verschiedenen Gründen schwer zu ersetzen. Zum einen stellte es das Fundament für Glaube, Kultur und Politik dar. Zum anderen war es in der Genauigkeit seiner Bahnvorhersage dem heliozentrischen Weltbild des Nikolaus Kopernikus (16. Jh.) überlegen. Nicht also die wissenschaftliche Richtigkeit der Aussage war entscheidend, sondern ebenso bzw. vor allem die praktischen Konsequenzen. So wurde das ptolemäische System 1600 durch das ebenfalls noch geozentrische tychonische Weltsystem (benannt nach dem Dänen Tycho Brahe) abgelöst. Erst nach Keplers Entdeckungen, dass die Planeten auf elliptischen Bahnen um die Sonne laufen, konnte sich das kopernikanische Weltbild durchsetzen.

Doch auch dann musste weiterhin akzeptiert werden, dass Ptolemäus' Berechnungsmethoden im Grundansatz eigentlich richtig und zum Teil präziser als die Kepler'schen waren. Als falsch erwiesen schien jedoch die Grundthese, dass die Sonne sich um die Erde drehe – falsch freilich aus der Perspektive unserer aktuellen galaktischen Kenntnisse.

Für die Anerkennung der Kepler'schen Berechnungen war also weniger wichtig, dass die Sonne und nicht die Erde im Mittelpunkt der Bewegungen stand. Von Bedeutung war vielmehr die Tatsache, dass Kepler Ellipsenbahnen und keine Kreisbahnen mehr verwendete, was zu einer größeren Übereinstimmung mit den von Thycho Brahe und später Galileo Galilei tatsächlich gemessenen Planetendaten führte. Folglich ging es um die Richtigkeit innerhalb von teilweise vereinbarten Koordinaten.

Spätestens seit Ende des 16. Jahrhunderts erfuhr Ptolemäus harte Kritik, die nicht immer die wissenschaftliche Seite betraf, sondern den Menschen. Um

1600 sprach *Tycho Brahe* unumwunden von Betrug. 1817 warf ihm der französische Astronom und Mathematiker *Jean-Baptiste Joseph Delambre* fingierte Beobachtungen, Lügen und Plagiat vor. 1977 ging der englische Astronom *Robert Russel Newton* noch weiter: Er hielt die meisten Beobachtungen des Ptolemäus für falsch bzw. von Hipparchos übernommen. Diesem vernichtenden Urteil schloss sich *B.L. van der Waerden* in seinem Buch „Die Astronomie der Griechen" (1988) an.

Doch andere Wissenschaftler versuchen, Verständnis für Ptolemäus aufzubringen. So sah 1796 *Pierre Simon Laplace* die Fehler des Griechen in falschen Berechnungen der damaligen Theorie der Sonnenbewegung begründet. Dagegen kam 2002 *Bradley E. Schaefer* zu dem Schluss, viele von Ptolemäus angeführte Beobachtungsdaten habe dieser nicht abgeschrieben, sondern selbst gewonnen. Dabei habe er jedoch ältere Daten ohne Quellenangabe übernommen, wenn sie besser zu seinem Modell passten als seine eigenen. Derartiges war allerdings damals üblich – und kommt auch heute gelegentlich vor.

Die Geschichte der Auseinandersetzung um das Thema Heliozentrismus gegen Geozentrismus ist von der Eigenart des Menschen geprägt. Die Anwendung einer postulierten reinen Vernunft, eines vorausgesetzten rein sachlichen Verstandes auf die ebenso angeblich exakte mathematische Wissenschaft erweist sich mit zunehmender Deutlichkeit als einer der vielen Mythen des wissenschaftlichen Zeitalters.

Der Unterschied: Antike Mythen lieferten den Boden für Glaubensansichten und Gesellschaftsordnungen. Der Mythos der exakten Wissenschaften zeitigt sich in technischen Errungenschaften. Diese haben die Menschen zunächst euphorisch gestimmt und außerordentlich beeindruckt. Nun sind aber neben Vorteilen auch Gefahren evident geworden.

Im Laufe der geschichtlichen Entwicklung erweitert sich der Blick. Der deutsche Kardinal Nikolaus von Kues (1401–1464) stellte den Geozentrismus infrage und vertrat die Unendlichkeit des Universums. Ebenso nahm Giordano Bruno (1548–1600) ein grenzenloses Universum mit unendlich vielen Sonnen und Planeten an, in welchem die beobachteten Fixsterne ferne Sonnen sind. Da seine Aussagen Glaubensgrundsätzen widersprachen, wurde er als Ketzer verurteilt und auf dem Scheiterhaufen hingerichtet.

Es ging also in erster Linie nicht um Wissenschaft, sondern um Interessen einer Weltanschauung, die als notwendig für die bestehende Gesellschaftsordnung erachtet wurde.

Trotz Quantenphysik und Relativitätstheorie bleibt der Grundcharakter der astronomischen Forschung, was die letzten Grundfragen anbelangt, märchenhaft (wenn auch nicht so poetisch) wie in den früheren Mythologien.

Man spricht heute trocken etwa von primordialer Nukleosynthese (Big Bang Nucleosynthesis). Demnach soll das Universum kurz nach dem Urknall

(10^{-2}s) so heiß gewesen sein, dass Materie in Quarks und Gluonen aufgelöst war. Durch Expansion und Abkühlung sollen dann Protonen und Neutronen entstanden sein, aus denen nach ca. 1 Sekunde (sic!) die Kerne leichter Elemente (2H, 3He, 4He, 7Li) verschmolzen. Nach etwa drei Minuten (sic!) soll dieser Prozess abgeschlossen gewesen sein, bei dem die relative Häufigkeit der Elemente vor der Bildung der ersten Sterne festgelegt wurde.

Das sind Behauptungen, die von Experimenten mit späteren Substanzen ausgehen und deshalb bezüglich des Ur-Anfangs nichts beweisen. Denn der damalige vorgeschichtliche, ja vorzeitliche Zustand der Materie ist für uns Heutige nicht nur unerreichbar, sondern auch unvorstellbar.

Eine andere Auffassung redet von kosmischer Hintergrundstrahlung (cosmic microwave background radiation CMBR), die aus der Zeit ca. 380.000 Jahre nach dem Urknall stammen soll, als das Universum etwa 1/1000 seiner heutigen Größe hatte. Zu diesem Zeitpunkt (!) sei das Weltall transparent geworden, das bis dahin aus undurchsichtigem ionisiertem Gas bestanden haben soll.

Das sind Meinungen, die von einem späten kosmischen Zustand ausgehen, der auch teilweise konstruiert ist. Solche Kenntnisse erlauben die ausgesprochenen Schlussfolgerungen nicht. Es handelt sich nämlich um Interpretationen von Interpretationen auf der Grundlage eines imaginierten kosmischen Zustandes.

Im Jahre 1929 behauptete Edwin Hubble, die Expansion des Weltalls nachweisen zu können, da Galaxien mit wachsender Entfernung eine zunehmende Rotverschiebung in den Spektrallinien zeigen. Als Proportionalitätsfaktor wird die Hubble'sche Konstante H angenommen, deren Wert im August 2012 lautete: 74,3 ($\pm$ 2,1) km/s Mpc-1. H ist natürlich keine Konstante, sondern verändert sich mit der Zeit – invers proportional zum Alter des isotropen Universums. Durch Zurückrechnen der Expansion könne man dieses Alter bestimmen: Nach Hubble soll es bei etwa 13,7 Milliarden Jahren liegen, was auch die von der Sonde WMAP gewonnenen Daten und Supernova-Beobachtungen angeblich zu bestätigen scheinen.

Die astronomische Spekulation ist nicht weniger atemberaubend als die theologische. Deren Gegenstand übersteigt das Fassungsvermögen des menschlichen Geistes, dem aber der Drang danach offensichtlich wesenhaft ist. Wie die Theologie so ist auch die strenge Naturwissenschaft (Mathematik eingeschlossen) nur Menschenwerk.

Als sich Albert Einstein von seinen jüngeren Kollegen trennte und sich im Alleingang auf die Suche nach der Weltformel machte, war das wissenschaftliche Geschehen zu einem nicht unerheblichen Teil von Machtkämpfen gesteuert.

Es gab und gibt Verfolgungen sowohl in den Kirchen als auch innerhalb von wissenschaftlichen Forschungseinrichtungen. Einst wurden Andersdenkende verbrannt – heute werden sie entlassen, isoliert, totgeschwiegen. Die Arbeitslosigkeit infolge unkonventioneller Forschung ist eine moderne Form von Scheiterhaufen.

Doch immer wieder tauchen Persönlichkeiten auf, die auf verschiedenen Klaviaturen zu spielen vermögen. Dazu gehörte beispielsweise der Philosoph Schelling, der im Bereich der damaligen Naturwissenschaft herausragte, aber auch eine besondere Empfindlichkeit für alte Mythologie, Dichtung und die Ahnung der Volksweisheit hatte. So vermochte er – durch Vermittlung des bayerischen Mediziners und Religionsphilosophen Franz von Baader – sich für den Philosophus Teutonicus Jakob Böhme zu begeistern.

Der Autodidakt aus Görlitz lässt in seinen Schriften eine große Ahnung darüber durchscheinen, dass der Mensch die Form von Wissenschaft, welche seiner Natur entspricht, noch zu finden hat. Diese wird nicht ohne Andacht und Dichtung sein und erst dadurch eine adäquate Form von Exaktheit erlangen, die nicht bloß Verstand und Vernunft befriedigt, sondern auch die Seele und das Herz.

Über den Himmel äußerte er:

Denn der Himmel ist der Unterschied zwischen Liebe und Zorn. Derselbe Himmel ist überall, auch in dir selber. Und wenn du nun den heiligen Gott in seinem Himmel anbetest, so betest du ihn in dem Himmel, der in dir ist, an [...] Wie sich nun der neue Leib dieser Welt in seinem Himmel gebäret, also gebäret sich auch dein neuer Mensch in seinem Himmel, denn es ist alles ein Himmel, darinnen Gott wohnet, und kann nicht voneinander getrennet werden [...] Solches schreibe ich als ein Wort, welches in seinem Himmel ist geboren, wo sich die heilige Gottheit gebäret, da der wallende Geist im Blitz des Lebens aufgehet.[5]

---

[5] *Aurora oder Morgenröte im Aufgang*, 24, 65 u. 66, 68 u. 71.

Drittes Kapitel
Menschentypen und Schicksale
Labyrinthe der Seele

Vorbemerkung
zum Begriff *Leidenschaft*

Leidenschaft gehört zum Dasein genauso wie Apathie. Je nachdem, welche von ihnen überwiegt, spricht man von leidenschaftlichen oder apathischen Menschen. Manchmal handelt es sich um vorübergehende Zustände. Ein apathischer Mensch kann plötzlich in einen leidenschaftlichen Zustand geraten – ebenso wie umgekehrt ein leidenschaftlicher in Lethargie fallen kann.

Leidenschaft bezeichnet eine starke Gemütsregung, die sich in den verschiedensten Bereichen ereignen kann: von der Erotik über Politik, Sport und Religion bis hin zu Kunst und Wissenschaft.

Grundbedeutung

a) *Punktuell*: Dynamischer Antrieb, der den Menschen von innen überwältigt.

b) Als *Wesenszug*: Eigenart, die Dinge mit Begeisterung bzw. kräftiger Hingabe anzugehen.

Das Wort wurde als Übersetzung des Lateinischen *passio* (von pati=leiden) erstmalig von Philipp von Zesen (1619–1689) verwendet.

Der Begriff besteht schon länger. In der Geistesgeschichte wird oft davon gehandelt in Abhebung von *Verstand, Vernunft, Tugend.*

In der Einzahl meint *Leidenschaft (passio)* den Wesenszug bzw. die aktuelle Dynamik. In der Mehrzahl bezeichnen *Leidenschaften (passiones)* seelische

Bewegungen oder Handlungen, die auf entsprechende Triebe zurückgehen.

Seit dem Altertum, ausdrücklich bei Plato, zählt die Mäßigung der Leidenschaften zu den Haupttugenden. Doch eine Steuerung derselben durch den Willen unter Leitung der Vernunft erweist sich *in der Praxis* meistens als unrealisierbare Wunschvorstellung. Denn Passivität und Ohnmacht – Erleiden statt Leiten – gehören wesenhaft zum Phänomen. Der Energiestrom der Leidenschaften durchdringt (oft unmerklich) und überrollt unter Umständen gänzlich den Menschen.

Im Gegensatz zu anderen Zuständen – wie Nüchternheit – wird der Leidenschaft gewöhnlich Blindheit zugesprochen. Doch die Leidenschaft hat ihre eigene Sichtweise mit entsprechender Schärfe, die im Gegenstand ihrer Begierde Aspekte entdeckt, die dem gleichgültigen Blick entgehen.

Offen oder verborgen wird menschliches Handeln in einem fundamentalen Sinne von Leidenschaften getragen, wobei Passivität und Aktivität (Leiden und Leiten) zusammen kommen. Der Mensch wird zur Handlung getrieben und muss tun, was er eventuell gar nicht möchte.

Der Mensch wird also von einer Sache in Anspruch genommen, von ihr angetrieben, beherrscht. Dies kann bisweilen zur Vernichtung der Individualität, aber auch zu deren Erweiterung und Steigeung führen. In diesem positiven, höheren Sinne wird Leidenschaft zum Quell schöpferischer Tätigkeit.

Leidenschaft und Sehnsucht verbindet der unersättliche Drang, der letztlich auf die triebhafte Grundlage und auf die transzendentale Dynamik des Lebens zurückgeht. *Triebe* drücken die Bedürfnisse der Gattung, deren expansive Energie im Individuum aus. *Transzendentale Dynamik* besagt den Drang des Menschen, über sich hinauszugehen.

Leidenschaft, Triebe, Sehnsucht gehen dem Willen voraus, können von diesem in der Regel kaum gesteuert werden.

Bei vielen Menschen tritt diese Verbindung energisch zutage. Eine große Unruhe durchzieht ihr Leben, die gelegentlich gewaltig ausbrechen kann.

Diesen vulkanischen Naturen werden normale Wege der Selbstverwirklichung zu eng; sie lassen sich mit etablierten Kategorien nicht erfassen. So werden sie oft als pathologische Fälle eingestuft. Doch dies trifft nicht immer zu. Diese Menschen sprengen einfach den Rahmen, den man gesellschaftlich, medizinisch als Normalität ansieht. Sie sind nicht krank – nur anders als die anderen.

Das Ungewöhnliche besteht darin, dass die Energie zum Selbstsein, die bei den meisten schlummert, bei leidenschaftlichen Menschen explodiert und zu kreativen Durchbrüchen gelangt.

1.
Wenn der Leib zu eng wird: Explosive Erotik

Gegen den Strom schwimmen müssen oft Menschen, die einen eigenen Weg zu gehen versuchen.

Woher schöpfen sie ihre Kraft? Aus ihrer Überzeugung? Nicht immer. Denn oft wissen diese Menschen nicht genau, was sie wollen. Zuerst ist nur der Drang nach Selbstbestimmung da – und eine vage Ahnung von sich.

Schöpfen sie ihre Kraft von ihrer eigenen Familie, von ihren Freunden? Ebenso wenig. Manchmal müssen sie erst einmal gegen ihre Lieben kämpfen, die sie – vielleicht in bester Absicht – gegen „Verrücktheiten" beschützen wollen. Als *verrückt* wird die Abweichung von der Normalität angesehen.

Doch *verrückt* oder *vernünftig* ist hier keine Alternative. Diese Menschen haben nur ihr Ziel vor Augen. Nichts vermag sie von diesem abzubringen. Die Anziehungskraft des Ideals ist stärker als jeder Widerstand.

Besonders erschütternd erscheint das Phänomen, wenn es dabei um die geschlechtliche Selbstverwirklichung geht. Ihr wenden wir uns als Erstes zu. Das Folgende sei als Beispiel für die Problematik vorgebracht.

Wie eine Frau aus der Reihe tanzte –
Das Phänomen Mechthild von Magdeburg

Es war das Jahr 1207. Hochmittelalter. Im Erzstift einer Burg bei der Stadt Magdeburg wird adeligen Eltern ein Mädchen geboren. Es erhält den Namen Mechthild. Über seine Kindheit ist wenig bekannt. Doch sicher ist: Als junge Frau gab sie ihren bürgerlichen Stand auf, um sich den *Beginen* anzuschließen. Das war eine Vereinigung von Frauen, die um die Wende vom 12. zum 13. Jahrhundert dem Geist der sogenannten Armutsbewegungen folgten.

Die Beginen verzichteten auf Ehe und Besitz, um ihr Leben mit den Notleidenden zu teilen. Aber sie waren keine Ordensfrauen. Sie beanspruchten keine kirchenrechtliche Anerkennung, legten keine Gelübde ab, unterstanden keiner Äbtissin. Ebenso unüblich in der damaligen Zeit war, dass sie aus verschiedenen sozialen Klassen („Ständen") kamen: Adelige und Bürgerliche, unverheiratete Jungfrauen, verheiratete Frauen, Witwen. Ihren Unterhalt bestritten sie mit ihrem (gegebenenfalls) ererbten Vermögen und mit Handarbeiten wie Weben und Sticken. Besonders revolutionär war: Die Beginen bestanden nicht nur auf der Gleichheit zwischen Mann und Frau, sondern auch auf der Gleichheit aller Frauen über Familienherkunft, Klasse, Stände hinweg.

Dieser Versuch, ihre Unabhängigkeit beruflich, finanziell, geschlechtlich zu behaupten, stellte das gesellschaftliche Konzept der Zeit infrage, das gerade auf der Abhängigkeit der Frau beruhte. So wurden die Beginen in Kirche und Politik abgelehnt und gelegentlich bis zum Tode verfolgt. (1310 wurde die Französin Marguerite Porète verbrannt). Doch sie ließen sich durch nichts einschüchtern. Sie zogen vielmehr durch die Städte und kümmerten sich um die Verlierer der sozio-ökonomischen Umwälzungen. Das waren die Mütter ohne Männer, die Witwen, die Alten, die Kranken, die Behinderten, die Sterbenden.

Unter diesen Frauen lebte Mechthild über dreißig Jahre. Aufgrund der Unruhe, die ihre Schriften verursachten, musste sie sich allerdings die letzten Jahre ihres Lebens ins Zisterzienser-Kloster zu Helfta, in der Lutherstadt Eisleben (Sachsen-Anhalt), zurückziehen, wo sie 1282 verstarb.

Mechthilds Wesensart faszinierte und erschreckte zugleich die Menschen. Dabei hatte ein Grundzug ihrer Persönlichkeit besonderes Gewicht: die überschwängliche Art der geschlechtlichen Selbstbestimmung, die sie über die Grenzen menschlicher Möglichkeiten hinaustrieb.

Nicht einmal getarnt, wie oft in religiösen Zusammenhängen, verblüffend offen teilt die Frau ihre Unruhe mit, zuerst mündlich dem geistlichen Begleiter, auf dessen Rat hin dann schriftlich. Da ereignet sich das epochale Phänomen: Der Zeitgeist wird erschüttert, die deutsche Sprache revolutioniert.

Der Rat ihres geistlichen Begleiters entsprach ihrem inneren Drang. Das junge Mädchen hatte das Bedürfnis, ihr Erleben mitzuteilen. Das von ihr Erfahrene – sagte sie – habe keine Entsprechung in der sichtbaren Wirklichkeit. Also musste ihre Phantasie geeignete Bilder schaffen, welche wiederum entsprechende sprachliche Ausdrücke erforderten.

Mechthilds Gestalt wirkte auf ihre Zeit wie eine geistige Bombe. Doch der Unmut wäre vermutlich nicht so groß gewesen, hätte sie ihr Erleben nicht niedergeschrieben:

> Ich wurde vor diesem Buche gewarnt und von Menschen also belehrt: Wolle man davon nicht abseh'n, dann wird es in Flammen aufgehen!

Als sie sich aber an Gott wandte, berichtet sie weiter, beruhigte er sie:

> Die Wahrheit kann niemand verbrennen.

Gewiss trug sie zur Befreiung der damaligen Frau bei. In erster Linie jedoch ging es ihr um die eigene Selbstverwirklichung. Beides – persönliche Freiheit und gesellschaftliche Wirkung – bilden bei ihr eine Einheit, deren Dynamik sich im originellen Umgang mit ihrer Muttersprache offenbart.

Ihr Buch *Das fließende Licht der Gottheit*[6] verfasste sie in Niederdeutsch, der Sprache des Volkes. Darin wird traditionelle Brautmystik mit der Poesie des höfischen Minnesangs kreativ verbunden. Das Ergebnis ist eine umwerfende Dichtung.

---

[6] Daraus sind die folgenden Zitate entnommen.

Das Schreiben wurde ihr zu einem Bedürfnis. Aber sie konnte es nicht in den etablierten Sprachen tun.

Nun gebricht mir das Deutsch und Latein kann ich nicht.

Also griff sie auf die literarischen Mittel zurück, die ihr zur Verfügung standen: *Liebeslyrik* des Alten Testaments und die *Minnelyrik* ihrer Zeit.

Das König Salomon zugeschriebene *Hohe Lied* besingt die erotische Spannung zweier Liebender, die eins werden wollen, es aber nicht können. Das beglückt und zerreißt in einem. Dieses feurige, stets ungesättigte Verlangen ihrer weiblichen Sehnsucht bestimmt Mechthilds Leben. Dasein bedeutet für sie Lieben – und zwar Lieben als Frau. Und erst von der Liebe her verrichten Erkenntnis und Wille ihr Werk.

Das ergibt eine andere Auffassung als die im Mittelalter übliche. Mechthild fühlt sich vom Göttlichen in der Gestalt des verklärten Mannes aus Nazareth durchdrungen, geht auf durch diese Durchwohnung. Sie empfindet in sich den Samen des Höchsten. Ihre Schriftstellerei ist eine Folge dieses Empfängnisprozesses. Schreiben bedeutet für sie gebären für die Menschheit.

Lieber Gottesfreund, diesen Liebesweg hab ich für dich aufgeschrieben – Gott möge ihn dir ans Herz legen. Amen.

Die Kultur des Minnesangs

Minne war das spätmittelalterliche Wort für Liebe. Minnesänger und Troubadoure fuhren durch die Städte und stellten Situationen des Liebesspiels dar, die sie dem jeweiligen Publikum anpassten.

Die Lieder der *Niederen Minne* schilderten oft den Zuschauern das Liebesglück des Mannes, der sich in ein armes Mädchen verliebte. Andere Lieder bezogen sich ausdrücklich auf die höhere Schicht. Es war die *Hohe Minne*. Da übernahm der Minnesänger die Rolle des Lehnsmannes.

Das Spiel folgte einer genauen Regie. Niedriggestellte Adelige richteten ihre Lieder an die höher stehende „Frouwe" (adlige Herrin). Der Minnesänger wandte sich zwar direkt an die Herrin. Doch die Ehrung galt eigentlich dem Lehnsherrn, der durch die Lobpreisung der Schönheit und erotischen Anziehungskraft seiner Ehefrau umso heller glänzte.

Texte und Handlungen sprachen das Drama einer ersehnten, aber unmöglichen Liebe aus. So wurde die Hohe Minne zum Ausdruck der menschlichen Sehnsucht, die nach dem Höchsten strebt, ohne es je erreichen zu können. Die „Frouwe" als Symbol für ferne Vollkommenheit stellt die selbstlose Liebe dar, in deren Dienst (Minnedienst) der Ritter tritt. Dadurch kommt er dem „höfischen" Ideal näher, aber er muss sich mit der Zwecklosigkeit des Liebesdranges zufriedengeben.

Ähnliches geschah bei den Troubadouren. In Frankreich hat es auch Frauen (Troubadoura) gegeben, z.B. Marie de France oder die Contessa de Dia. Im deutschen Sprachraum gab es kaum weibliche Troubadoure. Mechthild kann als solche betrachtet werden. Die mutige Frau erschütterte auch hier – nicht nur in den Elendsvierteln – die Männerwelt, indem sie genauso wie die Männer das Schicksal des Menschen, Unmögliches zu wünschen, besang.

Die Hohe Minne feierte „große Gefühle" geradezu als kulturelles Geschehen, das ein Gemeinschaftserlebnis stiftete. Die Theateraufführung ähnelte einer liturgischen Veranstaltung.

Der Minnedienst verpflichtete beide Seiten. Der Minnende trat willig in die Dienste der „Frau Minne". Die hohe Adelige kam ebenso gern dem Ritter entgegen. Das Publikum wurde ins Drama der Annäherung zweier Pole miteinbezogen, die von sich aus unvereinbar waren. Ungleiches wurde gleichgemacht. Nur in der Kunst?

Ja, gewiss, es ging um Literatur. Der Eintritt in das Liebesgeschehen sozial ungleicher Menschen war nur theatralisch gespielt. In der Realität herrschte nach wie vor der Zwang der Diskriminierung. Doch die dramaturgische Vorführung des Dranges nach Freiheit blieb nicht ohne Wirkung. Allmählich erreichten die gewagten Bilder der Dichtung die Ebene des Bewusstseins.

Zu diesem Verwandlungsprozess trug Mechthild von Magdeburg auf eigenartige Weise bei.

Was ein liebender Mensch empfindet, ist eigentlich unsagbar. Dennoch hat er oft das Bedürfnis, es zum

Ausdruck zu bringen. Dafür werden gelegentlich Worte entlehnt, die befreien, selbst wenn sie das eigene Erlebte nicht genau wiedergeben. So bedient sich Mechthild der Minnelyrik – und sprengt sie zugleich.

Mechthild schämt sich nicht, als Frau zu fühlen. Sie legt offen, wie dringlich ihr Begehren sein kann:

Ich rufe nach dir in großem Verlangen
Mit klagender Stimme.
Ich harre dein in Herzensbangen,
ich kann nicht ruhen, ich brenne
unauslöschlich in der Glut deiner Minne.

Sie will verschmelzen mit dem Geliebten. Doch dieser ist jenseits von Raum und Zeit. So muss sie, um ihr Verlangen auszudrücken, über mittelalterliche Minnelyrik und über die Dichtung des Hohen Liedes hinausgehen und eine eigene Philosophie stiften.

Mechthilds Gefühlswelt ist über jede Vorstellung gewagt. Sie fühlt sich unverblümt als Ehefrau des Seins selbst, aus dem sie eine neue Natur und eine neue Menschheit gebären will. Vom Sein selbst möchte sie schwanger werden! Sie nennt das Sein Gott. Doch es ist nicht der Gott der Religionen. Es ist das umfassende Transzendente, das alle Begriffe und Bilder übersteigt – von dem auch sie, Mechthild, nichts anderes weiß als dass sie sich von ihm unwiderstehlich angezogen, geliebt und geschwängert fühlt.

Der Ungeheuerlichkeit ihrer Aussage ist sie sich durchaus bewusst. Sie weiß nicht einmal selbst, wie sie damit umgehen soll. Doch das Sein werde es ihr schon beibringen, hofft sie. Das Sein! Das ist der von ihrem weiblichen Verlangen hervorgebrachte Gott-Mann:

Sie, die begehrende Frau, nennt das Absolute folgerichtig *Herr*. Nach diesem „Herrn" schreit sich die Liebesentbrannte heiser:

Herr, ich will dich zweier Dinge fragen,
die erklär mir nach deinen Gnaden:
Wenn meine Augen in Verlassenheit trauern
Und mein Mund einfältig schweigt
Und meine Zunge in Sehnsucht gebunden,
und meine Sinne mich fragen
Stunden um Stunden,
was mir sei,
dann steht alles in mir,
Herr, gänzlich nach dir.
Wenn mein Fleisch mir verfällt.
Und mein Blut vertrocknet,
mein Gebein erfriert,
meine Adern sich verkrampfen
und meine Seele schreit
mit eines hungrigen Löwen Stimme.
Wie mir da ist?
Und wo du dann bist?
Viellieber, das sage mir!

Ihr Geliebter weilt stets in der Ferne, doch er ist zugleich ganz nah. Die Grenzen werden fließend, bis die beiden in eins verschmelzen. Im Prozess dieser Eins-Werdung wird die Erotik zur Kunst. Das Einschwingen geschieht rhythmisch – beim Tanz, den

„der Herr" die Seele lehrt. Es ist ein Tanz, der immer nach mehr verlangt.

Oh Herr, liebe mich leidenschaftlich
und liebe mich oft und lang.

Sie erfährt den Liebesprozess in Reifungsschüben, die durch spiralförmige Bewegungen zur Selbstauflösung führen: 1) vom alltäglichen Dasein in den Tanz der Liebe („Minne"), 2) von dieser Berauschung in die hohe Erkenntnis („bekanntnisse"), 3) von dieser in den ekstatischen Genuss („gebruchunge").

Spiritualität der erotischen Liebesmystik

Erotik und Sexualität wirken in ihrer Liebesmystik mit aller Selbstverständlichkeit. Der Prozess wird aus ihrer weiblichen Perspektive beschrieben. Das Begehren führt zur Vereinigung. Danach folgt der Schmerz der Trennung, die ins Unendliche der Gottesabwesenheit (*gotzvroemdunge*) wächst. Die Sehnsucht wird mit jeder Erfüllung größer. Die Transzendenz ist hier keine philosophische, keine gedachte. Sie ist leiblicher Ausdruck des menschlichen Dranges – in weiblicher Gestalt.

Mit dem Fall beschäftigt sich auch die Wissenschaft.[7] Und es ist nicht uninteressant zu beobach-

---

[7] Zu diesem Zweck wird in der Forschung der gewaltige Gefühlsstrom kategorial analysiert. Man spricht dabei von Primär- und Sekundäremotionen, Basis- und Distanzgefühlen. Man unterscheidet Instinkte, Gefühle, Empfindungen, Handlungen. Solche Klassifizierungen können hilfreich für das

ten, wie man eine solche ungewöhnliche Welt mit Methoden der gängigen Sachlichkeit zu erhellen versucht.

Mechthilds geistlich-erotisches Spiel ereignet sich naturgemäß in einem Raum von Heimlichkeit und Exklusivität:

[...] wan er wil alleine mit ir spilen ein spil,
das der lichame nút weis [...]

Doch bald folgt die Ernüchterung:

Wenn das spil allerbest ist,
so muos man es lassen.

Immer geht die Trennung vom göttlichen Bräutigam aus. Da spricht die Erfahrung der Frau, die nach den gesellschaftlichen Konventionen sich vom Mann erobern lassen muss und dann von ihm oft willkürlich sitzen gelassen wird. Der Herr spricht zur Seele: *„Juncfrou, ir muessent úch neigen"* (22, 19). Also kommt die Rebellion dagegen, „nur" Frau zu sein, gar philosophisch zur Sprache. Die sexuell frustrierte Seele erleidet die Rückkehr in den Körper wie eine ontologische Demütigung: „ihr müsst niedersteigen". Und die Frau nimmt es als ihr Schicksal an: „Lieber Herr, es muss geschehen, wie der Hausherr befiehlt" (*Lieber herre, es muos sin als der wirt gebútet*).

Einsteigen ins Phänomen sein. Doch was die Wissenschaft analytisch klärt, ist nicht mehr das, was Mechthild erfährt. Diese bewegt sich in der Welt ihrer Phantasie – und der analysierende Wissenschaftler in seiner.

Der Schmerz des sexuellen Frusts klingt unumwunden mit: Dem Herrn gefällt es zwar, doch nur zeitweilig. So sieht die Seele den Körper als ihren Feind. Doch die Frau geht mutig auf das Geschehen ein, sie lässt sich „begrüßen". „Gruß" ist ihr Ausdruck für die vollständige Hingabe. Die Sehnsucht erlebt sie als Feuer. Mechthild erklärt sich damit einverstanden, bei lebendigem Leib verbrannt zu werden.

Diesen Gruß kann und wird niemand empfangen, er sei denn überwältigt und zunichte geworden. In diesem Gruß will ich lebendig sterben. (Disen gruos mag noch muoe nieman enpfan, er si denne überkomen und ze nihte worden. In disem gruose will ich lebendig sterben).

Anhang: Katharina von Siena, Jeanne d'Arc, Teresa von Ávila

Mit ihrer Erfahrungswelt steht Mechthild von Magdeburg nicht allein in der Geschichte. In Abständen von Jahrhunderten wiederholt sich jeweils anders das Phänomen – etwa bei Katharina von Siena (1347–1380), Jeanne d'Arc (1412–1431), Teresa von Ávila (1515–1582). Der Liebesdrang kam dabei zum Durchbruch nicht nur in ungewöhnlichen Taten (wie politische Tätigkeit, Kriegsführung, revolutionäre Ordensgründungen); er ließ sich auch in einer Weise faktisch nieder, die wissenschaftlich rätselhaft ist.

Bei Teresa soll das Herz physisch durchbohrt worden sein (Transverberation). Das Ereignis, das

Lorenzo Bernini 1646 künstlerisch verewigte (Santa Maria della Vittoria, Rom), beschreibt sie im *Buch der Erbarmungen des Herren* (Libro de las misericoridas del Señor) mit folgenden Worten:

> Ich sah neben mir, gegen meine linke Seite zu, einen Engel in leiblicher Gestalt [...] Er war nicht groß, sondern klein und sehr schön. In (seinen) Händen [...] sah ich einen langen, goldenen Wurfpfeil, und an der Spitze des Eisens schien mir ein wenig Feuer zu sein. Es kam mir vor, als durchbohre er mit dem Pfeil einigemal mein Herz bis aufs Innerste, und wenn er ihn wieder herauszog, war es mir, als zöge er diesen innersten Herzteil mit heraus. Als er mich verließ, war ich ganz entzündet von feuriger Liebe zu Gott.

Damit wird offensichtlich die ersehnte Penetration vergeistigt und in der geistigen Verwandlung so real physiologisch empfunden, dass das Herz – wie viele Historiker annehmen und in der Reliquie (zu Alba de Tormes, Spanien) feststellbar sein soll – an der Liebeslust zerbrach.

Das Leben dieser Mystikerin bezeugt ein ungewöhnliches weibliches Potenzial, das ein solches Phänomen rein psychologisch plausibel macht.

Doch bei Teresa von Ávila findet eine Weiterentwicklung statt, die von anderen ähnlich vulkanisch liebenden Mystikerinnen abweicht.

Im Laufe der Zeit stellte sie das imaginäre Ausleben ihres Liebesverlangens mit dem Absoluten, da abstrakt, nicht zufrieden. Praktisch veranlagt, erkannte Teresa auf dem Gipfel ihrer Entfaltung den märchenhaften Charakter des mystischen Weges. Doch eines Tages bot ihr das Leben die Chance, ihre Dichtung auch als Wirklichkeit zu erleben – gleichsam Himmlisches auf Erden zu erfahren. Damit schrieb sie ein besonderes Kapitel in der Geschichte der Mystik. Ihr einschlägiges Buch heißt: *Libro de la vida*, Buch des Lebens, d.h. die *Bio*-Graphie ihrer Erfahrung als Frau.

Der Wendepunkt geschah, als sie den gebildeten, aus wohlhabender Familie stammenden, attraktiven Jerónimo Gracián kennenlernte und sich in ihn verliebte. Er war in den von Teresa „reformierten" Karmelitenorden eingetreten und stand der energischen Frau zur Seite. Der junge Mann merkte am Anfang nicht, wie leidenschaftlich die Liebe der um einige Jahre älteren Frau zu ihm war. Not macht erfinderisch, sagt die Volksweisheit; entsprechend nötigt die Liebe die Wege ihrer Selbstverwirklichung – wenn es sein muss durch List – hervor. Konkret: Die katholische Nonne wollte den Mann ganz haben, ohne auf ihren Stand zu verzichten. Obzwar sie also dem Zölibat verpflichtet war, „heiratete" sie kurz entschlossen eines Tages den Mitbruder und Vorgesetzten – durch einen verblüffenden Trick. Die „Ehe" wurde heimlich geschlossen in Gegenwart eines von ihr geladenen „höheren" Trauzeugen: Jesus-Christus höchstpersönlich, aber natürlich unsichtbar. Ein Meisterwerk weiblicher Phantasie. So umging sie die geltenden Bestimmungen der Kirche. Sie überspielte aber auch Jerónimo selbst, der erst Jahre nach ihrem Tode verstand, wie ernst die Liebe der „Mutter" (la madre) zu ihm gewesen war.

Die Ordensgründerin starb als Mitglied der katholischen Kirche, der es nicht rechtzeitig gelang, hinter die wahre Teresa zu kommen. Ihr überliefertes Wort „schließlich sterbe ich als Tochter der Kirche" (*al fin muero hija de la Iglesia*) wird gewöhnlich als Zeichen ihrer Treue zum Katholizismus gedeutet. In Wirklichkeit wollte sie mit feiner Ironie sagen: *Ich sterbe gerade noch rechtzeitig, bevor man mich aus der Kirche hinauswirft*. Die schlaue Frau war stets schneller als die Amtsträger, die sie entsetzt und hilflos „umtriebiges Weib" (*fémina inquieta y andariega*) zu nennen pflegten.

Jerónimo dagegen wurde nach Teresas Tod vom Orden, den er eigentlich mitgestaltet hatte, ausgeschlossen und reiste orientierungslos durch Europa, von der sehnsüchtigen Erinnerung an die Frau geplagt. Davon hat er in seiner Schrift „La peregrinación de Anastasio" (*Die Wallfahrt des Anastasius*) berichtet. Anastasio war das Pseudonym, durch das (wahrscheinlich aus Angst vor der Inquisition) im Briefwechsel mit ihr seine Identität verschlüsselt wurde.

2.
Die Anziehungskraft der Einsamkeit

Nicht jeder findet in der Jugend seinen Weg. Viele Menschen kommen erst später zu sich und spüren dann das Bedürfnis, wieder (oder endlich!) von vorne anzufangen. Die alltägliche Geschäftigkeit, Stress, gesundheitliche Probleme, Familiensorgen hatten sie voll in Anspruch genommen, bis sie – vielleicht durch eine schmerzhafte Erfahrung erschüttert – erwachen. Es ereignet sich gleichsam eine zweite Geburt.

Dieses Phänomen wird gewöhnlich durch Menschen illustriert, die nach einer solchen Lebenswende Ungewöhnliches geleistet haben, wie etwa Saulus-Paulus, Augustinus, Dante Alighieri, René Descartes, Jakob Böhme, Blaise Pascal, Charles de Foucauld.

Doch eigentlich machen – wie unmerklich auch immer – die meisten Menschen diese Erfahrung. Wem alles glatt zu gelingen pflegt, der kommt kaum zur Reife. Denn erst im Leiden bewährt sich der Lebensweg.

Die Stunde der Selbstentdeckung erleben viele Menschen mit ungewöhnlicher Intensität. Einige von ihnen spüren sogar den Drang, von allem Abstand zu nehmen, sich zurückzuziehen, um sich ausschließlich der Innenseite des Daseins zu widmen.

Eigenartig ereignet sich das Phänomen beim Schweizer Nationalheiligen, dem wir uns nun kurz zuwenden.

Niklaus von Flüe (1417–1487)

Der Durchbruch wird hier durch die erstickende Beengung der Korruption in der Kirche und in der Justiz verursacht.

Im dekadenten Spätmittelalter war die Politik von Egoismen und Interessenkriegen geprägt. Hunger, Not und Leid waren die Folgen. Beim Volk gehörten Völlerei und Trunksucht zum Alltag. Und in den Kirchen bestimmte eine Mischung aus religiösem Fanatismus und Machtdrang das Geschehen. In dieser Situation bedeutete ein halbes Jahrhundert vor der Reformation die Gestalt des Nüchternheit vorlebenden Bruder Klaus eine bedeutende zukunftsweisende Korrektur.

Die Familie leitete den Namen vom großen Felsen (Fluo) an der Ranftschlucht des Ortes (Flüeli) bei Sachseln/Obwalden in der Schweiz ab. Auf dem großen Hof seiner Eltern Heini von Flüe und Hemma Ruobert wurde im Jahre 1417 Niklaus von Flüe (später Bruder Klaus genannt) geboren. Da wuchs er auf.

Er soll von ruhigem Naturell gewesen sein mit einer Neigung zur Abgeschiedenheit. Dennoch beteiligte er sich der Zeit gemäß an militärischen Feldzügen. Von 1440 bis 1444 nahm er als Offizier am Alten Zürichkrieg teil. Persönlich allerdings, heißt es, entwickelte er sich friedlich, wurde ein guter Bergbauer und Richter.

Um 1445 heiratete der 30-jährige Mann das 15-jährige Mädchen Dorothea Wyss. Sie zeugten zehn Kinder (fünf Söhne und fünf Töchter). Um 1457 wurde er Vertrauensmann der Pfarrei Sachseln, 1462 gehörte er dem Kleinen Rat, dem höchsten politischen und richterlichen Führungszirkel des Standes Obwalden an.

Doch ab einem bestimmten Zeitpunkt – nach seinem vierzigsten Lebensjahr – wurde der an sich ruhige Mann von einem Unbehagen gepackt, das ihn nie mehr loslassen sollte. Seine Unruhe interpretierte er so, dass Gott ihn zu einer anderen Lebensweise, als Einsiedler und Beter, berief. Zwar ging er weiterhin seiner Arbeit nach und blieb guter Vater und Ehemann. Nach seiner täglichen Arbeit jedoch begab er sich immer öfters in die Einsamkeit.

Trotz Fasten und Beten wuchs seine Unruhe derart, dass er um 1465 alle politischen Ämter niederlegte. Die Ehe machte auch eine heftige Krise durch. Seine Tätigkeit als Richter konfrontierte ihn immer wieder mit Problemen aus Kirche und Politik. Alles – Beruf, Ämter, Freunde, Heimat, auch die eigene Familie – wurde ihm unerträglich eng: „Ich war so tief niedergedrückt, dass mir selbst die liebe Frau und die Gesellschaft der Kinder lästig waren." Auch Ehefrau Dorothea war nun niedergeschlagen. Sie verstand ihren Mann nicht mehr, vor allem wenn er von Gerichtssitzungen nach Hause kam und wortlos da saß. Die Wonne der jungen Jahre löste sich für sie auf durch den Alltag mit einem wortkargen, selbstbezogenen, depressiven Manne.

Der Höhepunkt der Ehekrise wurde durch die Richtertätigkeit ausgelöst. Abt Johannes Trithemius aus Spannheim berichtete in einer Mahnpredigt vom 6. August 1486:

> Er [Niklaus von Flüe] war vormals ein Bauer in einem schweizerischen Dorf und pflegte nach germanischer Sitte im Rat der Vierzehn Recht zu sprechen. Da geschah es einmal, dass er ein Urteil seiner Beisitzer, das er als ungerecht ansah, nicht rückgängig machen konnte, und für sein Seelenheil fürchtend, verließ er Haus, Weib, Kinder und alle weltlichen Geschäfte und Güter, und zog
>
> sich, um Gott zu dienen, allein in einen benachbarten Forst zurück, wo er ein Einsiedlerleben führt.

Natürlich stellt sich die Frage, ob der eher steife Richter nicht doch durch den Widerstand des Beisitzers gekränkt war, die Kränkung als solche verdrängte und seine Verstimmung als Zeichen für den Willen Gottes deutete.

Zwei Jahre nach Durchbruch der Krise bat er seine Frau Dorothea, ihn freizugeben für dieses andere Leben. Zunächst lehnte sie ab, denn ihr jüngstes Kind war noch kein Jahr alt. Dann aber willigte sie ein. Niklaus ordnete den Nachlass und vertraute Familie, Haus und Hof den beiden ältesten, bereits erwachsenen Söhnen an. Am 16. Oktober 1467 verließ er sein Familienhaus. Auf die Frage, was ihn zu einem solchen gewagten Schritt veranlasste, pflegte er zu antworten: „die Sehnsucht nach dem einig Wesen".

Der Bauernsohn hatte die Neigung, Gründe für

seine Entscheidungen auf Visionen zurückzuführen. Im Mutterleib schon habe er eine richtungweisende Erleuchtung gehabt. Die Wissenschaft könnte hier eine Pathologie aufdecken: übermäßige Geltungssucht, neurotische Selbstbezogenheit, Wahnsinn seiner überzogenen Einmaligkeit.

Doch wir lassen die medizinische Problemstellung beiseite, halten die Fakten fest im Hinblick auf die Frage: Wie weit vermag ein Mensch zu gehen im Versuch, seinen Drang nach Fülle und Selbstbehauptung zu befriedigen?

Von der Sehnsucht getrieben brach also der zum Richter avancierte Bauer Klaus auf. Er zog über den Brünig und besuchte die Höhlen des hl. Beatus am Thunersee, anschließend den damals bedeutenden Marienwallfahrtsort Büren an der Aare. Über den Oberen Hauenstein gelangte er schließlich nach Waldensburg (bei Liestal, Kanton Basel-Land) und fühlte sich dort – „durch verschiedene Zeichen", wie er meinte –, dazu veranlasst, in seine Heimat zurückzukehren. Er zog sich in den Wald im Melchtal zurück. Da baute er sich in der Ranftschlucht eine Hütte aus Ästen, Holz und Laub. Im folgenden Jahr 1468 errichteten ihm Freunde und Nachbarn eine Klause mit Kapelle.

Das ungewöhnliche Treiben des ehemaligen Richters entsprach wie gedichtet dem Bedürfnis der Menschen nach Neuigkeiten. So strömte bald viel Volk zum „lebenden Heiligen", dann aber auch öffentliche Persönlichkeiten, die, durch den Erfolg beeindruckt, seinen Rat suchten.

Sein Einfluss betraf sowohl das politische Geschehen als auch die konkrete Lebensführung der Schweizer Bürger:

a) Die Stanser Verträge:

Der überlieferte Bericht lautet: Die vier Stadt- und Länder-Orte waren zerstritten. Am 14. Dezember 1481 war die Lage geradezu hoffnungslos. Da eilte Pfarrer Heimo Amgrund von Stans in der Nacht zu Bruder Klaus in den Ranft um Rat zu holen. Der Ratschlag des Einsiedlers ist nicht wörtlich bekannt. Historisch belegt ist, dass der Pfarrer zurückkehrte und die Tagungsherren – „unter Tränen" und unter Berufung auf Bruder Klaus – nochmals zu tagen bewegte. In nur zwei Stunden wurde einstimmig eine Lösung beschlossen und eine dauernde Spaltung der Eidgenossenschaft abgewendet. Ergebnis des Durchbruchs war: Ein Bürgerkrieg wurde verhindert, der gemeinsame Bund der bisher nur locker verbündeten acht Orte gestärkt, die Aufnahme der Kantone Freiburg und Solothurn ermöglicht. Das war das *Stanser Verkommnis*, das die Mehrsprachigkeit der Eidgenossenschaft einleitete und weiteres Wachstum des Bundes förderte.

Einzelheiten des Gespräches zwischen dem Stanser Pfarrer und dem Ex-Richter sind, wie gesagt, nicht bekannt. Wohl aber andere Aussagen, die die Unverhältnismäßigkeit von Worten und Wirkung belegen. Zum Beispiel: Am 4. Dezember 1482 schrieb der Einsiedler an den Rat zu Bern:

> Fried ist allweg in Gott, denn Gott ist der Fried. Der Friede kann nicht zerstört werden. Unfriede aber zerstört.

So es überhaupt stimmt, dass der Friede nicht zerstört werden könne, würde man in solch einer Aussage eher Einfalt entdecken. Doch aus dem Munde des Bruders bewirkte der Satz das Wunder einer für unmöglich gehaltenen politischen Besinnung.

Sprichwörtlich ist ebenso der Satz geworden, den die 1536 niedergeschriebene Legende vom Gericht-Schreiber zu Luzern Hans Salat weitergegeben hat: „Macht den Zaun nicht zu weit." Gemeint ist: Bescheidenheit und Rücksicht bringen mehr als Wichtigtuerei. Ebenso: „Mischt euch nicht in fremde Händel." Selbst wenn Bruder Klaus' Autorschaft umstritten ist, tun solche Äußerungen einen Geist kund, der das Selbstverständnis der Schweiz kennzeichnet.

Doch das Phänomen besteht darin, dass schlichte, um nicht zu sagen einfältige Sprüche kraft seiner Persönlichkeit zu gewichtigen Grundsäulen schweizerischer Identität werden konnten. In einem wohlhabenden Land also, das vorwiegend vom Kapital, vom Geld der Reichen aus aller Welt, lebt, wird zum Schutzpatron ein vergeistigter Einsiedler, der sich freiwillig der Armut hingab. War vielleicht die politische Botschaft, Gier zerstöre den Wohlstand?

Die Gestalt des Einsiedlers ist im Laufe der Jahrhunderte vom Schweizer Bewusstsein dergestalt verinnerlicht worden, dass er als Garant für nationale Sicherheit angesehen wird. Von daher kann vielleicht das sogenannte „Wunder von Waldenburg" nachvollzogen werden. Am 13. Mai 1940 befürchtete die Schweiz einen deutschen Angriff. Doch über dem

Ort Waldenburg soll eine große, hell leuchtende Hand am Himmel erschienen sein. Die Schweizer sahen gleich darin die schützende Hand des Landespatrons Bruder Klaus, sprachen freimütig von einem Wunder. Es mag sich um eine kollektive Einbildung gehandelt haben. Tatsache ist jedoch: Die Schweiz blieb vom Krieg verschont.

Die Ausstrahlung des Asketen ging besonders von einer Begebenheit aus, welche für die Wissenschaft eine Unmöglichkeit, für die Menschen einen Grund zur Bewunderung bedeutet: das (angeblich?) langjährige Fasten.

Aufgrund historischer Belege steht zu vermuten, dass das Fasten des Bruder Klaus doch von der Volksfrömmigkeit – wenn nicht ganz erdichtet – zumindest überformt wurde. Bei Befragung soll Bruder Klaus selbst eher zurückhaltend gewesen sein und einmal sogar präzisiert, er habe niemals gesagt, so viele Jahre nichts gegessen zu haben. Auf der anderen Seite muss die inquisitorische Inszenierung der Überprüfung durch Weihbischof Thomas Weldner (im Auftrag des Bischofs von Konstanz) unter Anwesenheit des Berner Schultheißen und Freiherrn von Spiez Adrian von Bubenbergs (1434–1479) berücksichtigt werden. Die Prozedur war grausam, der Befragte musste um sein Leben bangen.

Die Tatsache, dass langes Fasten möglich ist, steht historisch fest. Nimmt man die faszinierende Seite, also die auch damals mediale Instrumentalisierung im Hinblick auf Erbauung, weg, bleibt noch das erklärungsbedürftige nüchterne Faktum.

Nachweislich nahm Bruder Klaus zwanzig Jahre keine andere Nahrung zu sich als die katholische Eucharistie – also ein kleines Stück ungesäuertes Brot (Hostie) –, die er an Sonntagen in seiner Pfarrkirche empfing. Die Kunde verbreitete sich, Neugierige kamen. So ließen sowohl weltliche als auch kirchliche Behörden den Mann durch Wächter beobachten. Sie fanden keinen Betrug. Bei Behörden wie beim Volk schlug die Skepsis in Bewunderung um.

Offenbar soll bei Bruder Klaus eine Neigung zur Nüchternheit, gar eine physiologische Veranlagung dazu vorhanden gewesen sein. Sein ältester Sohn Hans bezeugte 1488 im Kirchenbuch von Sachseln:

So lang er gedenke, habe sein Vater immer die Welt geflohen und ein einsiedlerisches Wesen gehabt, nach Frieden getrachtet, das Böse mit großem Missfallen gestraft und die Gerechtigkeit liebgehabt. Auch habe er alle Wochen vier Tage gefastet und während der Fastenzeit alle Tage nicht mehr als ein kleines Stücklein Brot und wenig dürre Birne gegessen. Am Abend sei er stets mit dem Hausvolk zur Ruhe gegangen, aber jede Nacht, wenn immer er erwachte, so hörte er, dass sein Vater wieder aufgestanden war und in der Stube beim Ofen betete, bis dass er in den Ranft ging.

Unmöglich ist das Phänomen nicht. Die Sehnsucht nach geistiger Fülle, der Drang nach Selbstüberwindung kann so stark sein, dass sie den Rahmen der leiblichen Gesetzmäßigkeit sprengt. Derartiges kommt vor etwa im Sport, bei künstlerischem Schaffen usw.

Meistens (nicht immer) taucht das Phänomen im Bereich der Religiosität auf. Bemerkenswert ist dabschon dort

ei, dass Versuche, ohne Nahrung auszukommen, zu scheitern pflegen (krank machen oder gar zum Tode führen), wenn sie bloß aus Willensentschluss erfolgen. In anderen Fällen dagegen, bei denen (wie etwa einem Hungerstreik) eine höhere Motivation zugrunde liegt, scheint es möglich zu sein.

Niklaus von Flüe war ein Urgestein. Er hatte die Fähigkeit, die Dinge sehr ursprünglich zu erfahren. Wie er die Politiker seiner Zeit bewegte, so hat er die Wissenschaft danach beunruhigt. Obzwar christlichen Glaubens, überschreiten seine Symbole die konfessionellen Grenzen. Sie öffnen urmenschliche Gefilde. Der Tiefenpsychologe C.G. Jung hat auf die Universalität dieses Denkens hingewiesen. Niklaus arbeitet mit Ursymbolen, die später in der Wissenschaft Archetypen (kollektive Grundmuster, die der individuellen Erkenntnis vorausgehen) und Tiefenphänomene (übergeschichtliche Natur- und Geistesphänomene, welche die Archetypen ermöglichen) genannt worden sind. Hier zwei Beispiele seiner Sichtweise:

Das Rad

Bruder Klaus sprach einmal zu einem Pilger: „Wenn es dich nicht verdrießt, will ich dich auch mein Buch sehen lassen, darin ich lerne." Er zeigte eine Zeichnung, ein Rad mit sechs Speichen, und sprach: „Siehst du diese Figur? So ist das göttliche Wesen. Der innere Kreis ist die ungeteilte Gottheit, der alle Heiligen sich erfreuen. Die drei Spitzen, die in den innern Kreis einlaufen, sind die drei Personen; sie sind ausgegangen von der einigen Gottheit, haben den Himmel und alle Welt umgriffen und kehren zurück und sind einig und unteilbar in ewiger Macht.

Die Lilie und das Pferd

Ein andermal, als er auf die Weid ging, das Vieh zu besehen, setzte er sich auf den Boden und begann aus innerstem Herzen zu beten. Plötzlich sah er aus seinem Munde eine weiße Lilie von seltenem Wohlgeruch emporwachsen, bis sie den Himmel berührte. Bald kam das Vieh vorüber. Er senkte den Blick und heftete sein Auge auf ein Pferd, das schöner als die andern war, da fiel die Lilie dem Pferde zu und wurde vom Tier verschlungen.

Interpretation:

Das Runde = Symbol für das, was kein Ende und keinen Anfang hat. Jeder Punkt ist der Anfang und das Ende. Tiefenzeit: Vergangenheit und Zukunft im *Nun* der ungeteilten Gegenwart. Das Ganze im Punkt.

Seine Erläuterungen wollten zu dieser Weise des Erfahrens hinführen mithilfe der Ursprache, die man auch Natursprache nennen kann. Die Zeichen dieser Sprache sind die Dinge selbst in ihrer Materialität. Wir sagen: Der Stein ist hart, das Wasser ist weich, das Blut ist Leben, die Augen offenbaren die Seele. Gewöhnlich werden diese Sätze als Metapher aufgefasst. Sie können auch als Aussagen verstanden werden, welche das Wesen in der Tiefendimension offenbaren.

Klaus verwendet Zeichen dieser Ursprache. Er sieht im Ding das Phänomen und bringt es unmittelbar (nicht bloß kategorial vermittelt) zum Ausdruck.

Rad, offen und geschlossen, Identität von Geborgenheit und Selbstentfaltung, Gestalt der Vollendung: Reinheit und Kraft (Lilie u Pferd).

C.G. Jung nennt Niklaus von Flüe „de(n) einzige(n) hervorragende(n) schweizerische(n) Mystiker von Gottes Gnaden, der unorthodoxe Urvisionen hatte und unbeirrten Auges in die Tiefen jener göttlichen Seele blicken durfte, welche alle durch Dogmatik getrennten Konfessionen der Menschheit noch in einem symbolischen Archetypus vereinigt enthält".

In der Tiefenphänomenologie wird die Dynamik offengelegt, die solche Werke hervorbringt: den Drang der menschlichen Unzufriedenheit. Die empirischen Inhalte hängen zwar von historischen Umständen ab. Die Tiefenphänomene dagegen sind nicht zeitlich bedingt, deshalb wirken sie weiter in gleicher Weise, wenn sich Fakten und Epochen ändern.

Der Schweizer Ex-Richter sei psychisch krank gewesen, liest und hört man immer wieder. Darauf kann man antworten: vielleicht, aber mit Sicherheit nicht kränker als seine Kritiker. Er lebte in seiner Welt, genauso wie alle anderen Menschen auch. Seine Welt war die der unendlichen Sehnsucht.

Als Erste erkannte seine Ehefrau, was Niklaus bewegte. Nachdem beide zusammen eine große Familie gegründet hatten, gab sie ihn frei für seinen außergewöhnlichen Weg der Selbstfindung.

Wie war aber sie selbst? Sie schreibt: In der ersten Hälfte des 15. Jahrhunderts wurde ich geboren als

Tochter der Eheleute Wyss und getauft auf den Namen Dorothea. Kindheit und Jugend verlebte ich nahe am Sarner See, geborgen und ohne Hunger zu leiden.

Manchmal sprach mein Vater von dem Flüeli-Bauern mit Namen Nikolaus, dem die Gerechtigkeit stark am Herzen lag. Ich war ganz aufgewühlt, als ich begriff, dass dieser Nikolaus um mich zu werben begann. Schließlich war ich ganze 15 Jahre jünger. Ich durfte in sein neugebautes Haus einziehen.

Arbeit gab es reichlich auf dem Flüeli-Hof. Die Familie wurde immer größer, vier Buben und fünf Mädchen habe ich geboren. Nikolaus war viel unterwegs in den Aufgaben seiner Ämter. Und im Krieg! Und wenn er zuhause war, kamen Leute mit ihren Rechtsanliegen; Bis ins Innerste ließ er sich treffen von den Bestechungen, von der Macht des Geldes, von den Ungerechtigkeiten den einfachen Menschen gegenüber, von den Missständen in der Kirche. Eines Tages legte er alle seine Ämter nieder.

So von einer Unruhe getrieben, niedergedrückt, wortkarg kann es nicht auf Dauer bleiben. Neunzehn Jahre waren wir jetzt verheiratet, aber so fremd und unnahbar war mein Mann noch nie. Manchmal spürte er meine Sehnsucht, dann bemühte er sich, zu bleiben. Ich war nochmals in guter Hoffnung. Nikolaus aber konnte auch durch dieses keimende Leben in mir keinen inneren Frieden finden.

Erleichterung und Angst gleichermaßen umfing mich, als er mich nach langer Zeit wieder mit meinem Namen ansprach und mir sagte, dass sein Ringen um einen Weg ein Ziel gefunden hat. Aber er könne nicht gehen ohne mein Ja-Wort. Er müsse mich ein zweites Mal darum bitten.

Ich haderte mit seinem, mit meinem Gott, aber ich fühlte, dass mein Nikolaus nicht mehr daheim sein kann. Und ich sprach mein Ja.

Ich traute meinen Ohren nicht, als mein Schwager Peter von unserer Alm kam mit der Nachricht, Klaus sei dort oben und lässt seinen Priester-Freund rufen, weil er seinen weiteren Weg nicht mehr weiß und weil es ihn nach nichts mehr zu essen und zu trinken verlange.
Nach so langem Ringen wieder die Ratlosigkeit!

Ein Bretterverschlag soll seine Bleibe sein. Ich verstand es nicht – aber es war so.

Bald sahen wir Menschen hinuntersteigen, auch Neugierige waren darunter, die den Mann ohne Speis und Trank sehen wollten.

Obwohl der Weg zur Ranft kurz ist, für mich war es ein langer Weg, als ich zum erstenmal zu Bruder Klaus hinunterstieg. Ich wagte es, ebenso wie immer mehr Menschen aus nah und fern, seinen Rat zu holen.

Ich bin froh, dass ich es gewagt habe, denn dort unten merkte ich, dass mein Bruder Klaus seinen inneren Frieden gefunden hatte. Wenn im Flüeli oben die Einsamkeit an mir nagte, dann konnte ich jetzt an sein friedvolles Gesicht denken.

Unsere Söhne haderten viel länger als ich. Sie schlugen einen ganz anderen Weg ein als ihr Vater. Sie übernahmen auch politische Ämter, füllten sie aber so aus, wie gar viele in dieser Zeit: Sie erlagen der Versuchung von Bestechung, Korruption und der Macht des Stärkeren.

Manchmal war es zum Zerreißen für mich. Aber der Weg in den Ranft und seine ruhigen, weisenden Worte und das Wissen um sein Gebet ließen mich dies alles ertragen.

Die beiden blieben auch in der Trennung ein Liebespaar, das die Eigenart des Menschen offenbarte: Ein unruhiges Wesen, gequält von einem ihm selbst rätselhaften Drang. Denn die Aussage Dorotheas, ihr Klaus habe am Ende doch die Ruhe gefunden, ist die Deutung einer liebenden Frau. In Wirklichkeit blieb Klaus unruhig auch in der Einsamkeit seiner Klause, von der Enge geplagt, in welcher sein großes Verlangen gefangen leben musste.

Nach hartem Todeskampf starb Bruder Klaus am 21. März 1487 auf dem Boden seiner Zelle. Er war siebzig Jahre alt geworden. Jahre zuvor (April 1468) hatte Weihbischof Thomas Weldner von Konstanz verfügt, „dass Bruder Klaus von Flüe nach seinem Tod in seiner Pfarrkirche begraben werden soll". Er wurde in der alten Pfarrkirche Sachseln beigesetzt. Später, August 1679, wurden seine Gebeine in die neue Pfarr- und Wallfahrtskirche überführt. Das Todesdatum seiner Frau Dorothea ist ungewiss.

3.
Plus Ultra
Immer weiter, aber wohin?
Eigenart des Aktionsmenschen

Den Schweizer Mystiker von Flüe trieb die Unruhe nach innen, in die Einsamkeit. Andere dagegen zieht die gleiche Kraft in entgegengesetzte Richtung: nach außen in die Welt. Eine Reihe berühmter Gestalten der Menschheitsgeschichte bezeugt diese Wesensart. Erst durch den Aufbruch erfuhren sie Befreiung.

Um sich zu entfalten, brauchen diese Menschen immer wieder Neues, Abwechslung, Weite, Höhe. Die Bewegung beruhigt sie; in der Aktion finden sie den Frieden. Oder vielleicht finden sie ihn nie. Frieden ist nicht ihre Bestimmung. Sie sind Aktionsmenschen, kriegerische Naturen, Projektplaner, Unternehmer aus Schicksal.

Anders als die mystischen, kontemplativen, sehen die Aktionsmenschen die Welt nicht andächtig als Geheimnis, sondern als Problem mit vielen verborgenen Lösungen, die zu finden sie als eine Herausforderung betrachten. Das Leben erscheint ihnen als Abenteuer. Statt zu meditieren, wollen sie reisen – handeln, statt zu beschauen. Das Unbekannte zieht sie an, das Risiko reizt sie, erst die Gefahr macht für sie die Aufgabe wertvoll. Sicherheit langweilt sie. Zwar kann es auch vorkommen, dass sie ständig Sicherheit suchen, aber nur um sie wieder aufs Spiel zu setzen. Sie brauchen immer wieder neue Empfindungen. Tödlich wirkt auf sie die Passivität. Blieben sie stehen, gingen sie zugrunde. In der Aktion werden sie schöpferisch.

Diese Menschen können wenig mit Tiefsinn anfangen. Vielmehr schauen sie gierig nach vorne. Da, in der (oft erdichteten) Ferne, vermögen sie neue Horizonte zu entdecken. Ihnen erscheint als möglich, was andere für unrealisierbar halten.

Der Aktionsmensch meint also, nichts sei prinzipiell unmöglich, Risiko bedeute Chance. Sein Motto lautet: Nie aufgeben! Immer weiter!

Diese Entschlossenheit hat ihre Kehrseite: Weil sie von ihrer Sicht meistens kritiklos überzeugt sind, dulden diese Menschen kaum Widerspruch. Sie sind oft autoritär nach dem Motto: Wer nicht für mich ist, der ist gegen mich. Eine dritte Möglichkeit gibt es für sie nicht.

Auf dem Boden dieser Grundhaltung gedeihen Entdecker, Erfinder, Eroberer, Unternehmer, wie zum Beispiel die Folgenden:

Odysseus (ca. 1200 v.Chr.)

Über Odysseus (lateinisch *Ulysses*) berichtet Homer. In schriftlicher Form wurde das Epos im 7. Jahrhundert v.Chr. weitertradiert. Odysseus selbst soll etwa 500 Jahre vorher, also im 12. Jahrhundert v.Chr. gelebt haben.

Odysseus war Sohn des Königs Laertes und der Antikleia; er folgte seinem Vater als Herrscher über Ithaka nach. Er heiratete die spartanische Königstochter Penelope, die ihm einen Sohn – Telemachos – gebar. Im Trojanischen Krieg war er – Odysseus – die Hauptperson, deren Taten Homer in der *Ilias* erzählt. In die Geschichte ist er vor allem wegen seiner zehnjährigen Irrfahrt eingegangen, die Homer in der *Odyssee* (Wanderungen des Odysseus) schildert.

Die Odyssee

Das Epos Homers stellt eines der ältesten Zeugnisse der abendländischen Kultur über die Unruhe des Menschen dar.

In der Übersetzung von Johann Heinrich Voß (1781) lauten die Eingangsverse:

Sage mir, Muse, die Taten des vielgewanderten Mannes,
Welcher so weit geirrt, nach der heiligen Troja Zerstörung,
Vieler Menschen Städte gesehn, und Sitte gelernt hat,

Und auf dem Meere so viel unnennbare Leiden erdul-
det,
Seine Seele zu retten und seiner Freunde Zurückkunft.
Aber die Freunde rettet' er nicht, wie eifrig er strebte;
Denn sie bereiteten selbst durch Missetat ihr Verder-
ben:
Toren! welche die Rinder des hohen Sonnenbeherr-
schers
Schlachteten; siehe, der Gott nahm ihnen den Tag der
Zurückkunft.
Sage hievon auch uns ein weniges, Tochter Kronions.

In 24 Gesängen, die aus 12.200 solcher Hexameter-
verse bestehen, erzählt die *Odyssee,* wie der König
der kleinen Insel Ithaka nach zehn Jahren Krieg weitere zehn Jahre umherirrte und nach vielen Abenteuern schließlich als Bettler unerkannt heimkehrte.
Er fand sein Haus voller Fremder vor, die sein Eigentum aufzehrten, seiner Frau Penelope einredeten, er
sei tot, und sie zwingen wollten, einen von ihnen zu
heiraten. In einem letzten Abenteuer musste Odysseus den Kampf gegen diese Freier bestehen. Eine
Parallelhandlung, die „Telemachie", erzählt, wie
Odysseus' und Penelopes' Sohn Telemachos die Suche nach dem vermissten Vater aufnahm.

Die Sage ist im Laufe der Jahrhunderte immer
wieder bearbeitet worden. Die Frage, ob es sich um
historische Fakten handelt, ist für das Verständnis
des Phänomens eigentlich irrelevant. Es geht um
eine fundamentale Wesensdynamik des menschlichen Daseins, die – aus der inneren Unzufriedenheit des Menschen hervorgehend – sich durch
erotische Leidenschaft und Krieg, durch Erobe-

rungs- und Wissensdrang tätigt und dabei übermäßig entfaltet.

Unter den zahlreichen klassischen Interpretationen – von Vergil (70–19 v.Chr.) bis Borges (1899–1986) – sei die von Dante Alighieri (1265–1321) hervorgehoben. Der italienische, im Christentum des Mittelalters verwurzelte Dichter betrachtet dieses Grundphänomen der griechischen Mythologie von einem geradezu entgegengesetzten kulturellen Winkel her. Doch seine Deutung wirkt sich fruchtbar aus. Denn im Lichte dieses radikalen Gegensatzes kommt die Eigenart des antiken Helden deutlicher zur Geltung.

Forscher behaupten, Dante habe die ursprüngliche Sage nicht im Original gelesen: Er kenne nur die im christlichen Mittelalter übliche Interpretation als ein Symbol für menschlichen Hochmut. Von daher spinne er die Erzählung so weiter, dass Odysseus dort landet, wo er dem damaligen Glaubensverständnis entsprechend landen musste: in der Hölle.

Im 26. Gesang der *Göttlichen Komödie* lässt Dante tatsächlich den griechischen Helden einen sonderbaren Lebensbericht vortragen. Vergil möchte wissen, warum sich Odysseus und Diomedes (König von Argos) im Kreis der Hölle befänden, in welchem die Verräter ewig brennen. Odysseus antwortet und erzählt:

Über ein Jahr habe er in Gaeta bei Kirke bleiben müssen. Homer schildert sie als Göttin und Zauberin, welche in ihrer Villa in einer Waldlichtung die Menschen in Tiere verwandelte. Odysseus wurde auf der Flucht aus Troja von ihr verführt. Als er sich von ihr trennte, vermochten weder der geliebte Sohn noch das Mitleid mit seinem alten Vater Laertes und ebenso wenig die Liebe zu seiner Ehefrau Penelope ihn zur schnellen Heimkehr zu bewegen. Sein Drang, die weite Welt und die vielen Menschen mit ihren Tugenden und Lastern kennenzulernen, war größer. Mit dem letzten Schiff und den wenigen treuen Männern, die übrig geblieben waren, segelte er ins offene Meer. So kamen sie über die Enge von Gibraltar bis Cádiz zum Atlantik hin, wo Herkules seine Grundsäulen eingesetzt hatte. Die Männer waren älter geworden und wollten aufgeben. Odysseus aber trieb sie an: Das Leben sei kurz. Es reizte ihn, das kennenzulernen, was sich hinter dem Meer verbarg. *Plus Ultra!* war seine Devise – noch weiter auf das Unbekannte hin.

Aus Dantes Sicht begründete der vorchristliche Odysseus seinen Drang nach Abenteuern in der Natur des Menschen selbst. Anders als die Tiere habe sich der Mensch moralisch und geistig zu entwickeln. Dazu gehöre, zu erfahren, wie andere Völker lebten, wie weit die Erde reichte. Man vermutete offensichtlich, dass die Grenzen der Erde jenseits der damaligen Vorstellung des Menschen lägen.

Die Männer segelten also Richtung Westen und dann nach Süden hin, erlebten die Faszination der Nordhalbkugel und der Sternenwelt. Nach fünf Monaten sichteten sie am Horizont einen hohen Berg, den kein Mensch lebend besteigen durfte: das Fegefeuer (Purgatorium), Vorhalle des Himmels.

Dorthin von sich aus zu wollen war vermessen. Kaum hatten sie also ihre Freude zum Ausdruck gebracht, als ein Sturm ihr Schiff dreimal umwarf. Dann versanken sie in die Tiefe – und das Meer verschloss über ihnen seine Tore.

Verurteilt der italienische Dichter Odysseus wegen dessen Unruhe? Eigentlich nicht. Dante erkennt den Drang der Natur an, meint aber, dieser habe sich innerhalb von Grenzen zu verwirklichen. Diese seien vom christlichen Verständnis gesetzt. Nach Dantes Konzept landete also Odysseus in der Hölle, nicht weil er unruhig und wissbegierig, sondern weil er damit zu weit gegangen war. Im Rahmen des Christentums galt es als anmaßend, in die Mitte der Erde gelangen zu wollen. So verurteilte etwa Augustinus in seiner *Civitas Dei* schon das Unternehmen.

Wann geht aber der Mensch zu weit?

Diesbezüglich ändert sich die Sicht je nach epochalem oder kulturellem Blickwinkel. Im technischen Zeitalter ist das *Plus Ultra* – Immer weiter! – zu einem Grundanliegen der Menschheit geworden.

In Dantes Interpretation bezeichnet Odysseus selbst sein Unternehmen als verrückt („folle"). Gegenwärtig wiederholt sich die Selbstkritik. Führende Wissenschaftler, die durch ihre Forschungen den grenzenlosen Fortschritt gefördert haben, sind dann durch die Entwicklung – wie zum Beispiel Albert Einstein – selbst unsicher geworden.

Eine Entwicklung im Problembewusstsein ist festzustellen: Dem antiken (vielleicht unbeküm-

merten) Wissensdrang folgte die christliche Begrenzung. Doch mitten in der technologischen Zivilisation stellt sich angesichts der Gefahr der
Selbstzerstörung erneut die Frage, ob dem
Menschen zusammen mit seinem Forschungsdrang
nicht auch ein Verantwortungsgefühl für die Erde
eigen sei, das es zu wecken und weiterzuentwickeln
gelte.

Erik der Rote Thorvaldsson (950–1003)

Der norwegisch-isländische Seefahrer und Entdecker Erik Thorvaldsson wurde um 950 in Jæren,
Norwegen, als Sohn von Thorvaldur Asvaldsson geboren und starb um 1003 in Brattahlíð, Grönland.
Sein Name ist, wie in skandinavischen Sprachen üblich, kein Nachname, sondern der Vatername. Der
Beiname „der Rote" geht wahrscheinlich auf seine
roten Haare zurück. Doch könnte er auch mit „Blut"
zusammenhängen, das an ihm wie schon an seinem
Vater haftete.

Reizbar und zornig machte er schon als junger
Mann die Exilerfahrung. Um 970 musste Eriks Vater
aus Norwegen fliehen, weil er einen Mord begangen
hatte. Die Familie ließ sich in Island nieder. Nun
verübte aber Erik ebenfalls einen Mord und wurde
982 für drei Jahre aus Island verstoßen. Da wusste
er nicht, wohin. Im Bezirk, wo das Gerichtsurteil
gesprochen wurde, konnte er nicht bleiben. Er war
als Mörder stigmatisiert. So entschied er sich, nach
Westen zu fahren, ohne Frau und Kinder, die er erst
vier Jahre später wieder traf.

Die drei Jahre Verbannung verbrachte er auf Grönland. Er erkundete die Küsten und gab der Gegend den Namen „grünes Land" (Grönland). Dann kehrte er nach Island zurück und warb Kolonisten an. Mit 25 Schiffen und vielen Leuten fuhr er 985 nach Grönland. 14 Schiffe kamen an. Die Isländer gründeten zwei Siedlungen, die Eystribyggð, im Süden beim heutigen Narsarsuaq, und Vestribyggð, nahe der späteren Hauptstadt Nuuk. In Eystribygð errichtete Erik seinen Hof Brattahlíð.

Es gab Zuzug aus Island. Die Siedlungen wuchsen auf über 3000 Einwohner an. Dank seines Temperaments vermochte Erik Schwierigkeiten zu überwinden und das Zusammenleben zu organisieren. Einen schweren Schlag erlitt er 1002. Die Neukolonisten brachten eine Epidemie nach Grönland, die die Menschen traf und der auch Erik zum Opfer fiel. Die Kolonie erholte sich jedoch und bestand bis zum 15. Jahrhundert.

So weit die Sage. Es wurde auch überliefert, dass Erik vier Kinder hatte: Leif Eriksson, der Entdecker Vinlands (Neufundlands), Thorvald Eiriksson, Þórstein Eiriksson und Freydis Eiríksdóttir.

Erik starb – wie erwähnt – um 1003 in Brattahlíö (Grönland). Er ist als Gründer der ersten skandinavischen Siedlung in Grönland anerkannt.

Amerigo Vespucci (1454–1512)

Eine andere Gestalt, bei der die Unruhe durch Sinn für das Geschäftliche fruchtbar wurde:

Der italienische Seefahrer, nach dem Amerika genannt wird, wurde um 1451 als drittes Kind einer angesehenen florentinischen Familie geboren. Im Alter von dreißig Jahren stand er schon in Diensten der Bankiersfamilie Medici. Er war unternehmerisch veranlagt und hatte seit seiner Kindheit den Drang nach mehr gespürt. So fügte es sich gut, als ihn 1482 die Medici in die Filiale von Sevilla entsandten. Dort traf er Menschen, die genauso gespannt nach Neuem waren wie er selbst. Er freundete sich an mit dem Geschäftsführer der Filiale, Giannotto Berardi, mit dem er 1492 in eine Gesellschaft zur Unterstützung von *Überseeprojekten* (proyectos de ultramar) einstieg. Christoph Kolumbus, der ebenso auf Umwegen in Sevilla gelandet war, gehörte dazu. Die Gesellschaft finanzierte die Ausrüstung der Schiffe für Kolumbus' erste Reise. Nach dem Tod Berardis 1495 übernahm Vespucci die Leitung der Filiale; die Gesellschaft mit Kolumbus wurde aufgelöst.

Über die Begebenheiten von Vespuccis Leben handeln die sogenannten *Soderini-Briefe*, die umstritten sind. Gleichwohl stammen die meisten Informationen über sein Leben und seine Reisen daraus. Demnach soll er bereits vom 10. Mai bis 15. Oktober 1497 an einer ersten Fahrt nach Amerika teilgenommen haben. Historisch ist diese Reise zweifelhaft. Gesichert ist dagegen eine Südamerika-Fahrt vom

18. Mai 1499 bis Juni 1500 unter Leitung von Alonso de Hojeda und Juan de la Cosa.

Vom 14. Mai 1501 bis 7. September 1502 nahm er unter portugiesischer Flagge an einer Erkundungsfahrt unter Gonçalo Coelho teil. Von dieser Fahrt berichtet Vespucci im *Mundus Novus* („Neue Welt"), einem Reisebericht in Briefform, den er im Jahre 1502 in italienischer Sprache an Lorenzo di Pierfrancesco de Medici sandte. Darin erzählt Vespucci von seiner dritten Reise nach Südamerika, die er im Auftrag des portugiesischen Königs von Lissabon aus unternahm. Nach langer und stürmischer Überfahrt gelangte er am 7. August 1501 an die nordbrasilianische Küste, an der entlang er mehrere Monate nach Süden segelte. Er besuchte bei Landgängen die Einheimischen und lernte ihre Sitten und Gebräuche kennen. Vespucci stellte sie ausführlich dar. Dabei interessierten ihn besonders Kannibalismus, Piercing und Sexualität der Indios. Die Originalfassung dieses Berichtes ging verloren. Als authentische Grundlage gilt die lateinische Übersetzung von 1503, die sich in Europa rasch verbreitete. Da die Schrift die Existenz eines neuen Erdteiles belegte, erregte sie Aufsehen. Vespucci wurde berühmt und als Namensgeber für den neu entdeckten Kontinent empfohlen.

Vespucci erforschte einen erheblichen Teil der Ostküste Südamerikas. Den jeweiligen Orten gab er Namen, die sie teilweise heute noch tragen. Zum Beispiel entdeckte er 1499 zusammen mit Kapitän Alonso de Hojeda unter spanischer Flagge Venezuela (Klein-Venedig), so genannt, weil die einheimische

Bevölkerung Pfahlbauten errichtet hatte. Ebenso entdeckte er am 1. Januar 1502 zusammen mit Gonçalo Coelho Rio de Janeiro („Januar-Fluss"). Kapitän war André Gonçalves. Doch nicht dieser, sondern Vespucci gab dem Ort den Namen.

Vespucci war ein wacher Beobachter, gebildet, mit großem Interesse für all das, was ihm begegnete. Entsprechend sorgfältig beschrieb er die Pflanzen- und Tierwelt der neuen Länder.

Die spanische Königin Johanna die Wahnsinnige (Juana la Loca) ernannte ihn 1508 zum *Piloto Mayor*. Damit war er für die Aktualisierung der Landkarte („Padrón Real") zuständig, auf der alle Neuentdeckungen festgehalten wurden.

Einige Historiker behaupten, Amerigo Vespucci habe als erster Europäer gewusst und zum Ausdruck gebracht, was das Entdeckte bedeutete: Nicht einige Inseln habe man entdeckt, sondern eine völlig neue Welt, einen neuen Kontinent, soll er betont haben. Eine Zeit lang galt Amerigo Vespucci offiziell als Entdecker Amerikas. Doch Mitte des 16. Jahrhunderts strebten Kolumbus' Enkel und auch die spanische Krone eine juristische Richtigstellung an. Ein Gericht in Madrid entschied, Kolumbus den Titel zuzuerkennen.

Christoph Kolumbus (1451-1506)

Den Menschentypus, der in Bedrängnis und in der Aktion über sich hinauswächst, verkörpert ausgezeichnet der italienische Seefahrer Cristoforo Colombo, spanisch Cristóbal Colón.

In seinem Testament von 1498 schreibt Kolumbus: „siendo yo nacido en Genoba" = da ich in Genua geboren wurde. So nehmen Historiker die italienische Hafenstadt als seine Heimat, als Geburtsdatum das Jahr 1451 an.

Von Beruf war sein Vater Domenico Colombo Wollweber. Zum Wohlstand kam er, als er 1447 nach dem Umsturz der Anhänger Frankreichs die lukrative Bewachung zweier Stadttürme übernahm. Kolumbus' Mutter hieß Suzanna Fontanarossa. Er hatte drei Brüder: Bartolomeo, Giacomo (spanisch Diego), Giovanni Pellegrino und eine Schwester namens Bianchinetta.

Kolumbus' Leidenschaft galt seit seiner Kindheit dem Meer, das ihn in einer Mischung von Ehrfurcht und geschäftlicher Neugierde anzog. Er studierte an der Universität von Pavia. In Latein, Geographie, Geschichte und Mathematik erwarb er überdurchschnittliche Kenntnisse.

Wie in der damaligen Zeit üblich, nahm er an kriegerischen Auseinandersetzungen teil. Er reiste ins östliche Mittelmeer bis zur griechischen Insel Chios, dabei erlebte er 1476 vor dem Kap St. Vincent in Portugal eine Seeschlacht mit. Er konnte sich schwimmend zur portugiesischen Küste retten.

Kolumbus' Drang nach Neuem äußerte sich früh im Wunsch nach Abenteuer. Wahrscheinlich war er für das Geschäftliche nicht begabt, aber geldgierig. Deshalb erkannte er, dass ohne die Unterstützung von Geldgebern keine Projekte zu verwirklichen waren. So verließ er Italien und begab sich auf die Iberische Halbinsel, wo sich damals die Zentren der Seefahrt befanden.

Ab 1477 lebte er in Lissabon. Sein Bruder Bartolomeo war dort schon als Kartograf tätig. Die Brüder arbeiteten eine Zeit lang zusammen als Zeichner. Im Februar dieses Jahres nahm Kolumbus an einer Fahrt in den Nordatlantik teil, die ihn angeblich bis zu 100 Seemeilen über Thule hinausführte. Immer wieder beteiligte er sich an Expeditionen, so 1482–1483 entlang der westafrikanischen Küste bis Sao Jorge da Mina in Ghana.

In Portugal heiratete er Doña Filipa Perestrelo e Moniz, die aus einer adeligen portugiesischen Familie mit französischen und italienischen Vorfahren stammte. Im Jahre 1480 wurde Sohn Diego auf der Insel Porto Santo bei Madeira geboren. Zu dieser Insel war das Ehepaar gekommen, weil der Vater Filipas, Bartolomeu Perestrelo, an der Besiedlung Madeiras beteiligt gewesen und Gouverneur von Porto Santo war. Als er starb, hinterließ er einen wichtigen Nachlass mit Seekarten, Logbüchern und weiteren Papieren. Diese Unterlagen faszinierten Kolumbus. Durch sie kam er wahrscheinlich auf den Gedanken, eine Seeroute nach Süd- und Ostasien zu erkunden.

Es ist ungewiss, in wessen Diensten (Frankreichs, Genuas?) Kolumbus damals stand. Jedenfalls war er im Winter 1484–1485 im Süden Portugals wieder aktiv. Dabei hatte er stets vor Augen, die richtige Konstellation und mächtige Geldgeber für seine Entdeckungspläne zu finden.

Wertvolle Güter wie Seide und Gewürze kamen damals aus Indien und dem Kaiserreich China. Doch seit Mitte des 14. Jahrhunderts standen die Landwege dorthin nicht mehr offen. Das Osmanische Reich hatte sich dazwischengestellt. Für Luxusgüter mussten die Europäer hohe Zölle bezahlen. Die Portugiesen versuchten das Problem zu umgehen, indem sie eine Seeroute nach Indien um Afrika herum suchten. So kam Vasco da Gama 1498 auf diese Weise tatsächlich nach Indien.

Kolumbus entdeckte für sich jedoch um 1480 die Idee einer Westroute nach Ostasien wieder, die zwar auf Aristoteles zurückging, aber von einigen Zeitgenossen vertreten wurde. So hatte der Franzose Pierre d'Ailly (1350–1420) in seinem Buch *Imago Mundi* die griechische Theorie dargestellt, wonach man den Ozean zwischen den Säulen des Herakles (Gibraltar) und Asien innerhalb weniger Tage überqueren könne. Kolumbus hatte dieses Werk studiert. Auch eine Abschrift des Reiseberichtes *Il Milione* von Marco Polo hatte er gelesen. Daraufhin entwickelte er seinen Plan.

Kolumbus war sicher, dass westlich von Europa Land vorhanden war. Und er hatte über Strömungen und Winde des Atlantiks ausgezeichnete Kenntnisse. So wusste er, dass man sich die *Passatwinde* für eine schnelle Fahrt nach Westen zunutze machen konnte, indem man zunächst südlich die Kanarischen Inseln ansteuerte und daraufhin nach Westen segelte. Für die Rückreise war wichtig, „dass die Westwinde das ganze Jahr über in den höheren Breiten wehen und ebenso verlässlich sind, wie die Ostwinde, nur dass sie aus der entgegengesetzten Richtung wehen" (Logbuch vom 25. August 1492).

Das Problem lag in der Vorstellung der Strecke. Dabei hatte er sich verkalkuliert. Für die Entfernung zwischen den Breitengraden hatte er eine zu kleine Zahl, folglich zwischen den Kanaren und Japan knapp 4.500 km angenommen. Tatsächlich waren es über 19.000 km. So hielt er die Inseln in der Karibik für Inseln südöstlich von *Cipango* (Japan).

Ideen haben eine innere Dynamik; einmal entstanden, bemächtigen sie sich allmählich des Menschen. Es kam also der Punkt, da Kolumbus seinen Plan verwirklichen – nicht nur wollte, sondern auch musste. Dafür brauchte er Geld. Folglich begab er sich auf die Suche nach Gönnern.

Es war ein schwieriger Weg mit Bittgesprächen, Anträgen und Absagen. Zuerst 1484 beim portugiesischen König Johann II., dessen Experten die Expedition für nicht durchführbar hielten. Daraufhin verließ Kolumbus Lissabon und ging nach Spanien. Dort hatten sich durch die Heirat Ferdinands II. von Aragonien und Isabels I. von Kastilien beide Königreiche vereint. Königin Isabel war interessiert am Angebot des Seefahrers, konnte sich aber wegen des damals noch andauernden Krieges gegen die Mauren mit der Sache nicht näher befassen. Aber sie brachte 1486 Kolumbus mit dem Verwalter der Krongüter und der *Santa Hermandad* Alonso Quintanilla in Córdoba zusammen. Quintanilla war begeistert und wurde zu einem Befürworter des Projektes. Kolumbus gewann noch weitere Freunde – und auch eine Frau, Beatriz Enriquez de Arana, die zu seiner Lebensgefährtin und Mutter seines zweiten Sohnes Fernando wurde.

Doch Kolumbus hatte mit weiterem Widerstand zu kämpfen. Trotz des Interesses der Königin lehnte ein zur Prüfung seiner Pläne eingesetztes Komitee seine Idee als unpraktikabel ab. Kolumbus ließ nicht locker. Er versuchte immer wieder, einflussreiche Persönlichkeiten von seinem Plan zu überzeugen. Einige von ihnen ahnten, dass aus der Idee Wirklichkeit werden konnte. So wurde er trotz der Ablehnung von Experten mit königlichem Geld unterstützt, damit er nicht zu einem anderen Staatsoberhaupt Europas zog.

Kolumbus ging wieder nach Portugal. Im Dezember 1488 erlebte er noch in Lissabon die Rückkehr von Bartolomeu Diaz von seiner Umsegelung der Südspitze Afrikas. Das reizte Kolumbus außerordentlich. Da er keine Zusage beim portugiesischen König erzielen konnte, kehrte er nach Spanien zurück. Da musste er 1491 wieder die Ablehnung seiner Ideen durch eine spanische Kommission hinnehmen. Verzweifelt entschloss er sich, nach Frankreich zu gehen. Unterwegs machte er Station im Kloster *La Rábida* zu Huelva. Doch da hielten ihn der Mönch Juan Perez, Beichtvater von Isabel, und der Arzt Garcia Hernandez zurück. Perez schrieb der Königin und erreichte, dass Kolumbus an den Hof zurückgerufen wurde. Er kam nach Granada, wo am 2. Januar 1492 der Maurenfürst Boabdil (Muhammad XII.) kapitulierte.

Nun konnte sich die Regierung mit Kolumbus' Anliegen befassen. Doch dann zeigte Kolumbus eine andere Seite seiner Persönlichkeit: Geiz und Habsucht. Er beanspruchte für sich den Titel eines Admirals des Ozeans und des Vizekönigs über die neuen Gebiete, ferner die Beteiligung bis zu einem Zehntel der zu erwartenden Einnahmen u.a.m. Seine Bedingungen wurden abgelehnt. Alsdann machte er sich auf den Weg nach Frankreich, das ihm mehr entgegenzukommen bereit war. Doch auf Drängen verschiedener Persönlichkeiten, vor allem des Schatzmeisters Luis de Santángel, dachte die Königin um. Sie sandte einen Eilboten, der Kolumbus knapp 10 Kilometer von Granada entfernt einholte. Seine Forderungen wurden akzeptiert.

Am 17. April 1492 kam schließlich ein Vertrag zwischen den Monarchen und Kolumbus zustande (*Kapitulation von Santa Fe* genannt). Da wurden Kolumbus im Gegenzug für Gold und Gewürze 10 Prozent der Profite aus dem Verkauf der Güter, Statthalterschaft über die gefundenen Ländereien und der Titel *Admiral der Weltmeere* zugesichert. Auf der anderen Seite wurde bestimmt, dass Kolumbus für Spanien einen Seeweg nach Ostasien suchen sollte.

Die vier Reisen

In den folgenden Jahren unternahm Kolumbus vier Entdeckungsreisen im Auftrag der spanischen Krone. Seine Erlebnisse hielt er in einem Bordbuch fest, von dem heute nur noch Auszüge in einer Abschrift von Bartolomé de las Casas existieren.

Die erste Reise dauerte vom 3. August 1492 bis 15. März 1493. Kolumbus stach mit seinem Flaggschiff, der Karacke *Santa Maria* sowie den beiden Karavellen *Niña* und *Pinta* von Palos de la Frontera bei Huelva in See. Die Schiffe erreichten am 12. Oktober 1492 die *Neue Welt.*

Bei seiner Rückkehr nach Spanien wurde Kolumbus mit einem Triumphzug durch das Land gefeiert. Seine Privilegien wurden bestätigt und Papst Alexander VI. sprach das Anrecht Spaniens auf entdeckte und zu entdeckende Gebiete westlich des Längengrades von 100 spanischen Meilen westlich der Kapverden aus.

Durch seinen Erfolg war Kolumbus beflügelt. In einem Bericht an die spanischen Herrscher erklärte er irrtümlich, er habe Asien und eine Insel an der Küste von China entdeckt. Er versicherte der Königin, er könne so viel Geld und so viele Sklaven wie gewünscht aus diesen Gebieten mitbringen. Kolumbus erhielt weitere Unterstützung.

Zur *zweiten Reise*, vom 25. September 1493 bis 11. Juni 1496, brach er mit 17 Schiffen und etwa 1500 Mann von Cádiz auf. Sie führte ihn zur Insel *Dominica*, dann Guadalupe, Montserrat, Antigua und Nevis. Daraufhin suchte Kolumbus im Westen nach dem chinesischen Festland, das er in der Nähe vermutete. Er entdeckte Jamaika und Puerto Rico, erreichte aber nicht das Festland Mittelamerika. Er hatte mit widrigen Umständen zu kämpfen. Die Spanier waren in den von ihnen gegründeten Siedlungen unter sich zerstritten; die zunächst freundlichen Einheimischen waren wegen schlechter Behandung zu Feinden geworden. Das missfiel dem spanischen Königshaus. Die Könige Ferdinand und Isabel hatten ausdrücklich angeordnet, die Indios freundlich zu behandeln. Ferner war der wirtschaftliche Erfolg seiner Expeditionen nicht so groß wie erwartet. Misstrauen wuchs. Doch Kolumbus gab nicht auf.

Bei der *dritten Reise* vom 30. Mai 1498 bis 25. November 1500 segelte Kolumbus an den Kapverdischen Inseln vorbei und dann westwärts über den Atlantik. Am 31. Juli entdeckte er die Insel Trinidad, daraufhin die Nachbarinsel Tobago, die er *Bella Forma* nannte. Erst dann sichtete die Expedition mit der Mündung des Orinoco den südamerikanischen Kontinent.

Kolumbus musste noch mehr als bisher Streitigkeiten unter den Spaniern schlichten. Die Indianer versuchte er zum Christentum zu bekehren. Vor allem intensivierte er die Suche nach Gold und begann mit der Verteilung von Pflanzland und der Zuteilung von Indios an einzelne spanische Siedler.

Dies führte ab 1503 zum System der *Encomiendas*[8], das in der Praxis zu einer Form der Sklaverei verkam.

Kolumbus wurde von heimgekehrten Siedlern am königlichen Hof in Spanien beschuldigt, die Verwaltung der Kolonie nicht im Griff zu haben. Deshalb setzte der Hof Kolumbus im Mai 1499 als Gouverneur ab und ernannte stattdessen Francisco de Bobadilla.

Der neue Gouverneur ließ Kolumbus und seinen Bruder in Ketten nach Spanien bringen. Kolumbus weigerte sich, die Ketten abzulegen, ehe er vor die Königin trat. Vom Königspaar wurden beide begnadigt, aber Kolumbus' Ruf war endgültig beschädigt. Überdies hatte Vasco da Gama 1499 auf einer Südroute um Afrika herum den gesuchten Seeweg nach Indien entdeckt.

Trotzdem verlor Kolumbus keineswegs den Mut. Das Festland war ihm eng und langweilig. So beschloss er eine weitere Entdeckungsfahrt.

Die *vierte Reise* vom 9. Mai 1502 bis 7. November 1504 unternahm Kolumbus mit seinem Sohn Fernando. Diese Reise nannte er *El Alto Viaje* („die Hohe Reise"). Am 14. August 1502 betrat er bei Kap Honduras erstmals amerikanisches Festland. Es war wieder eine Expedition mit vielen Unannehmlichkeiten. Nach Kämpfen mit Indios und einer Meuterei

---

[8] Von encomendar=anvertrauen. Anzahl von Indigenen, welche die spanische Krone den Kolonisten übergab. Diese verfügten frei über die Arbeitskraft der Indios, im Gegenzug waren sie für deren Unterweisung im christlichen Glauben zuständig.

verbrachte Kolumbus aufgrund der lecken Schiffe rund ein Jahr in der Festung Jamaika. Dann kehrte er krank nach Spanien zurück.

Auf seinen vier Reisen verlor er insgesamt neun Schiffe. Das trug zu einem erheblichen Imageverlust bei. Dann wurde er älter und krank. Im Zustand der Schwäche zeigte sich, dass ihn bei seinem Unternehmen nicht nur Idealismus geleitet hatte. Reichtum für sich selbst hatte er ebenso dabei gesucht.

Eigentlich war Kolumbus wohlhabend, wollte aber trotzdem mehr. So bemühte er sich bei König Ferdinand II. (Königin Isabella I. war am 26. November 1504 gestorben) um Wiederherstellung der ihm bei der *Kapitulation von Santa Fe* zugesicherten Privilegien und um Durchsetzung seiner finanziellen Forderungen. Es gelang ihm nicht. Seine letzten beiden Jahre verbrachte er isoliert und verbittert.

Kolumbus starb mit 55 Jahren am 20. Mai 1506 in Valladolid. Sein Leichnam wiederholte die Abenteuer seines Lebens. Zunächst in Sevilla begraben, wurde er auf Wunsch seines Sohnes Diego nach Santo Domingo überführt, von hier aus, da die Insel französische Kolonie wurde, nach Kuba, zur Kathedrale von Havanna. 1898 wurde er wieder nach Sevilla gebracht, wo er erneut bestattet wurde.

Die gleich nach seinem Tode entbrannte Diskussion über Heimatort, Herkunft und andere Einzelheiten versuchte sein Sohn Diego mit der Bemerkung zu schlichten, das Leben seines Vaters solle dessen Wunsch gemäß Geheimnis („misterio") bleiben.

4.
Phantasien der Sehnsucht

Wo viele Menschen verschlossene Türen sehen, erblicken andere die Chance ihres Lebens. Unter gleichen oder sehr ähnlichen Voraussetzungen gehen Menschen die verschiedensten Wege. Aus denselben Eltern können ganz unterschiedliche Menschentypen hervorgehen.

Mehr noch: Nicht nur können sich Menschen mit ähnlichen Grundvoraussetzungen in entgegengesetzte Richtungen entwickeln – auch ein und derselbe Mensch kann sich in den jeweiligen Phasen seines eigenen Lebens so verändern, dass es wesensverschiedene Menschen zu sein scheinen. *Es wohnen viele Menschen in jedem Menschen – viele Iche in jedem Ich.*

Normalität und Verschiedenheit

Als *normal* wird das Verhalten angesehen, das dem Etablierten entspricht. Unter *Verschiedenheit* verstehen wir die Mannigfaltigkeit, als welche die Normalität auftritt. Die Vielfalt wird begrüßt, solange sie sich den vorgeschriebenen Regeln anpasst. Wie ist es aber, wenn sie davon abweicht?

Wir unterscheiden drei Entwicklungsmöglichkeiten:

a) die erste bleibt im Bereich der Normalität, b) eine andere weicht vom Gewohnten so stark ab, dass sie zur Isolation bzw. zum Wahn und zur

Verwirrung führt, c) in einer dritten vermögen Menschen ihre Andersheit fruchtbar zu entfalten; in gewissen Fällen wird dabei von Genialität gesprochen.

Alle drei haben die gleichen Probleme, aber sie werden je anders gelöst.

Erstens: Alltägliche Normalität. Hierbei werfen psychische Probleme, wie Verdrängung, Traumata, Neurosen den Lebensverlauf nicht auffallend aus der Bahn. Die Besonderheiten – etwa chronisch schlechte Laune, Depressionen, Komplexe – halten sich im gewohnten Rahmen. Diese Menschen bewegen sich im Bereich der geduldeten Unausgeglichenheit.

Zweitens: Verwirrung. Das Verdrängte gelangt an die Oberfläche, sprengt den Rahmen. Die Verwirrung gewinnt dauerhaft die Oberhand, die Unangepasstheit wird unfruchtbar, gar zerstörerisch. Dieser Zustand wird medizinisch als Pathologie eingestuft, und der Mensch gilt als wahnsinnig oder verrückt.

Drittens: Genialität. Die Abweichung von der allgemeinen Normalität entfaltet sich kreativ, zeitigt ungewöhnliche Ergebnisse – oft ein hohes Niveau der menschlichen Selbstinterpretation. Zwar werden solche Menschen von der Umgebung häufig stigmatisiert, doch viele erkennen deren Wert. Die Gestalt geht in die Geschichte als Genie ein.

Krankhaft oder genial?

Die Grenze kann nicht generell im Voraus gezogen werden. Man muss den konkreten Fall betrachten. Dabei kann das Selbstbild vom wissenschaftlichen Verständnis der Fakten stark abweichen. Das Phänomen sprengt nicht nur den Rahmen der gewöhnlichen Wirklichkeit, sondern wirft auch die medizinische Diagnose um.

Bei solchen Fällen scheitert oft die medizinische Hilfe. Unter Umständen muss sich die Medizin von der Entwicklung des Kranken korrigieren lassen. Denn die phantasierte Welt (also die „Krankheit") kann lebensträchtiger sein als die sogenannte Wirklichkeit (die „Gesundheit"). Die von der Normalität abweichende Empfindungsweise wird zum schöpferischen Quell.

Exemplarisch sei diese Problematik am Fall eines deutschen Dichters erläutert.

Novalis (1772–1801): Wie die Sehnsucht den Gegenstand ihres Dranges hervorbringt

Die Familie

Eigentlich hieß er Georg Philipp Friedrich Freiherr von Hardenberg und wurde am 2. Mai 1772 auf Schloss Oberwiederstedt (Harz in Kursachsen) geboren. Die wohlhabende Familie gehörte dem niederdeutschen Adel an. Sein Vater, Heinrich Ulrich Erasmus Freiherr von Hardenberg, von Beruf Gutsbesitzer und Bergfachmann, später Salinendirektor, war ein religiöser Mann mit pietistischer Glaubensrichtung. Nach dem Tode seiner ersten Ehefrau wurde er Mitglied der Herrnhuter Brüdergemeinde (Moravian Church) und dadurch moralisch noch strenger. Seine zweite Ehefrau war Auguste Bernhardine Freifrau von Hardenberg, geborene von Bölzig (1749–1818), die aus ärmlichen Verhältnissen stammte, weswegen sie ihrem Mann gegenüber befangen war. Sie gebar elf Kinder, das zweite war der künftige Dichter.

Für Novalis' seelische Entwicklung war das Bild seiner Mutter wichtig. Dagegen war für sein Studium der Jurisprudenz und der Philosophie sowie für seine Karriere als Beamter sein Vater und dessen Familie von Bedeutung.

Novalis war von Geburt an zart und kränkelnd – seine geistige Entwicklung von Anfällen gekennzeichnet. In einer frühen Lebensbeschreibung heißt es:

> Im neunten Jahr überfiel ihn eine gefährliche Ruhr, die eine völlige Atonie des Magens zur Folge hatte, welche nur durch eine langwierige Kur und die schmerzhaftesten Reizmittel behoben werden konnte. Nun schien sein Geist wie aus einem Schlafe zu erwachen, und er zeigte sich plötzlich als ein munteres, tätiges und geistreiches Kind.

Ein selbstbewusster, harter Vater, eine eingeschüchterte liebevolle Mutter und eine schwache Gesundheit waren die Koordinaten, die den Ausgangspunkt für Novalis' Leben bildeten.

Die Zielstrebigkeit der väterlichen Familienlinie wies Novalis in die Richtung eines gewinnbringenden Berufes. Der ältere Bruder seines Vaters, Onkel Gottlob Friedrich, legte großen Wert auf eine gute Position. Ein anderer Onkel, Landkomtur Friedrich Wilhelm Freiherr von Hardenberg, nahm den Dichter als 12-jähriges Kind in seine Obhut. Und sein Vater unterstützte ihn bei seinen wissenschaftlichen und literarischen Unternehmungen.

Novalis studierte Jura, Naturwissenschaften, Philosophie und hatte trotz seiner Jugend – aufgrund seiner Begabung, aber auch seiner Familienherkunft – Kontakt zu mehreren namhaften Persönlichkeiten seiner Zeit: Goethe, Schiller, Jean Paul. Ferner schloss Novalis engere Freundschaft mit Ludwig Tieck, Schelling, den Brüdern Friedrich und August Wilhelm Schlegel. Gute Beziehung hatte er zum Philosophen Franz von Baader und dessen Freund, dem Physiker Johann Wilhelm Ritter.

Beruflich erreichte Novalis schnell eine gute Stellung. Er wurde Bergbauingenieur, Salinenassessor, dann Mitglied der Salinendirektion und war im Jahre 1800 an der ersten Vermessung der Region beteiligt.

Novalis lebte also ein zweigleisiges Leben. Auf der einen Seite wusste er zu kämpfen, war umtriebig, gelegentlich Opportunist und hatte beruflichen Erfolg. Doch es trieb ihn auch nach innen, er hatte ein ausgeprägtes Bedürfnis nach Liebe und Wärme. Der Vater in ihm strebte nach Ruhm, Macht und

Geld – die zarte, leidende Mutter dagegen nach Geborgenheit und Treue.

Die Waagschale schien zur Mutter zu neigen. Der Dichter-Philosoph reflektierte seine Erfahrung: Das Weibliche und das Männliche seien zwar gleichwertig und gleichzeitig – doch das Weibliche „früher" – im Sinne von grundlegender. (*Zurück zu den Müttern!* war eine Parole des Zeitgeistes, zu dem Novalis beitrug.)

Da die Mutter wegen ihrer bescheidenen Herkunft als unterlegen betrachtet wurde, musste das Weibliche hervorgehoben werden. Doch nicht nur literarisch. Seine Mutter musste zum Seinsprinzip werden und so die Neugeburt der Menschheit vollbringen.

Derartiges konnte die Wirklichkeit kaum leisten – wohl aber die Phantasie. Diese bestimmte den weiteren Lebensweg des Dichters.

Sophie von Kühn (1782–1797)

Im Oktober 1794 begann Novalis in Tennstedt als Gerichtsangestellter (Aktuarius) beim Amtshauptmann Coelestin Just zu arbeiten. In diesem Zusammenhang machte der Dichter am 17. November desselben Jahres eine Dienstreise nach Grüningen (heute Ortsteil von Greußen). Da traf er zum ersten Mal Sophie von Kühn, geboren auf Schloss Grüningen am 17. März 1782. Sie war Tochter des Hauptmanns Johann Rudolf von Rockenthien und dessen zweiter Ehefrau Sophie Wilhelmine von Kühn. Sophie hatte zwei Schwestern und weitere Stiefgeschwister aus den früheren Ehen ihrer Eltern.

Als sie sich zum ersten Mal begegneten, war Sophie also zwölf, Novalis zweiundzwanzig Jahre alt. Der Anblick des Mädchens soll den jungen Mann sehr bewegt haben. Eine „Viertelstunde", schrieb er seinem Bruder Erasmus, habe über sein Leben entschieden. Der Bruder antwortete:

> Du schreibst mir, eine Viertelstunde hätte Dich bestimmt; wie kannst Du in einer Viertelstunde ein Mädchen durchschauen? [...] Wenn Du mir ‚ein Vierteljahr' geschrieben hättest, so hätte ich noch Deine Talente in der Kenntnis des weiblichen Herzens bewundert, aber eine Viertelstunde, denke nur selbst an eine Viertelstunde, das klingt gar zu wunderbar. [...]

Doch Novalis war so angetan, dass er, obwohl etwas unsicher, gleich von Heirat sprach.

Erasmus beurteilte seinen Bruder auf der Ebene der alltäglichen Verständlichkeit. Da war Novalis' Empfinden gewiss nicht nachzuvollziehen. Doch auf der inneren, persönlichen Ebene sah es anders aus. Denn das, was Sophie für ihn darstellte, trug er schon lange in sich: die anrührende Gestalt seiner Mutter, durch diese die Dichtung – und durch die Dichtung den Traum einer neuen Menschheit.

Liebte Novalis wirklich das Mädchen? Das ist eine heikle Frage. In der Tat erfuhr er durch sie kein Glück. Auf der anderen Seite war Sophie viel zu jung, um sich ernsthaft verlieben zu können. Sie spielte nur. Novalis beobachtete an ihr immer wieder negative Züge. Sie sei oberflächlich, wolle mit ihm

nur angeben, schreibe an ihn und über ihn ungeschickt, ohne Gefühle:

> Lieber Hardenberg, Erstlich dank ich Ihnen recht sehr
> für Ihren Brief zweidens für Ihre Hare und dritens für
> das niedliche Etwie welges mir sehr fihlen Spas ge-
> macht hatt. Sie fragen mich ob Sie an mich schreiben
> dürfen? Sie können versichert sein daß es mir allemahl
> sehr angenehm ist von Ihnen einen Brief zu lessen [...].

Am Vortag ihrer Verlobung, den 14. März 1795, no-
tierte sie in ihrem Tagebuch: „Heute war Hartenber
noch da er grichte einen Briev von seinen Bruder."

Die Situation wurde für Novalis geradezu bedrü-
ckend. In einem Tagebuchblatt vom August oder
September 1796 hält der Dichter fest:

> Ihr Betragen gegen mich. Ihr Schreck für die Ehe. [...]
> Sie will haben, daß ich überall gefalle. [...] Meine Liebe
> drückt sie oft. Sie ist kalt durchgehends. / Ungeheure
> Verstellungsgabe, Verbergungsgabe der Weiber über-
> haupt. Ihr feiner Bemerkungsgeist. Ihr richtiger Takt. /
> [...] Ihre Natur scheint unsre Kunst – unsere Natur ihre
> Kunst zu seyn. Sie sind geborne Künstlerinnen. // Sie
> individualisiren, wir universalisiren. /[...]

Wie würde eine so unreife und kranke Frau ihm
Ehefrau und Mutter von Kindern werden können?
Diese Frage ist falsch gestellt. Es ging eigentlich nie
um Liebe und ebenso wenig um Heirat oder Famili-
engründung. Dass Novalis Derartiges auf der Ebene
des Bewusstseins glaubte, können wir annehmen.
Das Entscheidende spielte sich aber auf einer tiefe-
ren Ebene ab. Das Mädchen rief in ihm die Gefühle

hervor, die er seiner Mutter gegenüber schon als Kind erfahren hatte: Mitleid mit ihrer Schwäche und Ehrfurcht vor ihrer Reinheit. Sophie stellte die idealisierte Potenzierung dessen dar, was er an seiner Mutter schmerzhaft erfahren hatte.

Äußerlich gesehen dauerte die Liebesgeschichte kurz. Sophie erkrankte schwer an der Lunge. Nachdem sie dreimal operiert worden war, starb sie fünfzehnjährig am 19. März 1797 in Grüningen. Novalis scheint sehr darunter gelitten zu haben; fassungslos besuchte er immer wieder das Grab.

Die Lebenssicht, die aus dem Zusammenprallen von harter Realität und zarter Einbildung aufging, schrieb er in seinen *Hymnen an die Nacht* nieder.

Im April desselben Jahres 1797, verstarb sein Bruder Erasmus. Dadurch brach die Härte erneut in sein liebeshungriges Herz ein.

Die Begegnung des kränkelnden jungen Dichters mit dem zwölfjährigen Mädchen trug dazu bei, eine große Zeit der europäischen Geistesgeschichte zu prägen: die Deutsche Romantik.

Diese Bewegung ist als bedeutende literarische und philosophische Epoche in die Geschichte eingegangen. Für Novalis selbst war sie die Verwirklichung eines Traumes: die Rehabilitierung seiner Mutter durch Neugeburt in der Gestalt von Sophie. Im kranken Mädchen erblickte er die leidende Mutter. Sophies Tod war also Voraussetzung für die Wiedergeburt beider in die Ewigkeit.

Dieses große Werk dichterischer Phantasie wird nun von Novalis auch philosophisch reflektiert. Aus den Bildern werden Grundsätze gewonnen – in den Frauen das Weibliche erblickt. Und er folgert daraus: Der Urgrund ist das Weibliche. Das Sein wird, insofern es wirkt. Das Sein wird und wirkt, wenn es gebiert. Das werdende, wirkende, gebärende Sein ist das Leben, welches unaufhörlich aus dem weiblichen Urgund hervorgeht. Dieser ist unvordenklich, unzugänglich – doch zugleich das werdende Unvergängliche, Ursubstanz, der Quell schlechthin. Es ist das Früheste, Tempel und kosmischer Ozean. Heimat überhaupt.

Dieses Insgesamt fasst der Dichter-Philosoph mit einem Wort zusammen, welches seinen Hymnen den Namen gibt: *die Nacht.* Doch diese vermögen wir nur im Gegensatz zum Tag zu denken.

Nacht meint die Innenseite des Lebens. *Tag* bedeutet umgekehrt die Zeit der Helle, die Ebene des Verständlichen, des Geschäftlichen. Beide sind gleichwertig und notwendig. Doch dichterisch ist die Nacht „früher", der Tag geht aus ihr hervor und in sie wieder zurück.

Die schwache Mutter war also „wichtiger" als der starke Vater. Doch beide gehören zusammen. So ging es ihm um das Phänomen des Übergangs vom Männlichen zum Weiblichen und umgekehrt. Das Geheimnis des Lebens. Den Dichter, der dieses Geheimnis verkündet, nennt Novalis den *Fremdling.*

[...] vor allen aber der herrliche Fremdling mit den sinnvollen Augen, dem schwebenden Gange, und den zartgeschlossenen, tonreichen Lippen. (Hymnen an die Nacht. 1. Hymne)

In dunkler Erde ruht der heilige *Fremdling,* besang Trakl. Der Fremdling ist Novalis selbst, der die Grundsätze der neuen Philosophie des Jahrhunderts mitteilt. Den Einheimischen der Erde wird gezeigt, dass Männliches und Weibliches, Vernunft und Gefühle eine Einheit bilden. Nur aus dem Tode der Partialitäten geht neues Leben hervor.

Sophies Grab war gleichsam der Tempel, in dem sich das Mädchen in die Ewige Frau verwandelte und Novalis zum Verkünder des Ereignisses wurde:

Zurück zu den Müttern.

Mit Sophies Tod und der Verewigung seines Erlebens war der dichterische Auftrag erfüllt. War das Folgende nur eine Zugabe, die künstlich anmutet?

Nach dem Tod Sophies ging Novalis' Leben „normal" weiter.

1798 – ein Jahr danach – verwendete der Dichter erstmalig das Pseudonym *Novalis* bei der Veröffentlichung seiner ersten Fragmente „Blüthenstaub" in der von den Brüdern Schlegel herausgegebenen Zeitschrift *Athenäum.* Es ist die latinisierte Form des Wortes „Neuland roden" („de novalis"), die auf den Namen des Familiengutes „Großenrode" (magna novalis) bei Nörten zurückgeht.

Im Dezember dieses Jahres ging Novalis seine zweite Verlobung ein. Braut war Julie von Charpentier (1778–1811), Tochter des Berghauptmanns und Freiberger Professors Johann Friedrich Wilhelm von Charpentier (1738–1805).

1799 studierte Novalis an der Bergakademie Freiberg „Naturlehre", d.h. unter anderem Geognosie und Eisenhüttenwerkskunde, Chemie, Mathematik. Dabei philosophierte er im Gespräch mit Denkern der Zeit.

Zu Pfingsten 1799 wurde Novalis wieder in der Salinendirektion tätig und einige Monate später zum Salinenassessor und Mitglied des Salinendirektoriums ernannt.

Im Herbst 1799 traf er in Jena mit anderen Schriftstellern der „Jenaer Romantik" zusammen. Doch es ging gleichzeitig beruflich weiter, wobei auch erschütternde Vorkommnisse nicht fehlten.

Im Oktober 1800 beging sein Bruder Bernhard Selbstmord. Kurz darauf, am 6. Dezember 1800, erfolgte der Aufstieg des 28-Jährigen zum Supernumerar-Amtshauptmann (vergleichbar mit einem heutigen Landrat) für den Thüringischen Kreis. Als solcher war Novalis an der ersten geologischen Vermessung der Region beteiligt.

Doch schon im August 1800 hatte sich die auf seine Kindheit zurückreichende Lungenerkrankung (Schwindsucht, Tuberkulose oder Mukoviszidose) als unheilbar erwiesen. Die These, dass sich der Dichter bei der Pflege von Friedrich Schiller angesteckt habe, ist wenig wahrscheinlich. Jedenfalls erlitt er infolge seiner Erbkrankheit einen Blutsturz und starb im Beisein seines Bruders Karl und des Freundes Friedrich Schlegel am 25. März 1801 in Weißenfels, wo er im Alten Friedhof beigesetzt wurde.

Stellen die *Hymnen an die Nacht* (1800) eine Autobiographie der Seele dar – oder waren sie nur Literatur? Vielleicht beides.

Durch die Verlobung mit der 20-jährigen Julie von Charpentier wurde Novalis' Leben ruhiger. War er glücklicher – oder erstickte er vielmehr in der Normalität der bürgerlichen Glücksvorstellung?

Für eine mögliche Antwort auf diese Frage enthält der biographische Verlauf einen Hinweis.

Nach Sophies Tod ging es bei Novalis nicht so glatt verzweifelt, wie es sich aus seinen *Hymnen* zu ergeben scheint. Es fand ein Prozess der Gewöhnung statt, bei dem es auf und ab ging.

An der Beerdigung konnte Novalis nicht teilnehmen. Ihm fehlte die Kraft dazu, wurde sein Verhalten interpretiert. Die Wahrheit sah anders aus: Der Dichter fühlte sich von den vielen Widersprüchen überfordert, vermutlich sogar etwas deplatziert. Bei seinen eigenen Kommentaren dazu muss zwischen den Zeilen gelesen werden. Einerseits wollte er mit Sophie dort sein, wo sie jetzt ist, also sterben.

Wie glücklich wär ich, wenn ich heute wüßte – heute übers Jahr bist du bey ihr", schrieb er an Caroline Just. Andererseits hielt er noch mehr als bisher an Sophies irdischem Leben fest. Er ließ sich Gegenstände von ihr zuschicken: ein Tuch, eine Haarlocke „ihre kleinen Schrebereyen im Taschenbuch oder sonst [...]

War dies nur Theater – oder waren auch echte Gefühle im Spiel?

Novalis trauert um seine Verlobte eigenartig. Er lässt niemanden daran teilnehmen, vergegenwärtigt sich Sophie nur für sich alleine. Langsam wird ihm eine neue Existenz bewusst, in der er nicht nur *mit* ihr, sondern *von* ihr umgeben wird. Am 13. April 1797 schrieb er an Wilhelmine von Thümmel: „Sie umgibt mich unaufhörlich. [...] Sie war der Anfang – sie wird das Ende meines Lebens seyn."

Sophies Tod sei nicht zufällig gewesen, äußerte er in einem Brief vom selben Tag an Friedrich Schlegel. Es ist dabei die Rede von Läuterung, die sich dergestalt in ihm durch Sophie vollziehe, „[...] daß es mir ganz klar schon ist, welcher himmlischer Zufall ihr Tod gewesen ist – ein Schlüssel zu allem –, ein wunderbar schicklicher Schritt."

„Himmlischer Zufall", „Schickung"?

Wer schickt? Jedenfalls schlägt schnell die dichterische Verzweiflung in bürgerliche Freude um.

Sophies Tod wurde idealisiert – und so, als Idee, zur Quelle literarischer Kreation. Dichtend brachte er regelrecht das Phänomen hervor, so wie er es schon zur Zeit ihres Lebens getan hatte. Das Mädchen war ihm von Anfang an Vehikel für die Idee – und diese Sprungbrett aus dem Alltag. Nicht also die Verarbeitung eines Schicksalsschlags fand in erster Linie statt. Die Hervorbringung des Schicksals wurde vielmehr abgerundet – und so (als literarisches Werk) an die Öffentlichkeit gegeben.

Danach ging das Leben *normal* weiter. Doch dies – die Normalität – war nicht seines. Es war *nie* seines. So starb er – nicht nur mit medizinischer, sondern mit biographischer Folgerichtigkeit – an der Krankheit, die er schon seit seiner Kindheit in sich trug.

In der Entwicklung der Fakten zeichnet sich eine Linie ab:

Zunächst will er bei der Geliebten sein. Ob er dabei an baldigen Selbstmord oder an den normalen (aber bei ihm früh zu erwartenden) Tod dachte, ist historisch nicht zu belegen. Möglicherweise hat er keines von beidem empfunden. Es war – wie bei solchen Erfahrungen üblich – eine punktuelle Stimmung, die dem Dichter zur Inspirationsquelle wird. Der Tod der Verlobten ruft in ihm die Vorstellung des unvergänglichen Lebens hervor. Es handelt sich unverkennbar um eine dichterische Komposition:

> Wie entzückt werde ich ihr erzählen, wenn ich nun aufwache, und mich in der alten, längst bekannten Urwelt finde, und sie vor mir steht – Ich träumte von dir: ich hätte dich auf der Erde geliebt ... – du starbst – und da währte es noch ein ängstliches Weilchen, da folgte ich dir nach. (Brief vom 24.3.1797 an Caroline Just)

Der Prozess geht einen Schritt weiter: Gleich scheiden sich poetische Vorstellung und prosaische Wirklichkeit. Sophies Tod verwandelt zuerst des Dichters Alltag. Doch allmählich verschlingt der Alltag die dichterische Stimmung.

Am 18. April, knapp einen Monat nach dem Begräbnis, beginnt er ein Journal. Emotionsloser als in den Briefen dieser Zeit hält er darin einschlägige Begebenheiten fest. Sophies Tod steht im Mittelpunkt, aber als etwas, das nunmehr selbstverständlich zu seinem Leben gehört. „Abends einen lebhaften Eindruck ihres Todes." „Bis Abends sehr munter – Ein Gedicht auf den Gartenkauf. Sonst recht gut. [...]

Herzliche Erinnerungen zuweilen."
Traum und Wirklichkeit. Jenseits und Diesseits gehen ineinander über und auseinander hervor. Es sind die zwei Seiten der Sehnsucht. Die Ewigkeit mit der Geliebten kommt nicht mehr erst danach. Sie ist – freilich dichterisch – schon da. In der Journal-Eintragung vom 13. Mai 1797 teilt der Dichter die Zusammenkunft der beiden Dimensionen mit:

> Abends gieng ich zu Sophien Dort war ich unbeschreiblich freudig – aufblitzender Enthusiasmus – Das Grab blies ich wie Staub vor mir hin – Jahrhunderte waren wie Momente – ihre Nähe war fühlbar – ich glaubte sie solle immer vortreten.

Diese Sätze nahm er fast wörtlich in die *Hymnen an die Nacht* auf. Die Sehnsucht schafft das Märchen, das den Menschen über die Beengung der Zeitlichkeit hinausbringt.

Der Dichter Novalis war auch Ingenieur und Beamter. Nach der Ekstase des Gesangs ging der Alltag weiter. Er übte seinen Beruf aus, beteiligte sich an Veröffentlichungen, verlobte sich zum zweiten Mal.

Alles war wieder normal – und doch ganz neu. Die Verbindung zwischen beiden Gleisen seines Lebens versuchte er selbst herzustellen. Dass er seine zweite Verlobte so sehr lieben könne, verdanke er seiner ersten Braut Sophie, lautete seine Selbstdeutung. Einige Interpreten haben darin ein Zeichen dafür gesehen, dass er Sophie nicht so unsterblich geliebt hatte. Diese Deutung liegt nah. Zu befürchten steht dennoch, dass sie am Fall Novalis vorbeidenkt. Man darf die eigenartige Dynamik des Phänomens nicht aus dem Auge verlieren.

Zu dieser Dynamik gehört der Drang, sein persönliches Erlebnis auf den Menschen zu übertragen. Er hatte Sophies Tod als Beginn eines neuen Lebens dichterisch interpretiert. Daher träumte er von einem neuen Leben für die ganze Menschheit. Das ist der Grundgedanke seiner Schrift *Europa und die Christenheit*, selbst wenn sie sich ausdrücklich nur auf den alten Kontinent bezieht.

Die Entwicklungslinie seiner dichterischen Vorstellungswelt ist eindeutig: Mutter-Sophie-Europa-Menschheit. Sein persönlicher Traum wird zum Traum der Weltgeschichte. Und: Schöpfer der vermeintlich seit Jahrtausenden ersehnten Wirklichkeit ist er: Novalis, der deutsche Dichter-Philosoph des Weiblichen, mithin der *Fremdling* überhaupt.

Novalis dachte die Erneuerung Europas zwar auch politisch, aber nicht mit politischen Mitteln. Naturgemäß vermag die Politik nur die äußeren Verhältnisse zu ändern. Doch Novalis hatte eine substanzielle Veränderung im Sinne. Eine Wesenserneuerung der Menschheit schien ihm aufgrund eines höheren Ziels möglich zu sein: die im christlichen Glauben gründende Gewissheit der Hoffnung auf ewiges Leben.

Schon als Kind engte den Dichter die Familie ein. Von deren bürgerlichen Verhältnissen jedoch profitierte er sowohl beruflich als auch literarisch. Doch auch im Erfolg blieb die Familie Gefängnis.

Der Dichter versuchte sich zu retten, indem er

floh. Für den Aufbau seines Lebensmärchens war die Verlobung mit einem Kind geeignet; in der Wirklichkeit jedoch war ihm die kindische Verlobte unerträglich. Der Tod Sophies verursachte Inspiration, die ihm den weiteren Flug durch die Dichtung ermöglichte. Danach kehrte die eintönige Alltäglichkeit des Bürgertums wieder.

Doch erneut hatte Novalis Glück durch das Unglück. Die Verlobung mit Julie fügte sich in die dichterische Dynamik ein. Der Dichter entzog sich noch einmal der Härte seiner kränklichen Verfassung – in das Märchen einer Erneuerung Europas und der Menschheit.

Eingeholt wurde er aber doch schließlich von der anfänglichen Beengung. Es handelte sich zwar um eine Erbkrankheit, aber sie war symptomatisch. Es fehlte ihm die Luft.

Bezeichnend ist auch: Beide Liebesbeziehungen rechten bis zur Verlobung, blieben also ohne Heirat, in diesem Sinne unvollendet wie sein Werk. Das Unvollendete als Ideal. Hatte er nicht zeit seines Lebens bedauert, dass seine sozial unterlegene Mutter in die Familie seines Vaters eingeheiratet hatte?

5.
Über die Trauer

Unter Trauer wird allgemein eine Stimmung verstanden, die meistens durch das Ereignis einer Trennung verursacht wird.

Das Leben des Menschen ist ein Prozess des Vergehens. So gehört das Abschiednehmen zum Dasein. Empfindliche Menschen werden deshalb – wie unmerklich auch immer – von einer melancholischen Grundstimmung getragen.

Im engen Sinne jedoch geschieht Trauer, wenn die Trennung einschneidet. Selbst wenn sie sich nicht unerwartet ereignet, ist sie schmerzhaft. Tritt jedoch der Bruch plötzlich ein, kann das Dasein zerbrechen. Das Leben muss von vorne begonnen werden.

Wenn zwei Menschen sich lieben, ist jeder von ihnen entscheidend. Fällt eine Seite aus, wird der Zusammenhang erschüttert. Der Mensch verliert die Orientierung, kommt mit sich selbst nicht mehr zurecht. Er kommt sich ja halbiert vor.

Das Phänomen Trauer hat seine eigene Entwicklung:

Zuerst verliert der trauernde Mensch das Interesse für die Gegenwart. Wichtig ist nur das, was einmal war. Das Vergangene erfüllt die Innerlichkeit – allerdings vorwiegend mit Leere. Denn die Gefühle sind da, intensiver denn je, aber der geliebte Mensch oder die geliebten Menschen nicht mehr.

Es ist die Tragödie der Endgültigkeit. Erinnerungen stellen zwar eine Brücke zwischen Gewesenem und Gegenwärtigem her. Doch am Ende der Brücke hört die alte Straße auf. Die Zukunft muss neu entworfen werden. Denn das, was einmal war, ist als solches uneinholbar.

Die Trauer entwickelt sich in Phasen.

Nach überstandener Erschütterung beginnen die Wiederherstellungsversuche. Man möchte das Gewesene noch einmal erleben – und zwar konkret, genauso wie damals. Alte Gegenstände werden wieder geordnet, Gewohnheiten festgehalten, gemeinsame Plätze besucht, Freundschaften aufgefrischt.

Vergeblich. Zur Trauer gesellt sich allmählich die Enttäuschung: Es kann nicht mehr so werden, wie es war. Alles scheint verändert – weil wir anders geworden sind. Sich den neuen Verhältnissen anzupassen ist überlebenswichtig. Denn das Leben ähnelt einem Zug, der kurz anhält und weiterfährt. Steigen wir aus, verlieren wir den Anschluss. Der Zug fährt ohne uns weiter.

Kommt der Trauernde zu sich, kann die Veränderung zur Bereicherung werden.

Es geht eigentlich nicht darum, über die Vergangenheit hinwegzukommen. Das Vergangene gehört zu mir, es gibt meinem Leben Substanz. Aber der Mensch ist mehr als die Vergangenheit. Er ist auch Gegenwart – und diese das Sprungbrett, von dem her sich Zukunft öffnet.

Diese Offenheit fällt meistens nicht leicht. Sensible Menschen empfinden Brüche, Trennungen, das ständige Abschiednehmen als schweres Schicksal. Für sie bedeutet Trauer mehr als eine vorübergehende Stimmung, die von konkreten Vorkommnissen verursacht wird. Trauer prägt das Dasein, wird zur Melancholie als Dauerzustand.

Melancholische Menschen können auf die Allgemeinheit unangenehm wirken, denn sie leben einen heiklen Gemütszustand vor. Doch gerade aus diesem Grund werden sie oft auch bewundert, wenn sie – wie viele Dichter – diese schmerzvolle, erhabene Seite des menschlichen Daseins entsprechend gekonnt zu Wort zu bringen vermögen.

Der Fall Hölderlin (1770–1843)

Hölderlin gehört zu der Art von Menschen, die sich zeitlebens in der Trauer als Grundstimmung aufhalten. Er hatte stets das Gefühl, das Entscheidende zu verpassen, fühlte sich – nicht bloß vom Tod, sondern – vom Sterben getragen und umhüllt. Da die Sehnsucht letztlich Drang nach dem Unerreichbaren ist, war er mit dem, was er hatte, grundsätzlich unzufrieden.

Glück war für ihn nur Vergangenes, bereits Erlebtes, vor allem die Kindheit. Daraus – aber idealisiert, vervollkommnet – baute er eine eigene Welt. Seine Traumwelt wurde ihm zur Wirklichkeit. Doch sie bestand vornehmlich aus Worten, die durch ihre Kraft und Zartheit die ersehnte Realität hervorzauberten. Und so – in der Gestalt der literarischen Schönheit – ist sie in die Geschichte eingegangen.

Im praktischen Leben jedoch gelang es Hölderlin kaum, eine der ihm zugefallenen Aufgaben zu erfüllen. Nach gängigem Maßstab kann seine Existenz als gänzlich gescheitert betrachtet werden.

Die Kluft zwischen dichterisch Ersehntem und lebensmäßig Geleistetem macht das Phänomen Hölderlin aus. Deshalb gilt er uns nicht nur als *Dichter der Sehnsucht*, sondern als Spiegel des Daseins. Denn alles Menschliche bewegt sich individuell wie geschichtlich auf diesen beiden Ebenen: jener der Worte und jener der Taten – *Worte*, die Gewünschtes aussprechen, und *Geschehenes*, welches das Unvermögen anzeigt.

Der Dichter wurde früh vom Leiden gezeichnet. Mit zwei Jahren verlor er seinen Vater, mit neun seinen Stiefvater; die finanziellen Verhältnisse waren eng. All dies trug wahrscheinlich zu einer Überbetonung seiner angeborenen Neigung zur extremen Selbstbezogenheit bei.

Seine Selbsterfahrung hatte von Anfang an eine ungewöhnliche Prägung. Das tatsächlich Vorhandene hatte für ihn wenig Reiz. So war einer seiner bevorzugten Ausdrücke *einst* – Grundwort seines dichterischen Empfindens: was war und was sein wird als Aspekte ein und desselben Märchens, zu dem sein unmittelbares Verhältnis zu den Göttern gehört. Jedes Ding war imstande, ihn in die höchsten Gefilde von Raum und Zeit zu katapultieren:

zurück in die griechische Mythologie, hinaus in die göttliche Zukunft der Welt.

Einst – Lieblingswort, das die Simultaneität von Urzeiten und kommendem Glück hervorzaubert.

Die magische Atmosphäre im bereits angeführten Gedicht *Heimkunft* („An die Verwandten") vermittelt unnachahmlich seine dichterische Grundstimmung:

Drin in den Alpen ist's noch helle Nacht und die Wolke,
Freudiges dichtend, sie deckt drinnen das gähnende
                                                    Tal.
Dahin, dorthin toset und stürzt die scherzende Bergluft,
Schroff durch Tannen herab glänzet und schwindet ein
                                                    Strahl.
Langsam eilt und kämpft das freudigschauernde Chaos,
Jung an Gestalt, doch stark, feiert es liebenden Streit
Unter den Felsen, es gärt und wankt in den ewigen
                                                    Schranken,
Denn bacchantischer zieht drinnen der Morgen herauf.
Denn es wächst unendlicher dort das Jahr und die
                                                    heilgen
Stunden, die Tage, sie sind kühner geordnet, gemischt.
Dennoch merket die Zeit der Gewittervogel und zwi-
                                                    schen
Bergen, hoch in der Luft weilt er und rufet den Tag.

In kosmischen, vorzeitlichen Dimensionen zu Hause vermag er den Worten den Klang einer übernatürlichen Schönheit zu verleihen. Doch gerade die abgehobene Art seines Empfindens bewirkte, dass sich Hölderlin auch daheim fremd fühlte.

Hölderlin hatte Kontakte zu Persönlichkeiten seiner Zeit: Studienkameraden wie Hegel und Schelling;

Fichte, Goethe, Schiller. Manchmal – zumindest am Anfang – unterstützten sie ihn. Besonders wichtig war ihm sein Freund Isaac von Sinclair, der ihm in schwierigen Situationen half. Doch der war selbst ein problematischer Politiker, der unter tragischen Umständen in einem Freudenhaus verstarb.

Trotz dieser Beziehungen fasste Hölderlin beruflich nie richtig Fuß. Als Hauslehrer wohlhabender Familien scheiterte er wiederholt, bisweilen katastrophal. So 1793/94 bei Charlotte von Kalb (Waltershausen im Grabfeld). Mit deren Angestellter Wilhelmine Kirms soll er ein Kind gezeugt haben. Von der Kaufmanns-Familie von Gonzenbach in Hauptwil (Schweiz) musste er nach wenigen Monaten gehen. Ebenso nur kurze Zeit konnte er bei der Familie des Konsuls und Weinhändlers Meyer in Bordeaux bleiben. Am folgenreichsten jedoch war seine Tätigkeit als „Hofmeister" im Haus „Weißer Hirsch" des Frankfurter Bankiers Gontard. Er verliebte sich in dessen Ehefrau Susette, die seiner Liebe entsprach. Als der Bankier (wahrscheinlich im September 1798) von dem Verhältnis erfuhr, gab es einen großen Eklat. Hölderlin musste das Haus verlassen. Er flüchtete nach Homburg zu seinem Freund Isaac von Sinclair. Trotzdem stand er bis 1800 in Kontakt mit seiner Geliebten und Muse, die er im dichterischen Roman *Hyperion* als Diotima verewigte.

Hölderlin scheint seine Mutter sehr geliebt zu haben. Bedeutend war die Verbindung zwischen der Mutter und dem Haus, in dem der Dichter in schwierigen Zeiten immer wieder Zuflucht nahm. So wurde ihm „der Mutter Haus" geradezu zum Tempel seiner Trauer.

Wie ein Speer durchdrang Hölderlin die Schleier der flüchtigen Wirklichkeit, um zur Dimension der dichterischen Verwandlung vorzustoßen. Heilig waren ihm die Orte seiner Erfahrungen: Haus, Heidelberg, Neckar, Ufer des Flusses (das Bleiben im Vergehen), Berge und Gebirge. Ihn zog das an, was vergeht, aber immer wiederkehrt: Tag und Nacht, die Jahreszeiten.

Epochen galten ihm als wacklige Säulen des Geschichtsprozesses. So flog er über die Zeiten hinweg und träumte aus dem alten Griechenland ein neues hervor, in welchem die Götter zart mit den Kindern spielen wie der Wind mit den Blättern der Bäume.

Es ist fraglich, ob Hölderlin zum Durchbruch einer neuen Menschheit mit seiner Dichtung beitragen wollte. Gewiss träumte er davon mit Hegel und Schelling in den gemeinsamen Lernjahren im Tübinger Stift, woraus – wie Historiker annehmen – die Schrift *Das Systemprogramm des Deutschen Idealismus* entstanden sein soll. Doch haben nicht vielmehr Fachphilosophen und Literaturhistoriker dem kranken Dichter dieses übergeschichtliche Vorhaben nachträglich angehängt? Er selbst blieb sein Leben lang Kind. Die Art seiner Selbstbezogenheit bewirkte, dass sich in seiner Vorstellung auch die Götterwelt um ihn drehte.

Doch das, was er dergestalt erfährt, ist von seltener Erhabenheit: das Geheimnis des Seins, die Kostbarkeit der Lebensphasen, die majestätische Schönheit der Natur – all dies von einer sprachlichen Aura umhüllt, welche in der Tat einmalig ist.

Zur eigentlichen Welt Hölderlins hatte seine Umwelt kaum Zugang. Umso heftiger erlebte sie seine Andersheit. Der Dichter wurde am 11. September 1806 in das von Johann Heinrich Ferdinand Autenrieth geleitete Universitätsklinikum zu Tübingen gebracht. Autenrieths Diagnose lautete: „Manie als Nachkrankheit der Krätze", d.h. Wahnsinn mit Neigung zur Gewalt.

Die Behandlung überließ Autenrieth seinem Schüler Justinus Kerner. Worin sie bestand, ist nicht bekannt. Als sicher gilt jedoch, dass Hölderlin starke Medikamente einnehmen musste, die ihn zwar zeitweise beruhigten, aber auch schmerzhafte blutige Durchfälle verursachten. Von dieser Situation liegt folgender Beleg vor: „Uhland studiert izt Schelling, und Autenrieth hilft dem gefallenen Titanen Hölderlin laxieren und macht ihm einen bösen Kopf."

Neuen Antrieb bekam die Diskussion über Hölderlins Erkrankung im Jahre 1978 durch die Biographie von Pierre Bertaux. Demnach hätte Hölderlin, um eine ihm drohende politische Verfolgung abzuwehren, seine Verrücktheit gespielt. Andere halten es für möglich, dass Hölderlin durch Vorspielen seines Wahnsinns Menschen auf Abstand von sich halten wollte. Doch die Nürtinger Pflegeschaftsakten enthalten Briefe von Erich und Lotte Zimmer, die eindeutig auf die schwere Verstörung des Dichters hinweisen.

Autenrieth erklärte Hölderlin als „unheilbar" und prognostizierte eine kurze Lebensdauer des Patienten. Doch der Dichter lebte noch gut dreißig Jahre. Am 3. Mai 1807 kam er zur Pflege in den Haushalt Ernst Zimmers, eines Tübinger Tischlers, der den Dichter bewunderte und Mitleid mit ihm hatte. Hier bewohnte Hölderlin vierzig Jahre lang eine Stube oberhalb des Neckars, in einem turmartigen Anbau, der als *Hölderlinturm* bekannt ist. Hölderlins Vormund war seine Mutter, nach ihrem Tod 1828 der Oberamtspfleger Burk. Finanziell war Hölderlin abgesichert. Er hatte eine Sonderrente vom württembergischen Hof und erhielt außerdem ein Erbe.

Man verwendet für diese letzten Jahrzehnte seines Lebens das Wort „Umnachtung". Es ist fraglich, ob es zutrifft. Zwar wechselten in diesem Zeitraum seine Stimmungen abrupt, aber er war bei Sinnen. Heute würde man ihn einfach depressiv nennen.

1812 erholte er sich nach einer schweren körperlichen Erkrankung und arbeitete wieder gern. Dann zog er sich einige Jahre in die Hausgemeinschaft zurück, bis die Besuche seines Freundes Wilhelm Waiblinger in den Jahren 1822–1826 ihn wieder aufrichteten. Hölderlin fand erneut Interesse an seinem eigenen Werk. Gustav Schwab und Ludwig Uhland besorgten 1826 die Veröffentlichung einer ersten Werksammlung.

Dann ging es ab 1829 wieder bergab. Hölderlin wurde als „Tübinger Attraktion" missbraucht. Fremde reisten in die Stadt am Neckar, um den wahnsinnigen Dichter zu sehen. Innerlich jedoch entwickelte sich Hölderlin in eine Dimension hinein, die vom Gefühl des Göttlichen und einer ursprünglich erlebten Natur erfüllt war. Je älter er wurde, umso mehr fand er zu seiner Welt zurück. Seine eigentliche Welt war die Kindheit, die er geradezu märchenhaft als Epoche erfuhr, in der die Menschen mit Blumen und Lüften, Engeln und Göttern spielten.

Ab 1837 verwendete Hölderlin verschiedene Pseudonyme, darunter Scardanelli, als ob er sich vor den Menschen verstecken wollte.

1838 starb Ernst Zimmer. Dessen Tochter Lotte übernahm die Pflege des Dichters bis zum Tode.

Hölderlin starb am 7. Juni 1843 um Mitternacht.

Fachgelehrte versuchen, seine Dichtung nach Schulbegriffen einzuordnen. Doch Hölderlin sprengt den Rahmen. Zwischen Weimarer Klassik und Romantik angesiedelt, stellt er einfach eine einsame Spitze deutscher Lyrik dar, indem er den Schmerz des Menschen vor dem Vergehen, seine Sehnsucht nach Schönheit und Frieden einmalig besingt. Dabei gibt die Musikalität seiner Sprache die Eigenart des Phänomens Trauer unnachahmlich wieder.

Zur Entdeckung Hölderlins trug Stefan George bei. Daraufhin fanden andere Zugang zu ihm und schöpften aus seiner Kunst: Heym, Trakl, Celan, Ingeborg Bachmann, Gerhard Falkner. Doch Hölderlin bleibt in der Art seiner hymnischen Dichtung unerreichbar.

Der Tiefgang seiner Sehnsucht gab auch seinem Denken eine unverwechselbare Prägung, wie schon Schelling und Hegel erkannten. Die Grundphilosophie seines Werkes jedoch versuchten erst Denker wie Theodor W. Adorno und vor allem Martin Heidegger zu erschließen.

Für Literaturwissenschaftler war Hölderlin biswielen genauso unbequem wie für Psychiater.

Die Zusammenhänge waren merkwürdig. Um eine Veröffentlichung seiner Gedichte in der Gesamtausgabe zu verhindern, bat der Germanist Franz Zinkernagel den Tübinger Psychiater Robert Gaupp, sich mit Hölderlins Gesundheitszustand zu befassen. Gaupp gab den Auftrag an seinen Assistenten Wilhelm Eichbaum Lange weiter, der über das Thema *Dementia praecox* (Schizophrenie) promoviert hatte. Lange war Schüler des positivistisch orientierten Psychiaters Kraepelin. In der Nachfolge seines Lehrers bestimmte Lange, dass Hölderlin ab Mai 1801 an einer schizophrenen Erkrankung litt. Folglich wurden Hölderlins Gedichte ab diesem Zeitpunkt als „sinnfrei" eingestuft.

Sollten nun positivistisch eingestellte Mediziner über Dichtung entscheiden? Das wurde natürlich nicht allgemein akzeptiert. Gegen ein solches absurdes Unternehmen stellte sich 1915 Norbert von Hellingrath, der die erste historisch-kritische Ausgabe der Werke Hölderlins besorgte. Auch Karl Jaspers äußerte in diesem Sinne: „Es ist unfruchtbar, auf Hölderlin'sche Dichtungen grobe psychopathologische Kategorien anzuwenden."

Der Grund für die Abneigung ist derselbe wie für die Bewunderung: Hölderlin deckt ein Grundphänomen des Lebens auf, das viele Menschen nicht verkraften: die Melancholie, die Traurigkeit – Folgen des

langsamen Sterbens, als welches das Leben geschieht.

Nicht nur die Kindheit oder die Jugend als historische Phasen, sondern die Helle der Frühe, die
Begeisterung, werden gleichsam als Wesenszüge des
Seinslebens in seiner Dichtung besungen. Da in der
Geborgenheit der Sehnsucht geträumt, erscheinen
die Phänomene vom Licht der Reinheit umhüllt. Davon einige Beispiele:

Äußerlich entschwindet, was der Mensch einmal
war. Doch das Erlebte wird Innerlichkeit. Das Kind
vergeht, das Kindliche bleibt – mit seinem Liebesbedarf, seinen Verwundungen. Die Empfindlichkeit
des Erwachsenen offenbart die nachwirkende Zer-
brechlichkeit des Säuglings.

Schicksallos, wie der schlafende
    Säugling, atmen die Himmlischen;
        Keusch bewahrt
    in bescheidener Knospe,
        Blühet ewig
    Ihnen der Geist,
    Und die seligen Augen
        Blicken in stiller
        Ewiger Klarheit.

Unschuldig ruht anfänglich das Leben. Leise, wie die
Blumen wachsen, breitet sich die Helle aus.

Doch bereits im Aufgang lauert heimtückisch das
Ungewisse, das jäh, „von einer Stunde zur andern",
ins Heimliche einzubrechen droht.

Doch uns ist gegeben,
　Auf keiner Stätte zu ruhn;
　Es schwinden, es fallen
　Die leidenden Menschen
　Blindlings von einer
　Stunde zur andern,
　　Wie Wasser von Klippe
　　Zu Klippe geworfen,
　　Jahr lang ins Ungewisse hinab.

Aus der kindlichen Geborgenheit entlassen wird dem Erwachsenen („uns") das Treiben zum Schicksal. Die launische Schaukel schleudert den „leidenden Menschen" hin und her. Wodurch entstand die Feindschaft, wenn alles einst so lieb? Doch die Erschütterung durch den Orkan vermag die Nachwirkung der ersten Reinheit nicht auszulöschen.

Da glänzt das Licht. In der Luft, von Winden getragen, schweben die Wolken, wo die Engel wohnen.
　Wie leicht ist hier das Gewicht! Der Beginn der Anfänge heißt Paradies. Die Fülle schenkt Ruhe und trägt sich. Der Lärm der Zufälligkeiten betäubt noch nicht. Ach! Ist das nur Traum – oder einstige Realität?

Da ich ein Knabe war,
Rettet ein Gott mich oft
Vom Geschrei und der Ruthe der Menschen,
Da spielt' ich sicher und gut
Mit den Blumen des Hains,
Und die Lüftchen des Himmels
Spielten mit mir.

Draußen kämpfen gegeneinander Gier und Neid um Besitz. Es wird geschrien und geschlagen. Doch innen, im Hain unter dem Mond, tanzt die Freude mit der Lust; und waltet, vom Wind getragen, ruhig spielend der Friede.

Unvergesslich, wie sehr liebte und geliebt wurde das Kind.

War ich dein Liebling,
Heilige Luna!
Oh all ihr treuen
Freundlichen Götter!
Daß ihr wüßtet,
Wie euch meine Seele geliebt!

Im Reich der Träume lebt frei der Geist. Die Bezeichnungen „mein", „dein" gibt es noch nicht. Die Sehnsüchte kennen keine Enttäuschung. Im Märchenland lebt das Eigentliche – namenlos und ungebunden.

Zwar damals rieff ich noch nicht
Euch mit Nahmen, auch ihr
Nanntet mich nie, wie die Menschen sich nennen
Als kennten sie sich.

Im Chaos der Wirklichkeit irren die Menschen umher, meinen zu wissen, wer sie sind, und geben vor, einander zu kennen. Aber durch die Trauer erwachen sie in der neuen Welt, wo erst das Schweigen den Sinn der Worte offenbart. In der Stille wächst die Seele zu sich, werden Mitteilungen verständlich. Es ist die Stunde der höheren Erkenntnis, die aus dem Leiden des Verkanntseins hervorbricht.

Doch kannt' ich euch besser,
Als ich je die Menschen gekannt,
Ich verstand die Stille des Aethers
Der Menschen Worte verstand ich nie.

Garten der Erinnerungen – der Morgen ist frisch! Da
sprudelt das Spiel aus der Lust des ersten Schwingens.

Mich erzog der Wohllaut
Des säuselnden Hains
Und lieben lernt' ich
Unter den Blumen.
Im Arme der Götter wuchs ich groß.

Kosmische Seelenerweiterung wird nicht in Schulen
gelernt. Hat es der Dichter vielleicht in „der Mutter
Haus" erfahren?

Die gängige Überzeugung der Menschen, sich selbst
und einander zu kennen, entstammt dem Mythos
der Reifung. Der Dichter blickt durch den Schein
und entlarvt die Illusion. Menschen werden nicht
reifer – nur älter. Sie reifen nicht aus, sondern verlieren die Frische der Gefühle, verbrauchen sich,
stumpfen ab.

Ist der Dichter nicht vielleicht einseitig? Ihm gilt
die Kindheit – und diese wohl idealisiert – als einzig
echt menschliche Zeit. Was der Kindheit folgt, sieht
er als Organisation der Unwahrhaftigkeit, die aus
Worten ohne Substanz besteht. In der Erwachsenen-
phase wird emphatisch gelehrt – aber dürftig gelebt.
Die Verwechslung von Schein und Sein verursacht
das Übel, das er „Geschrei und Ruthe des Menschen" nennt.

In diese Verwirrung geriet der Dichter, als er sich vom „stillen Strom" der Heimat entfernte. Doch der Mensch ist ein Schiffer besonderer Art. Wenn er geht, weiß er nie, ob und wie er heimkehren wird.

Froh kehrt der Schiffer heim an den stillen Strom,
Von Inseln fernher, wenn er geerntet hat;
So käm auch ich zur Heimat, hätt' ich
Güter so viele, wie Leid, geerntet.

Hölderlin selbst hatte das Glück, immer wieder zum Neckar und zu „der Mutter Haus" zurückzukehren. Materielle Realitäten, welche seelische Erlebnisse aufbewahren. Erst durch das Wasser und den Stein, durch die Bäume des Waldes werden Erinnerungen unvergänglich.

Ihr teuren Ufer, die mich erzogen einst,
Stillt ihr der Liebe Leiden, versprecht ihr mir,
Ihr Wälder meiner Jugend, wenn ich
Komme, die Ruhe noch einmal wieder

Einst. Der Dichter schaut sehnsüchtig zurück und blickt doch zugleich träumerisch nach vorne. Vergangenheit als Zukunft im Nun der Gegenwart.

Der Wortklang erzielt eine magische Wirkung. Die Steine sprechen, das Wasser singt. Der Berg schaut zu, die Bäume des Waldes schwingen, die Wellen des Stromes tanzen, die Schiffe freuen sich.

Eine frisch geschaffene Welt – zum Spielen gedacht, zur Freude!

Am kühlen Bache, wo ich der Wellen Spiel,
Am Strome, wo ich gleiten die Schiffe sah,
Dort bin ich bald; euch, traute Berge,

Die mich behüteten einst, der Heimat
Verehrte sichre Grenzen, der Mutter Haus

Hoffnung auf künftige Vergangenheit. Die Trauer um
das Glück sehnt die Geborgenheit – die himmlische
Aura – herbei.
In heimlichen Räumen sprach das Göttliche dem
Kind zu. So wurden die Engel des Hauses, „ihr meine Lieben", zu heilenden Geistern, die zärtlich wirk-
ten bis ins Herz.

Und liebender Geschwister Umarmungen
Begrüß ich bald und ihr umschließt mich,
Daß, wie in Banden, das Herz mir heile,

Gesang wiegte in der Frühe das Kind. Nun aber, da
die Härte herrscht, vermag Dichtung allein nicht
mehr zu trösten – es sei denn der Mutter Seele spre-
che wieder durch die Worte zärtlich die Heilung.

Ihr Treugebliebnen! aber ich weiß, ich weiß,
Der Liebe Leid, dies heilet so bald mir nicht,
Dies singt kein Wiegensang, den tröstend
Sterbliche singen, mir aus dem Busen.

Die Liebe geht durch Leiden. Ein Feuer, das aus sich
selbst brennt und ewig verzehrt, aber nicht vernich-
tet. Erhabenes Schicksal, das die Menschen zum
Guten hinauf verwandelt.

Denn sie, die uns das himmlische Feuer leihn,
Die Götter schenken heiliges Leid uns auch,
Drum bleibe dies. Ein Sohn der Erde
Schein ich; zu lieben gemacht, zu leiden.

Unter dem Namen *Diotima* verewigte der Dichter Susette Gontard. Zusammen mit den Wäldern seiner

Jugend, Flüssen, Bergen und *der Mutter Haus* war die Geliebte Bestandteil des Märchens seines Lebens.

Verliebt in sie, wie sich viele Hauslehrer in die Ehefrauen des Hausherrn verlieben, steigerte sich die Beziehung über das Gewohnte hinaus. Vielleicht weil verboten, hielt sie sich, frei von Eintönigkeit, lange frisch. Für Susette wurde der Dichter zu einer Idee, die sie über den Alltag in einem vom Geld bestimmten Familienhaus erhob. Für Hölderlin wurde Susette zu einer mythologischen Gestalt, die viele Dimensionen vereinigte: Freundin, Schwester, Mutter. Sie stellte für ihn das Außergewöhnliche, das Unerreichbare schlechthin dar.

Der Streit, der ausbrach, als der Ehemann von der Beziehung erfuhr, zwang das Erhabene auf den nüchternen Boden der Tatsachen. Doch der Dichter blieb beim Märchen. Freilich musste er verschwinden. Aber seine Flucht stiftete den notwendigen Abstand für die Gestaltung des Mythos.

So wurde aus der unglücklichen Ehefrau des trockenen Bankiers eine ekstatisch hervorgesungene weibliche Gottheit, die den vereinsamten Hölderlin heilte, verjüngte und poetisch beglückte.

Diotima! selig Wesen
Herrliche, durch die mein Geist,
Von des Lebens Angst genesen,
Götterjugend sich verheißt!
Unser Himmel wird bestehen,
Unergründlich sich verwandt
Hat, noch eh' wir uns gesehen,
Unser Innerstes gekannt.

Wie Beatrice bei Dante führte die idealisierte Diotima den Dichter Hölderlin bis zum Empyreum. Von dieser Höhe aus erschienen ihm die Gebäude der Realität dürftig wie aus minderwertigem Karton. Der Flug durch die idealisierte Liebe führte ihn zur Wonne höchster Dichtung. Das war sein Erlebnis des Göttlichen – geschaffen durch den Klang.

Hölderlins Märchen verwandelte gänzlich seine Realität. Die Kraft der Sehnsucht holte den Dichter ein. Die als Zukunft erträumte Vergangenheit wurde Gegenwart – die Natur zur Urmutter, die ihn wieder aufnahm.

Als Beispiel dieses Verwandlungsprozesses sei eine Fassung seines Gedichtes *Der Winter* angeführt. Es beschreibt Schritt für Schritt den Hineingang in die kosmische Ganzheit. Hineingang bedeutet hier Rückgang. Der Mensch kehrt dorthin zurück, wo er herkommt.

Dynamik der Komposition: Am Anfang steht der Dichter vor einer Landschaft, die er sich zu beschreiben anschickt. Doch allmählich tritt er hinter das zurück, was er besingt. Am Ende spricht *nicht mehr er*. Das Phänomen spricht *durch* ihn. Zusammen mit der Natur ist er Winter geworden – und nichts außerdem.

Das Feld ist kahl, auf ferner Höhe glänzet
Der blaue Himmel nur, und wie die Pfade gehen,
Erscheinet die Natur, als Einerlei, das Wehen
Ist frisch, und die Natur von Helle nur umkränzet.

Der Erde Stund ist sichtbar von dem Himmel
Den ganzen Tag, in heller Nacht umgeben,

Wenn hoch erscheint von Sternen das Gewimmel,
Und geistiger das weit gedehnte Leben.

Das Ich tritt allmählich zurück, bis es verschwindet. Die Ekstase der Eins-Werdung drückt sich aus in der Ruhe der sprachlichen Gestaltung.

Aus dem Winter bricht der Frühling hervor. Alles wird ins Geschehen der dichterischen Neugeburt miteinbezogen. Berg, Tal, unten das „Dörflein", wo die Menschen wohnen. Die Vögel kündigen die neue Jahreszeit an. Wort geworden reißt der Geist die Dinge mit. Durch die irdische Zeit hindurch brechen Urzeiten hervor – über Nebel und Schnee bis zum kosmischen Haus der Urmutter auf der Spitze des Berges, wo die Sonne scheint.

Wird es euch, meine Lieben, zu eng hienieden?, fragt der Dichter und fordert heraus: Auf in das Welten-All, die Traumreise der Sehnsucht.

Dort empfangen sie mich. O Stimme der Stadt, der
                                          Mutter!
O du triffest, du regst Langegelerntes mir auf!
Dennoch sind sie es noch! noch blühet die Sonn und die
                                          Freud euch,
O ihr Liebsten! und fast heller im Auge, wie sonst.
Ja! das Alte noch ists! Es gedeihet und reifet, doch keines,
Was da lebt und liebt, lässet die Treue zurück.
Aber das Beste, der Fund, der unter des heiligen Friedens
Bogen lieget, er ist Jungen und Alten gespart.

Die Freude der Wiederfindung ist den Liebenden zugedacht.

Ein erhabenes Märchen? Natürlich. Der Dichter ist schon längst aus dem Albtraum der sogenannten

Realität erwacht. Er ist vom Schlachtfeld geflüchtet, wo unter dem Deckmantel von *Vernunft* und *Freiheit* getarnt Gier und Machtsucht, mit Verlogenheit bewaffnet, ihre Kämpfe austragen.

Verfolgten damals wie auch heute diese – *la raison et la liberté* – nur eine Illusion? Natürlich, aber eine grausame, *la terreur,* mit verheerenden Folgen.

Hölderlin, ausgebildeter Philosoph und epochaler Vordenker, blieb also bei seinem Märchen. Da bestimmten – statt politischen Interessen und akademischen Intrigen – die Majestät des Klanges, die beflügelnde Verklärung durch das Wort.

Dem Dichter wird die Hoffnung seines poetischen Glaubens zur fröhlichen Wirklichkeit eines irdischen Daseins, dem Gestern zum Morgen – und beides immerfort zum ewigen Jetzt.

> Törig red ich. Es ist die Freude. Doch morgen und
> > künftig,
> Wenn wir gehen und schaun draußen das lebende Feld
> Unter den Blüten des Baums, in den Feiertagen des
> > Frühlings
> Red und hoff ich mit euch vieles, ihr Lieben! Davon.

Lang war zwar der Leidensweg. Nun ist der Dichter aber an den Quell zurückgelangt. Heimat, das Elternhaus. Das Kind wird wieder geliebt – wie einst, da er reine Freude mit seinen Liebsten teilen durfte. Der Unterschied: Damals hatte er es gleichsam selbstverständlich genossen. Jetzt wird es durch die Dichtung bewusst erlebt.

Dasein, Mitteilen, Freude, Ekstase. Das sang ein unglücklicher, existenziell gescheiterter Dichter. Das war aber nicht nur Poesie. Es war sein Alltag im Paradies seiner Vorstellungen. Da ist keine Zerstörung, keine Enttäuschung mehr. Die Vollendung der Sehnsucht. Heimat. Ein Traum, der Traum bleibt.

Vieles hab ich gehört vom großen Vater und habe
Lange geschwiegen von ihm, welcher die wandernde Zeit
Droben in Höhen erfrischt, und waltet über Gebirgen,
Der gewähret uns bald himmlische Gaben und ruft
Hellern Gesang und schickt viel gute Geister. O säumt
nicht,
Kommt, Erhaltenden ihr! Engel des Jahres! und ihr,
Engel des Hauses, kommt! in die Adern alle des Lebens,
Alle freuend zugleich, teile das Himmlische sich!
Adle! verjünge! damit nichts Menschlichgutes, damit nicht
Eine Stunde des Tags ohne die Frohen und auch
Solche Freude, wie jetzt, wenn Liebende wieder sich
finden.

6.
Warum Denker im Leben scheitern: Drei dramatische Beispiele

Den Schwerpunkt bei der Selbstverwirklichung verschieben viele Menschen in die intellektuelle Ebene. Werden dabei andere Lebensdimensionen erheblich zurückgestellt, kann das Gleichgewicht verloren gehen. Die unterdrückten Bedürfnisse suchen auf Umwegen den Ausgleich. So kommt es vor, dass bei sogenannten geistigen Menschen die vernachlässigte Sinnlichkeit unproportionierte Verhaltensweisen verursacht.

Durch Familie und Freundschaften fühlen sich oft die Intellektuellen eingeengt. Die Gefühlswelt wird als Hindernis erfahren. Die Herausforderungen, die sie reizen, liegen auf der Ebene des Kopfes. Der konkreten Auseinandersetzung mit der eigenen Existenz ziehen sie abstrakte Problemstellungen mit großen Zusammenhängen vor. Während sie also gern über Lösungen für Weltprobleme und über neue Wege für die Menschheit nachdenken und debattieren, schließen sie die Augen vor den eigenen Schwächen.

Intellektuelle haben oft Panik vor sich selbst. Die fliehende Grundhaltung wird mit dem Vorwand gerechtfertigt, der Abstand vom Persönlichen schärfe den Blick. So geschieht, dass Menschen, die die Freiheit für alle verkünden, selbst diktatorisch handeln; und während sie neue Gesellschaftsformen theoretisch entwerfen, scheitern sie selbst am Unmittelbaren.

Die übermäßige Intellektualität deckt oft eine tief verankerte Lebensunfähigkeit zu. Die Mechanismen der Tarnung können dabei ganz verschieden sein. Doch sie verbergen sich derart, dass sie selbst Berufsforschern des Geistigen, gar genialen Denkern entgehen. Mehr noch als „normale" Menschen bräuchten oft Fachleute fremde Hilfe, um die eigenen Unzulänglichkeiten zu sehen.

Drei Denker und ein Schicksal

Søren Kierkegaard, Karl Marx, Friedrich Nietzsche sind zwar, was Leben und Werk anbelangt, diametral entgegengesetzt. Aber sie kommen im gleichen Phänomen überein: Menschheitstheoretiker, die an der Bewältigung ihres eigenen Lebens scheitern und dadurch mehr offenbaren als sie lehren: Selbstbezogenheit (Kierkegaard), Geldbesessenheit (Marx), Machtdrang (Nietzsche). Sind diese Widersprüche nicht vielleicht der geheime Grund der Faszination, die sie auf Menschen ausüben?

Durch den Vater vorbestimmt: Kierkegaards Schwermut

Am 5. Mai 1813 in Kopenhagen geboren, starb der dänische Denker daselbst am 11. November 1855. Er hinterließ ein umfangreiches Werk, das für die moderne Philosophie von großer Bedeutung ist. Persönlich war er jedoch ein Schifflein im Ozean seiner erregten Gefühlswelt.

Sein Selbstbewusstsein verdankte er seinem Vater, von dem er sich geliebt fühlte. Doch eines Tages enthüllte der Alte seinem Sohn eine Begebenheit, die das erhabene Vaterbild zerstörte. Das verursachte beim jungen Mann die Wende seines Lebens.

Im Alter von dreißig Jahren verfasste Kierkegaard die Schrift *Johannes Climacus oder De omnibus dubitandum est*, die er nie veröffentlichte. Sie handelt von einem jungen Menschen, der die Grundforderung der Philosophie spätestens seit Descartes, zunächst an allem zu zweifeln, ernst genommen hat. Darin wird das idyllische Verhältnis des Mannes zu seinem Vater beschrieben. Bei Spaziergängen durch die Straßen von Kopenhagen machte er seinen kleinen Sohn auf all das aufmerksam, was sich abspielte. Das Kind war fasziniert. Ein Gefühl für das Schöne entwickelte sich bei ihm.
An einer Stelle heißt es:

> Gingen sie durch bekannte Straßen, achteten sie gegenseitig darauf, daß nichts übersehen wurde; war Johannes der Weg fremd, dann kombinierte er, während die all-

mächtige Phantasie des Vaters imstande war, alles, jeden kindischen Wunsch umzuschaffen in ein Ingredienz zu dem Drama, das vor sich ging. Für Johannes war es, als entstehe die Welt während der Unterhaltung, als sei der Vater der liebe Gott und er selber sein Liebling, der seine törichten Einfälle so lustig hineinmischen durfte, wie er wollte; denn er wurde niemals abgewiesen, der Vater niemals verwirrt, alles kam mit hinein zu Johannes Zufriedenheit. [...]

Meine Kindheit ist glücklich gewesen, weil sie mich durch ethische Eindrücke bereichert hat. Laßt mich noch einen Augenblick bei ihr verweilen, sie erinnert mich an meinen Vater, und er ist die liebste Erinnerung, die ich besitze.

Das Kind hatte die angeborene Neigung zum Denken. Die väterliche Erziehung trug entscheidend zu deren Entwicklung bei.

Was andere Kinder im Zauber der Poesie und der Überraschung des Märchens besitzen, das besaß er in der Ruhe der Intuition und des Changements der Dialektik. Es erfreute das Kind, es wurde das Spiel des Knaben, es wurde die Lust des Jünglings. Auf diese Weise hatte sein Leben eine einzigartige Kontinuität; es kannte nicht die verschiedenen Übergänge, die sonst die einzelnen Zeitabschnitte zu bezeichnen pflegen. Als Johannes älter wurde, hatte er kein Spielzeug fortzulegen; denn er hatte gelernt, mit dem zu spielen, was die ernsthafte Beschäftigung seines Lebens werden sollte und dennoch dadurch keineswegs das Verlockende eingebüßt hatte. Ein Mädchen spielt so lange mit der Puppe, wenn diese sich zuletzt in den Geliebten verwandelt; denn das ganze Leben der Frau ist Liebe. Eine ähnliche Kontinuität hatte sein Leben; denn sein ganzes Leben war Denken.

Die Bewunderung schlug in Ratlosigkeit um, als der sonst ethisch so strenge Vater eines Tages – „im betrunkenen Zustand" – dem Sohn die Tür zu seiner Vergangenheit ein wenig öffnete.

Michael Pedersen Kierkegaard (1756–1838) verlor zwei Jahre nach der Heirat 1794 seine erste Frau, ohne Kinder bekommen zu haben. Ein Jahr später heiratete er zum zweiten Mal. Die Auserwählte war nun seine Dienstmagd, die nach vier Monaten eine Tochter gebar. Er hatte also noch vor der Ehe Geschlechtsverkehr mit ihr gehabt. Bestand die Beziehung vielleicht schon zu Lebzeiten der ersten Ehefrau?

Die dänische Gesellschaft war nicht strenger als andere. Aber für Michael Pedersen Kierkegaard war Sexualität die schlimmste Sünde überhaupt. Vermutlich hat er sich selbst nicht verzeihen können, sie mit dem Dienstmädchen begangen zu haben. Die Vermutung legte er selbst nah durch die für die Frau erniedrigenden Bedingungen, die in einem Ehevertrag festgelegt wurden. Im Falle einer Scheidung wäre die Ehefrau so schlecht gestellt gewesen, dass die zuständige Behörde Protest einlegte. Hatte der angesehene Herr sich verführen lassen und das Dienstmädchen nur deshalb geheiratet, damit das Kind nicht unehelich geboren wird? Gewiss ist, dass ihn das Mädchen weder körperlich noch geistig angezogen hat. Für die Kinder war die gute Frau unbedeutend. Søren selbst erwähnt seine Mutter an keiner Stelle in seinen Tagebüchern.

Die nacheinander folgenden Todesfälle wurden als Strafe Gottes gedeutet. 1832 starb eine Tochter,

1834 ein Sohn und die Ehefrau, 1835 starb die letzte Tochter. Es blieben nur noch zwei Söhne: Søren und Peter Christian. Man war überzeugt, dass auch diese Söhne früh sterben würden. Denn der Vater musste allein bleiben, um so für sein Vergehen zu büßen. Doch es kam anders. Der Vater starb vorher am 11. August 1838. Und der Philosoph interpretiert diesen Tod so:

> Mein Vater starb Mittwoch nachts um zwei Uhr. Ich hatte den innigen Wunsch gehabt, daß er noch ein paar Jahre leben würde, und ich betrachte seinen Tod als das letzte Opfer, das er seiner Liebe zu mir gebracht hat. Denn er ist nicht von mir gegangen, sondern für mich dahingegangen, damit, wenn möglich, noch etwas aus mir werden könne [...]

Durch das Erbe wurde Søren Kierkegaard mit dreißig Jahren ein reicher Mann. Er mietete sich eine Wohnung in der Stadt, erfüllte den Wunsch seines Vaters, das Theologiestudium abzuschließen, und widmete sich daraufhin der Schriftstellerei.

Doch zwischen der verborgenen Schuld seines Vaters und den Katastrophen, welche die Familie heimsuchten, sah der Philosoph einen Zusammenhang, der seine Sicht auf das Christentums trübte:

> Das Gefährlichste ist nicht, daß der Vater oder der Erzieher ein Freidenker ist, nicht einmal, daß er ein Heuchler ist. Nein, das Gefährlichste ist, daß er ein frommer und gottesfürchtiger Mann ist, daß das Kind innig und tief davon überzeugt ist, und daß es dennoch merkt, wie sich tief eine Unruhe in seiner Seele verbirgt, daß also doch Gottesfurcht und Frömmigkeit noch keinen Frieden zu schenken vermochten. Das Gefährliche liegt just darin,

daß das Kind in diesem Verhältnis dazu veranlaßt wird, einen Schluß zu ziehen im Hinblick auf Gott, daß Gott doch nicht der unendlich Liebevolle ist.

Den jungen Mann hatte die Erkenntnis getroffen, dass zwischen Worten und Taten ein Abgrund bestehen kann. Und diese Inkonsequenz hatte er ausgerechnet an dem Mann festgestellt, den er über alles liebte.

Angst wurde zu einem Grundzug seines Lebens und deshalb zu einem zentralen Begriff seines Denkens (und zum Titel einer wichtigen Schrift: *Der Begriff Angst*). *Angst und Verzweiflung* – beide getragen von der *Schwermut*.

Kierkegaard hat diese Phänomene in seinen Schriften immer wieder behandelt, am eindringlichsten jedoch in *Die Krankheit zum Tode*. Die Schrift gilt als begrifflich und sprachlich schwierig. Was darin mitgeteilt wird, ist jedoch von jedem nachvollziehbar. Er unterscheidet zwischen einer *abgründigen Angst*, die nicht weiß, warum und wovor sie sich ängstigt, und einer *bewussten Angst*, die sich vor etwas Konkretem *fürchtet*.

Bewusst sei die Angst des Menschen vor sich selbst, vor der eigenen Lebensunfähigkeit. Versagen hat für Kierkegaard in erster Linie die gleiche Bedeutung wie für seinen Vater: sich sexuell gehen zu lassen. Dann aber auch Angst vor dem Altwerden, vor einem frühen Tod. Ferner: Angst davor, das Vermögen zu verlieren bzw. es zu verbrauchen. Kierkegaard wollte nicht arbeiten – ob aus Bequemlichkeit oder eher aus der Überzeugung, er habe einen geschichtlichen Auftrag, sei dahingestellt.

Durch all diese Ängste hindurch scheine die Angst vor Gott – vor der ewigen Strafe, aber auch davor, dass es sich bei dem Glauben um eine Täuschung des Menschen handeln könnte. Was wäre schlimmer: einen Gott zu fürchten, der bestrafen kann, oder einen, den es gar nicht gibt?

Dieses Insgesamt von beunruhigenden Impulsen wurde bei ihm von der *Schwermut* geprägt. In seinem Hauptwerk *Entweder – Oder* schreibt er:

Es liegt etwas Unerklärliches in der Schwermut. Wer Leid trägt oder Kummer hat, der weiß, weshalb er leidet oder Kummer hat. Fragt man einen Schwermütigen, welchen Grund er dazu habe, was ihn belaste, dann wird er antworten, ich weiß es nicht, ich kann es nicht erklären. Darin liegt die Unendlichkeit der Schwermut. Diese Antwort ist ganz richtig, denn sobald er es weiß, ist sie aufgehoben, während das Leid des Trauernden gar nicht dadurch aufgehoben wird, daß er weiß, weshalb er trauert. – Aber Schwermut ist Sünde, ist eigentlich eine Sünde *instar omnium,* denn es ist die Sünde, nicht tief und innig zu wollen, und dies ist eine Mutter aller Sünden [...] Schwermütig wird ein Mensch nur durch eigne Schuld.

Er versteht also die Schwermut (zumindest deren Ursache) doch moralisch. In diesem Phänomen sieht er den Schlüssel zum Verständnis seines Lebens. Was er erreicht hat und worin er gescheitert ist, führt er auf die Schwermut zurück.

Mit diesem Ballast beladen musste der junge Mann das Leben, *sein* Leben, bewältigen. Kierkegaard war absolut selbstbezogen. Alles drehte sich für ihn im Kreis um sich selbst – reflektiert wie ein Personalpronomen sei er, gestand er einmal.

Doch da kam ein Mädchen, das nichts von Philosophie verstand, und ließ ihn, den Intellektuellen, sich selbst als Mann sehen. Als er sich sah, erfuhr er – nach der Enttäuschung durch seinen Vater – das zweite Erdbeben seines Lebens.

Körperlich missgestaltet, aber selbstbewusst aufgrund seiner geistigen Überlegenheit war für Kierkegaard der Erfolg bei Frauen lebenswichtig. Er scheute sich nicht davor, auch nach Mädchen, die bereits gebunden waren, Ausschau zu halten.

Im *Tagebuch des Verführers* (einem Teil des Werkes *Entweder – Oder)* äußert er sich über das Problem der Auflösung einer Verlobung, der damals in Dänemark große Bedeutung zukam. Er selbst hatte sich in ein Mädchen namens Bolette verliebt, das mit einem Theologiestudenten verlobt war. Kierkegaard legte ihr nahe, sie solle den Theologen verlassen und sich mit ihm vereinen. Das Mädchen lehnte ab. Kierkegaard verzichtete auf sie. Bolette war ihm offensichtlich nicht so wichtig, da er sich von ihr nicht angemessen wahrgenommen fühlte. So richtete sich sein Blick auf eine andere Schönheit seiner Umgebung. Sie hieß Regine Olsen.

Die junge Frau *durchschaute* ihn sofort. Einen der Gründe seiner Melancholie entdeckte sie in seinem gestörten Verhältnis zur Sexualität. Kierkegaard war, wie sein Vater, gespalten. Einerseits verspürte er stark den Trieb, gab ihm gelegentlich leichtfertig nach, vielleicht nicht auf so gravierende Weise, wie er selbst manchmal mit Hinweisen auf Bordellbesuche vorgibt. Aber gerade die Übertreibung seiner Schuldgefühle gehört zu seiner Verstörung.

Regine Olsen dagegen empfand normal. Sie liebte Kierkegaard und hatte sich vorgenommen, zu seiner Heilung durch weibliche Hingebung beizutragen. Mit aller Selbstverständlichkeit bot sie sich ihm an. Sie meinte, ein unproblematisches sexuelles Leben würde ihn von seinen Hemmungen befreien. Das Gegenteil trat aber ein. Die liebende Offenheit des Mädchens rief bei ihm die Vorstellung der Prostituierten hervor, der er wie schon früher sein Vater erlegen war. So fühlte er sich gerade von der Unkompliziertheit des Mädchens abgestoßen. Diese widersprüchliche Grundhaltung ist für sein Verhalten überhaupt bezeichnend: Er wünschte etwas und lehnte es zugleich ab – fühlte sich von dem gereizt, was ihn ebenso stark anekelte. Folglich: Wurde ihm ersehnte Liebe verweigert, wollte er sie um jeden Preis haben.

Die Beziehung Kierkegaards zu Regine ging gesellschaftlich weit. Er wurde in die Familie aufgenommen. Ihr Vater, der eine höhere Beamtenposition innehatte, schätzte den jungen Mann wegen seiner Herkunft, seiner hohen Bildung und seines Wohlstandes. So wurde es regelrecht dramatisch, als Kierkegaard entschied, sich von dem Mädchen zu trennen. Die Trennung war für Regine schmerzhaft, für ihre Familie eine Verhöhnung.

Als Grund für seine Entscheidung gab Kierkegaard seine sexuelle Verfehlung und seine Schwermut an. Wenn er sie heiraten wollte, dann hätte er sich ihr öffnen müssen. Wie hätte aber, meinte er, ein junges Mädchen einen so komplizierten Mann wie ihn verkraften können?

Hätte ich alles erklären sollen, dann hätte ich sie in entsetzliche Dinge einweihen müssen, in mein Verhältnis zum Vater, seine Schwermut, die ewige Nacht, die im tiefsten Innern brütet, meine Verirrung, meine Lüste und Ausschweifungen, die vielleicht in Gottes Augen doch nicht so himmelschreiend sind, denn es war doch Angst, die mich dazu trieb, zu fehlen, und so sollte ich einen Halt suchen, da ich wußte oder ahnte, daß der einzige Mann, den ich um der Stärke und Kraft willen bewundert hatte, schwankte.

Das war ein Grundproblem seines Lebens: Im Vorliegenden etwas zu suchen, was nicht da sein kann.
Ungeheure Potenzierung der Sehnsucht. Sich ein Ziel setzen, das nicht erreicht werden kann. Diese widersprüchliche Grundhaltung kommt bei ihm überall zur Sprache: in seinem Leben, in seiner Beziehung zu Menschen, in seinem Werk, hierbei im Grundbegriff *Der Einzelne*.

Zur Schwierigkeit, sich zu öffnen, kommt das Bewusstsein seiner Sendung. Kierkegaard fühlte sich als ein Auserwählter. Vielleicht war seine Schwermut größtenteils eine Folge der Befürchtung, genauso zu sein wie alle anderen Menschen auch. Kierkegaard empfand Horror vor dem Durchschnitt.
Infolgedessen lautet eine Grundkategorie seines Denkens: *Der Einzelne*. Damit meinte er in erster Linie natürlich sich selbst. Er betrachtete sich als den Einsamen überhaupt, als den Einzigen, den einmali-

gen Mittelpunkt der Geschichte. *Solus ipse.* Alles drehte sich vermeintlich um ihn.

Seine Aufgabe empfand er als unerhört. Vor ihm habe niemand verstanden, was die Botschaft des Christentums bedeutet: die Einmaligkeit des Menschen, die aus seiner unmittelbaren Beziehung zu Gott herrührt. Jeder stehe ganz allein vor dem Absoluten.

Das ist freilich in der Nachfolge Martin Luthers gedacht. Doch Kierkegaard war – nicht wie Luther an der biblischen, sondern eher – an der philosophischen Seite des Gedankens interessiert. Das christliche Ereignis verlange eine völlig neue Anthropologie. Die Philosophie hätte die Folgen aus dieser Offenbarung nicht gezogen. Daher seine radikale Kritik an Hegel, *den absoluten Professor, der Gedankenpaläste baue, selbst jedoch in einer Strohhütte wohne.* Nah fühlte er sich nur einigen Denkern, die seiner Auffassung nach auch so wie er gedacht haben sollen: Sokrates, Pascal und Franz von Baader, der einzige deutsche Philosoph seiner Zeit, dem er ausdrücklich Achtung bezeugte.

Doch nicht nur die Philosophen, vor allem die Kirchen hätten das Christentum missverstanden. Der Kampf gegen die dänische Amtskirche hatte paradigmatischen Charakter. Eigentlich lehnte er jede Institutionalisierung des Glaubens ab.

Er kämpfte gegen alles. Doch sein Hauptfeind war er selbst.

Wer war denn Søren Kierkegaard? Ein Mensch, der die Fülle suchte, aber nur Verwirrung, Leere und

Dunkelheit fand. Er kritisierte die Abstraktion deutscher Philosophen, doch wie sah es bei ihm selbst aus?

Er war ein einziger Widerspruch. Dem Vater der neuzeitlichen Existenzphilosophie fiel nichts so schwer wie konkret zu existieren. Alles verflüssigte sich ihm in der Gedankenwelt der Abstraktion, in den Wunschvorstellungen seiner unendlichen Sehnsucht. „Wichtig wie für die Lungen die Luft" sei für das Leben die Möglichkeit, sagte er. Allerdings. Doch nur echte Möglichkeiten vermögen Wirklichkeit zu werden.

Er aber konzentrierte sich auf unechte Möglichkeiten, die, da lebensuntauglich, nicht beflügeln. So existierte er künstlich – geschaukelt von den Spannungen seiner Unzufriedenheit. Seine Aufgabe war immer woanders, seine eigentliche Zeit die Zukunft. Kierkegaard war ein Mensch ohne Gegenwart.

Hatte er Regine erobert, wollte er sie nicht mehr. Trennte er sich von ihr, vermisste er sie. Als er erfuhr, dass das sitzen gelassene Mädchen einen anderen heiraten wollte, verzweifelte der Philosoph.

Doch gerade diese Zerrissenheit wurde zum Inspirationsquell für seine Schriftstellerei. Er schrieb in erster Linie für Regine. Und wenn er Menschheitsgeschichtliches vor Augen hatte, so vor allem, weil er damit Regine zu imponieren hoffte. Auch nach ihrer Heirat mit Friedrich Schlegel musste er ihr zeigen, dass er doch besser war als ihr Ehemann, ein Diplomat, der Regine bloß ein bürgerliches Dasein ermöglichen konnte. Er dagegen, der Schriftsteller, vermochte sie zu verewigen.

Liebesentzug brachte ihn aus dem Gleichgewicht. Nach der Trennung von Regine brauchte er (ihret- und seinetwegen) Abstand. Also ging er nach Berlin. Dort hörte er Schelling – und war von ihm natürlich enttäuscht. In den Vorlesungen war er nicht bei der Sache; so entging ihm die Größe Schellings, über den er sich lustig machte wie ein gekränkter Bub, dem das Spielzeug genommen worden ist. Er war nur bei *seiner* Sache: Regine.

Kindliche Züge kamen zum Vorschein. Nach au- ßen hin spielte er den harten, gleichgültigen Mann. Innerlich war er wie von ihr besessen. Für sein Ver- steckspiel missbrauchte er die Güte seines Freundes Emil Boesen:

Wie geht es dir zu Hause – wie ihr, deren Namen ich nicht erwähnen will, ungeachtet dessen, daß ich hoffe, deine Briefe enthalten diese oder jene Auskunft für mich. Ver- schaffe mir Nachrichten. Aber es muß darüber die tiefste Verschwiegenheit walten. Laß niemanden ahnen, daß ich dies wünsche. Begegne ihr unbemerkt. Dein Fenster hilft dir. Montag und Donnerstag von vier bis fünf Uhr geht sie zur Musik. Aber begegne ihr nicht auf der Straße, außer falls du ihr Montagnachmittag um fünf Uhr oder fünf ein halb begegnen könntest, wenn sie vom Vestervold durch die Vestergade nach Klaedeboderne geht, oder am selben Tag um sieben Uhr oder sieben ein halb, wenn sie mit ihrer Schwester vermutlich durch die Bogengänge zur Börse geht. Aber vorsichtig [...] Sie darf nicht ahnen, daß ich mich für sie interessiere, sie könnte es mißverstehen, und es könnte sich eine für sie gefährliche Krankheit entwickeln.

Die (vermutlich unbegründete) Sorge um die Ge- sundheit Regines verrät eher sein eigenes Problem:

Entscheidungsunfähigkeit, Panik vor dem Endgültigen. Nie wusste er recht, ob er wirklich wollte, was er anstrebte.

Beim Drama der Trennung fehlten amüsante Aspekte nicht. Als Regine Fritz Schlegel heiratete, erlitt Kierkegaard eine der größten Erschütterungen seines Lebens. Überwinden konnte er die Trennung nie. Vielmehr bestimmte die verloren gegangene Liebe fortan seinen Alltag. Er vermisste sie überall. Ging er sonntags in die Kirche, war der Hauptgrund dafür, in der Nähe von Regine zu sein. Sie saß vorne auf der linken Seite mit den anderen Kirchgängerinnen, er hinten auf den für die Herren reservierten Bänken. „Sie hat zu mir zurückgeschaut", schrieb er einmal pubertär in seinem Tagebuch.

In welcher Form auch immer musste er doch Regine für sich allein besitzen. In seinem Hauptwerk *Entweder – Oder* schrieb er, Regine solle durch ihn ein Denkmal erhalten, wie es noch nie eine Frau erhalten hatte. Das Denkmal war sein ganzes Werk – Ersatz für das Kind, das er mit ihr gerne gezeugt hätte.

Der ewig Unzufriedene leistete Erstaunliches. Doch er vermochte es nicht zu genießen. Nur zum Leiden hatte er Zugang.

Er legte sich mit den Großen in Philosophie und Kirchenpolitik an. In der Philosophie hatte er sich Hegel ausgesucht. Einmal äußerte er:

Hätte Hegel seine ganze Logik geschrieben und im Vorwort gesagt, daß sie nur ein gedankliches Experiment sei, in welchem er sich obendrein an vielen Stellen vor etwas gedrückt hat, dann wäre er wohl der größte Denker gewesen, der jemals gelebt hat. Nun ist er nur komisch.

Vielleicht. Doch erging es nicht auch Kierkegaard so? Seine Ausführungen waren gleichfalls Experimente auf der Suche nach seinem Platz auf dieser Welt. Als symptomatisch erweist sich seine Kritik:

> Es geht den meisten Systematikern in ihrem Verhältnis zu ihren Systemen wie einem Mann, der ein ungeheures Schloß baut und selbst daneben in einer Scheune wohnt: sie leben nicht selber in dem ungeheuren systematischen Gebäude. Aber in geistigen Verhältnissen ist und bleibt dies ein entscheidender Einwand. Geistig verstanden, müssen die Gedanken eines Mannes das Gebäude sein, in dem er wohnt – sonst ist es verkehrt.

Kierkegaards Scheune war nicht besser als die Hegels.

Auch er konstruierte ein eigenes Christentum auf der Grundlage eines Glaubens, der sein persönliches Schicksal widerspiegelte. Hinter seinem Gedankengebäude verbargen sich zwei Enttäuschungen und die Sehnsucht nach großer Liebe, für die er sich aber als unfähig erwies.

Regine Olsen fand einen anderen Mann, mit dem sie eine Familie gründete. Kierkegaard aber versprühte den Zorn seiner Unzufriedenheit auf die Umwelt und die Geschichte.

Nach seiner Auffassung war die existenzielle Verwirklichung des Christentums in Dänemark gescheitert – ebenso wie er selbst, Kierkegaard, in seinem persönlichen Leben. Genauer: Er betrachtete die

Kirche seines Heimatlandes aus dem Blickwinkel der Katastrophe seiner eigenen Existenz.

Das Beste in mir wird nicht verstanden. Ich arbeite so mühselig, bald muß ich für mein Auskommen fürchten; und dann wirft man mir vor, daß ich kein Amt übernehme. Was ich nämlich erkenne: daß, wenn ich ein Amt übernehme, ich das Beste aufgebe, was ich ausrichten kann – das will oder kann niemand einsehen. Man bildet sich ein, man richte mehr aus, wenn man ein Amt übernimmt. O ja, gute Nacht! Nein, wenn man erst ein Amt bekommen hat, dann ist das Ausrichten in diesem Sinnentrug eingefangen: daß er uns das Christentum lehrt, weil es sein Broterwerb ist. Daß er sich so verhält, ist durchaus klar – aber was würde dann aus allen Broterwerbsmännern werden? Und da diese nun Legion sind, so haben sie das Verhältnis umgekehrt: sie sind nunmehr ernst mit Hilfe des Broterwerbs – ich bin leichtsinnig, weil ich arbeite so gut wie jedermann, ohne einen zu haben.

Doch der Außenseiter, der eigentlich deshalb gegen alles war, weil er mit sich selbst nicht klarkam, richtete sich in wenigen Jahren zugrunde.

Der Einzelne als *die Ausnahme.* Dergestalt verstand sich Søren Kierkegaard. Und er lebte entsprechend. Doch nicht alles war bei ihm Idealismus und Poesie. Er brauchte keinen Broterwerb, weil er durch das Erbe seines Vaters finanziell abgesichert war – bis er es verbraucht hatte.

Durch das Schreiben brachte Kierkegaard seine Kreativität zur Geltung. In seinen Büchern fühlte er sich geborgen, durch sie wurde er zum Menschen. Wenn er also nicht mehr schreiben könne, weil sein Vermögen aufgebraucht sei, dann fehle seinem Leben der Grund.

O wie schwer! Wie ich so häufig von mir selber gesagt habe: gleich jener Prinzessin in Tausendundeiner Nacht rettete ich das Leben durch Erzählen, d.h. durch Produzieren. Produzieren war mein Leben. Eine ungeheuere Schwermut, innere Leiden sympathetischer Art, alles, alles konnte ich bewältigen – wenn ich produzieren durfte. [...] Und nun, nun muß ich es aufgeben, ich kann es mir nicht mehr leisten [...] Aber wie ich darunter leide! Meine Schwermut steht gegen mich auf, die inneren Qualen bekommen Leben und Macht, die Mißhandlung und der Widerstand der Welt erscheinen mir unerträglich – kurzum, mir fehlt das, was dies alles überbieten könnte, mir fehlt das Produzieren.

Gegen Ende seines Lebens erreicht er wieder den Anfang.

Da ihm sowohl die Ideen als auch das Geld ausgingen, löste sich ihm alles in Luft auf. Sein Leben wurde ihm unfassbar, in gewisser Hinsicht unwirklich. Sogar die schmerzhafte Tatsache, dass Regine mit Fritz Schlegel verheiratet war, verlor an Bedeutung.

Alltägliche Begebenheiten wurden dagegen wieder wichtig. Manches deutete er als Zeichen einer höheren Mitteilung.

Er erzählt, wie sie (Regine und er) sich jeden Tag begegnen – und aneinander vorbeigehen, ohne einander zu grüßen. Oft sehen sie sich in der Kirche. Er meinte, sie denke an ihn, er glaubte, sie empfinde wie er. Einmal predigte Pastor Pauli über den Text „alle guten Gaben, und alle vollkommenen Gaben usw." Über diesen Text hatte er 1843 geschrieben. Er nahm an, Regine habe seine Interpretation gelesen, deshalb habe sie zurückgeschaut, als Pauli diesen Text (anstatt des Evangeliums des Tages!) zu interpretieren begann:

> Als sie diese Worte hört, wendet sie, hinter dem Nachbarn verborgen, den Kopf zur Seite, und ein Blick auf mich, sehr innig, ich sah unbestimmt vor mich hin. An dies Wort knüpft sie der erste religiöse Eindruck, den sie von mir hat, und es ist derselbe Text, den ich so stark hervorgehoben habe. [...]
>
> Nun weiter. Jetzt beginnt Pauli. Ich meine Pauli ziemlich genau zu kennen; und unerklärlich, wie er auf eine solche Einleitung verfallen konnte. Aber für sie war sie vielleicht berechnet. Er beginnt: Diese Worte, daß alle guten Gaben usw. sie sind „in unsere Herzen eingepflanzt", ja, meine Zuhörer, wenn dies Wort aus Deinem Herzen herausgerissen werden sollte, würde dann das Leben nicht allen seinen Wert verloren haben usw.: Ich stand wie auf Kohle.
>
> Für sie muß es in hohem Grad überwältigend gewesen sein. Ich habe nie ein Wort mit ihr gewechselt, bin meinen Weg gegangen, nicht ihren – aber hier war es, als ob eine höhere Macht ihr sagte, was ich ihr nicht habe sagen können.
>
> Heute ist es also 12 Jahre her, seit ich mich verlobte.

All die Jahre hatte er ihr nicht sagen können, dass sie für ihn das Absolute darstellte. Man sollte vielmehr sagen: In Regines Liebe suchte Kierkegaard die absolute Liebe – und fand sie nicht.

Bis Ende 1851 hatte er gehofft, mit Regine wieder zu sprechen – mit Erlaubnis ihres Mannes. Einmal schrieb er an diesen einen Brief mit der Bitte, ihn ihr weiterzugeben. Fritz Schlegel tat es nicht. Er schickte den Brief ungeöffnet an Kierkegaard zurück.

Kierkegaard sah Regine nicht mehr. Sie ging mit ihrem Mann nach Westindien, wo er zum Gouverneur ernannt worden war.

Kierkegaard schrieb verbissen weiter, gab sein ganzes Vermögen aus, um seine Schriften herauszugeben. Er blieb „Die Ausnahme", einsam, auf tragische Weise zerrissen bis zum Schluss.

Nachdem Kierkegaard den letzten Geldbetrag von der Bank abgehoben hatte, brach er auf der Straße am 11. Oktober 1855 zusammen. Er war 42 Jahre alt geworden.

Regine Olsen starb 1904 im Alter von 82 Jahren.

Kierkegaard'sche Nachbemerkung

Es ist durchaus wahr, was die Philosophie sagt: daß das Leben nach rückwärts verstanden werden muß. Welcher Satz, je mehr er durchdacht wird, eben damit endet, daß das Leben in der Zeitlichkeit niemals so recht verständlich wird, eben weil ich keinen Augenblick vollständiger Ruhe dazu bekomme, diese Stellung einzunehmen: nach rückwärts.

An einer anderen Stelle ergänzte er den Gedanken: Verstehen kann man das Leben nur nach rückwärts, doch gelebt werden muss es nach vorne.

Die Gefühlswelt des Ökonomen: Karl Marx' Ringen mit seinem Leben

Geboren am 5. Mai 1818 in Trier, gestorben am 14. März 1883 in London.

Als unruhiger Geist mit großer Energie lebte Karl Marx auf sein politisches Vorhaben und auf seine wissenschaftliche Forschung gespannt. Untergründig jedoch war er von seinem erotischen Potenzial und überdurchschnittlichen Liebesbedarf bewegt.

Dieser kam besonders in seinem Drang nach Anerkennung zum Ausdruck. Ferner: Der erklärte Feind des Kapitalismus war unwiderstehlich fasziniert von Geld und bürgerlicher Pracht.

Aufgrund der Dynamik dieser entgegengesetzten Tendenzen war Karl Marx eine äußerst widersprüchliche Persönlichkeit, die sich auf die Formel bringen ließe: *Der revolutionäre Ökonom, der eine gerechte Welt schaffen wollte, vermochte nicht für Ordnung in seinem eigenen Haus zu sorgen.* In ihm, durch ihn und um ihn ging es chaotisch zu.

Seine Eltern waren der Rechtsanwalt Heinrich (Herschel) Marx (1777–1838) und dessen Ehefrau Henriette Marx geb. Presburg (1788–1863). Karl war das dritte von sieben Kindern.

Heinrich Marx stammte aus einer bedeutenden Rabbinerfamilie. Um den Schwierigkeiten zu entgehen, die ihm seine jüdische Abstammung verursachte, konvertierte er 1816 zum Protestantismus. Jahre später, am 26. August 1824, wurden auch die Kinder Sophia, Hermann, Henriette, Louise, Emilie, Caroline und auch Karl in der elterlichen Wohnung getauft – die Mutter jedoch, wahrscheinlich aus Angst vor ihrer eigenen Familie, erst am 20. November 1825.

Dieser notgedrungen zweckmäßige Umgang mit Religion – und umgekehrt: die Macht der Religion über das konkrete, berufliche und politische Leben des Individuums – prägte die Familie.

Der künftige Philosoph besuchte von 1830 bis 1835 das Gymnasium zu Trier und legte mit 17 Jahren das Abitur ab. Daraufhin ging er zum Studium der Rechtswissenschaften und der Kameralistik nach Bonn. Dort besuchte er auch literaturwissenschaftliche und philosophische Vorlesungen.

Ein Jahr später wechselte er an die Friedrich-Wilhelm-Universität (heute: Humboldt-Universität) nach Berlin, wo er weiterhin Jura, aber auch Naturwissenschaft und Literatur studierte. Allmählich ließ er jedoch das Jura-Studium gegenüber Philosophie und Geschichte in den Hintergrund treten. Hier stieß Marx zum Kreis der Jung- oder Linkshegelianer („Doctorclub"), deren bedeutendste Vertreter die Brüder Bruno und Edgar Bauer waren. Hegel war 1831 verstorben. Im Gegensatz zu den Rechtshegelianern erwarteten die Linkshegelianer eine dialektische Entwicklung der preußischen Gesellschaft, die sich mit Problemen wie Armut, staatlicher Zensur und der konfessionellen Diskriminierung zu befassen hatte.

Am 15. April 1841 wurde Marx in Abwesenheit (*in absentia*) an der Universität Jena mit einer Arbeit zur *Differenz der demokritischen und epikureischen Naturphilosophie* zum Doktor der Philosophie promoviert. Da er mit einer Professur rechnete, zog Marx daraufhin nach Bonn. Doch die preußische Regierung verwehrte ihm die akademische Laufbahn.

Um diese Zeit (Januar 1842) wurde die liberaldemokratische *Rheinische Zeitung für Politik, Handel und Gewerbe* gegründet. Marx wurde ihr Chefredakteur. Doch am 1. April 1843 wurde das Erscheinen der Zeitung untersagt.

In diesem Jahre 1843 heiratete Marx seine Verlobte Jenny von Westphalen in Kreuznach. Aus der Ehe gingen sieben Kinder hervor. Nur drei überlebten: Jenny, Laura und Eleanor.

Im Verlaufe der Geburten seiner Kinder offenbarte sich immer deutlicher die Tragik seines Daseins. Er lebte ganz für seine Arbeit, das Familienleben lief gleichsam nebenher. So war es allerdings nur zu der Zeit, da er fasziniert und wie besessen von seinen Ideen war. Jahre später wird sich die Lage umkehren: Ihm fehlte – sowohl finanziell als auch menschlich – das persönliche Glück. Die Arbeit wurde ihm zu einer Belastung – Zerrissenheit zum Dauerzustand: Er lebte in ständigem Geldmangel, wurde infolgedessen immer abhängiger von seinem Freund Engels.

Eine andere wichtige Seite: Der nüchterne Historiker des wissenschaftlichen Materialismus vermisste die Liebe in seinem Leben. Aber er thematisierte diese Problematik kaum. Die Frage nach der Bedeutung der Gefühle für die wirtschaftliche Entwicklung scheint für sein Konzept ohne Bedeutung gewesen zu sein. Doch ist Liebesmangel nicht genauso verhängnisvoll wie der Kapitalismus?

Im Oktober 1843 traf Karl Marx mit seiner Frau in Paris ein. Da lernte der Philosoph den Dichter Heinrich Heine kennen. Auch die Verbindung zu German Mäurer entstand zu dieser Zeit. Er wurde – mit Arnold Ruge – Herausgeber der *Deutsch-Französische(n) Jahrbücher*. In dieser Rolle nahm er brieflichen Kontakt mit Friedrich Engels auf, der zwei Artikel beigetragen hatte. Allerdings konnte nur ein

Doppelheft der Zeitschrift erscheinen. Schließlich scheiterte aus verschiedenen Gründen die Publikation.

Im Februar 1845 wurde Marx aus Frankreich ausgewiesen.

In diesem Zeitraum entstehen die Vorarbeiten zur Begründung der kommunistischen Philosophie:

Deren erster Entwurf sind die *Ökonomisch-philosophischen Manuskripte* aus dem Jahre 1844. Darin entwickelt Marx erstmals seine an Hegel angelehnte Theorie der *entfremdeten Arbeit*. Das sind die sogenannten „Pariser Manuskripte", die unvollendet blieben. Ferner verfasste er zusammen mit Engels das Werk *Die Heilige Familie*, eine Streitschrift gegen den ehemaligen Mentor der Berliner Junghegelianer Bruno Bauer. Dabei stellte sich die Verschiedenheit der Rollen klar heraus. Engels, dessen Beitrag nur aus zehn Seiten bestand, war der später auch finanziell unterstützende Begleiter des Denkers und Wissenschaftlers.

Im Oktober 1844 erschien Max Stirners *Der Einzige und sein Eigentum*. Dem Buch stand Marx kritisch gegenüber. Gleichwohl machte er sich Stirners Kritik an Feuerbach teilweise zu eigen, was in den berühmten, aber erst posthum veröffentlichten *Thesen über Feuerbach* (Herbst 1845) zum Ausdruck kam. Marx verfolgte die Auseinandersetzung Feuerbach-Stirner und schrieb daraufhin das Kapitel „Sankt Max" für die 1845–46 von Marx, Engels und anderen herausgegebene Streitschrift *Die deutsche Ideologie*.

In der *Deutschen Ideologie* werden die Erfahrungen seines Lebens sozio-ökonomisch verarbeitet. Das erste Kapitel befasst sich mit der Religionskritik Ludwig Feuerbachs. Darin wird der „praktische Entwicklungsprozess" der Menschheitsgeschichte nicht, wie bei Hegel, als Entwicklungsgang des Geistes, sondern als Resultat menschlicher Praxis und der sozialen Beziehungen verstanden: Es werde von den tätigen Menschen ausgegangen und aus ihrem wirklichen Lebensprozess heraus die Entwicklung der Ideologien dargestellt. Besonders hervorgehoben wird dabei die „Teilung der Arbeit" als bestimmender Faktor der geschichtlichen Entwicklung.

Im deutschen Wochenblatt *Vorwärts,* das in Paris erschien und an dessen Redaktion er mitbeteiligt war, griff Marx den Absolutismus der deutschen Länder – besonders Preußens – an. Folglich setzte die preußische Regierung seine Ausweisung aus Frankreich durch. Anfang 1845 musste Marx nach Brüssel übersiedeln. Engels folgte ihm. In dieser Situation knüpften sie bei einer gemeinsamen Studienreise nach England im Sommer 1845 Verbindungen zum revolutionären Flügel der *Chartisten.* Nun wurde bekannt, dass die preußische Regierung Marx' Ausweisung aus Belgien erwirken wollte. Daraufhin gab Marx Anfang Dezember 1845 die preußische Staatsbürgerschaft auf und wurde staatenlos. Spätere Versuche (1848 und 1861), sie wieder zu erlangen, scheiterten.

Anfang 1846 versuchten Marx und Engels in Brüssel Kommunisten und Arbeiter Deutschlands und anderer Länder zu organisieren. Alle beide traten 1847 in den *Bund der Gerechten* ein, dem Wilhelm Weitling vorstand. Marx setzte dessen Umgründung zum *Bund der Kommunisten* durch. Dabei wurde er beauftragt, dessen Manifest zu verfassen. Es wurde 1848 veröffentlicht und ging als *Kommunistisches Manifest* (eigentlich: *Manifest der kommunistischen Partei*) in die Geschichte ein.

Die französische Februarrevolution 1848 löste in ganz Europa politische Erschütterungen aus. Marx wurde in Brüssel verhaftet und aus Belgien ausgewiesen. Doch die provisorische Regierung der Französischen Republik lud ihn nach Paris wieder ein. Nach Ausbruch der deutschen Märzrevolution ging Marx nach Köln und wurde zu einem der Führer der revolutionären Bewegung in der preußischen Rheinprovinz.

Am 15. September 1850 beantragte Marx, die Zentralbehörde des *Bundes der Kommunisten* nach Köln zu verlegen und in London zwei Kreise davon zu bilden. Der Beschluss wurde angenommen.

Nach Paris zurückgekehrt, musste er entscheiden: entweder sich in der Bretagne internieren zu lassen oder Frankreich zu verlassen. Marx ging mit seiner Familie ins Exil nach London. Dort lebte er in dürftigen Verhältnissen. Dank der Unterstützung durch seinen Freund Engels vermochte Marx zu überleben. Er engagierte sich politisch für den internationalen Kommunismus – und arbeitete gleichzeitig an seiner Kritik des Kapitalismus weiter.

Nicht zuletzt aus finanziellen Gründen entfaltete Marx in dieser Zeit eine rege journalistische

Tätigkeit, was seine Bekanntheit in England und den Vereinigten Staaten förderte.

Erstaunlich ist die Energie, die Marx diesen Projekten entgegenbrachte, während er unter schwierigen finanziellen und familiären Umständen seine wissenschaftlichen Forschungen fortsetzte.

Seine persönliche politische Situation bedrückte ihn. 1861 versuchte er, mit gerichtlichen Mitteln und Unterstützung von Ferdinand Lassalle seine preußische Staatsbürgerschaft wiederzuerlangen. Sie wurde ihm erneut verweigert.

Trotzdem engagierte er sich weiter. Er setzte sich für den internationalen Kommunismus ein, nahm Kontakt zu polnischen Aufständischen auf und veranlasste den *Deutschen Arbeiterbildungsverein* in London, sich an der Unterstützung der Polen zu beteiligen.

Seine ungeheure Anstrengung zeitigte Ergebnisse. Als erste systematische Darstellung seiner ökonomischen Grundgedanken erschien 1859 *Zur Kritik der politischen Ökonomie*. Die Schrift war als erstes Heft zur Fortsetzung bestimmt. Doch Marx war mit dem Entwurf nicht zufrieden und überarbeitete gründlich seinen Text. So erschien erst 1867 der erste der drei Bände seines Hauptwerks *Das Kapital*.

Seine Forschungsarbeit hinderte ihn nicht daran, in der *Arbeiterbewegung* tätig zu bleiben. 1864 beteiligte er sich an der Gründung der *Internationalen Arbeiter-Assoziation* („Erste Internationale"), die er bis zur faktischen Auflösung 1872 leitete. Aus zwei 1865 gehaltenen Vorträgen bei Sitzungen des Generalrats entstand die Schrift *Lohn, Preis und Profit*, die seine Tochter Eleanor 1898 unter dem Titel *Value, price and profit* (Vorwort von Edward Aveling) veröffentlichte.

In England lebte Marx notgedrungen. Sein Herz schlug tatsächlich für Deutschland. Er trieb die Schaffung einer *Revolutionären Sozialistischen Partei* voran. In Verbindung mit Marx gründete Wilhelm Liebknecht 1869 die *Sozialdemokratische Arbeiterpartei*, die sich 1875 mit den Lassalleanern zur *Sozialistischen Arbeiterpartei Deutschlands* vereinigte, der späteren *Sozialdemokratischen Partei Deutschlands* (SPD).

Arbeit, Hektik, Spannungen. Dazu noch politische Verfolgung, Streit mit eigenen Anhängern und finanzielle Knappheit, manchmal Not. Dieses Insgesamt von widrigen Umständen kam in seinen letzten Lebensjahren mit zunehmender Tragik zum Vorschein.

Das politische Engagement, doch ebenso die entsprechende Unruhe, übertrug sich auf die drei Töchter Eleanor, Jenny und Laura. Eigentlich hätte er lieber Söhne gehabt. Die Enttäuschung des Vaters spürten die Töchter ihr Leben lang. Er behandelte sie nicht gut, unterstützte sie beim Studium kaum. Zwei von ihnen begingen Selbstmord. Marx' zorniger Charakter verschlechterte sich mit seinem zunehmenden Alkoholismus. Trotzdem waren die Töchter in der sozialistischen Bewegung tätig. Laura heiratete 1868 Paul Lafargue, Jenny 1872 Charles Longuet, Eleanor lebte ab 1884 zusammen mit Edward Aveling. Die drei Herren betätigten sich zusammen mit ihrem Schwiegervater in der internationalen sozialistischen Bewegung, Lafargue und Longuet in Frankreich, Aveling in Großbritannien.

Eine wichtige Rolle spielte Helena Demuth, die beliebte Haushälterin, die der Familie überallhin folgte. Sie stammte aus einfachen Verhältnissen, hatte kaum Bildung, war aber intelligent, spielte gut Schach. Durch die Liebesbeziehung zu Marx wurde sie nicht glücklich. Helena Demuth bekam nie Lohn für ihre Arbeit, nur das Essen und ein Dach über dem Kopf. Sie gebar unehelich einen Sohn, Frideric, dessen Vater sie nie verriet und den Karl Marx nie anerkannte. Es trifft nicht zu, dass sich Engels des Kindes annahm; es wurde vielmehr einer englischen Pflegefamilie übergeben. Erst nach Marx' Tod wurde seine Vaterschaft bekannt, die aber im Kreis der Familie nachweislich schon längst akzeptiert worden war. Die Töchter sprachen von ihrem Halbbruder. Die kommunistische Partei dagegen kam mit den Tatsachen nicht zurecht. Stalin entzog der Forschung alle Dokumente, weil er unpassend fand, dass der Begründer des Kommunismus „fremdgegangen" war. So ging Marx' Heuchelei direkt auf die Partei über.

Zu seinem chronischen Geldmangel kam die Verschlechterung seiner Gesundheit. Von 1862 bis 1874 litt er an einer schweren Hautkrankheit. Um auf den Kontinent reisen zu können, stellte Marx am 1. August 1874 einen Antrag auf britische Staatsbürgerschaft. Am 17. August wurde sie abgelehnt mit der Begründung „he as the notorius agitator, the head of the International Society, and an advocate of Communistic principles. This man has not been loyal to his own King and Country". Marx hielt sich 1874, 1875 und 1876 zu Kuraufenthalten in Karlsbad und 1877 in Neuenahr auf.

Ein besonderes Kapitel stellen die Todesfälle in seiner Familie dar.

1881 starb Ehefrau Jenny Marx, 1883 die Tochter Jenny Longuet. Die Töchter Jenny und Laura überleben ihn zwar, beendeten ihr Leben aber durch Freitod.

Karl Marx verstarb am 14. März 1883 im Alter von 64 Jahren in London. Er wurde auf dem *Highgate Cemetery* beigesetzt. Friedrich Engels hielt eine Trauerrede. Am Grab standen Eleanor Marx und wenige, der Familie nahe stehende Menschen, darunter Wilhelm Liebknecht, Edward Aveling, Helena Demuth, Gottfried Lembke.

1954 wurde Laurence Bradshaw von der Kommunistischen Partei Großbritanniens beauftragt, eine Büste für Marx' Grab zu schaffen. Am 23. November 1954 wurde der Leichnam umgebettet und am 14. März 1956 durch Harry Pollit das neue Grabmal enthüllt. Der Gedenkstein trägt die Inschrift: „Workers of all lands, unite!" („Arbeiter aller Länder, vereinigt euch!")

Was Karl Marx nicht erforschte

Hektik, Ruhmsucht, Alkoholismus, schlechte Beziehung zu seinen Töchtern, unverantwortlicher Umgang mit Helena Demuth und dem gemeinsamen Sohn Frideric Demuth.

Das sind mehr als bloß historische Fakten, die zum Begründer des Marxismus – so die Partei – nicht passen. In Wirklichkeit stellen sie ein Problem philosophischer Natur dar.

Die Theoretiker stellen Grundsätze auf, die sie selbst nicht verwirklichen können. Ist der Grund für diese Inkonsequenz nicht vielleicht, dass sie an der Realität des Menschen – in erster Linie an sich selbst – vorbeidenken? Marx war nicht weniger Idealist als Hegel.

Das Leben des Karl Marx bestätigt die Notwendigkeit einer wesentlichen Korrektur seiner Lehre:

a) Der Kapitalismus entsteht aus der gesellschaftlichen Organisation der Geldgier – er ist also weder ein bloß wirtschaftliches noch ein rein politisches Problem.

b) Der Kapitalismus ist wesenhaft – im Ansatz und in der Durchführung – ungerecht. Denn er macht Gleiche zu Ungleichen. Aber er ist weder mit philosophischen Überlegungen noch mit nur politischen Mitteln zu korrigieren.

c) Wichtig ist der in seinen Thesen gegen Feuerbach formulierte Grundsatz: *Die Philosophen haben die Welt verschieden interpretiert, es kommt darauf an, sie zu verändern.* Doch nur eine Veränderung des Wesens könnte eine echte Veränderung der gesellschaftlichen Verhältnisse ermöglichen. Auf diese Problematik hat Marx indirekt hingewiesen: Die Menschen müssten umerzogen werden. Dafür bräuchte man geeignete Lehrer. Doch wer erzieht die Lehrer?

d) Marx' Leben illustriert unverhüllt das Drama seiner Lehre: Der Kampf gegen Ausbeutung, Not und Elend entscheidet sich auf dem Feldzug des Menschen gegen sich selbst. Doch hierbei drohen Abgründe und wirken Kräfte, über die das Denken und Wollen des Menschen nicht bestimmen.

Sowohl bürgerliche Systeme als auch Revolutionen sind in Vergangenheit und Gegenwart nach und nach gescheitert. Dass der Mensch es trotzdem immer wieder versucht – und nach jeder Katastrophe erneut glaubt, der nächste angebliche Weltretter sei endlich der richtige –, gehört offensichtlich zu seiner rätselhaften Wesensart.

Um diese weiter zu erläutern, wenden wir uns nun einem dritten Fall zu, der trotz der historischen Berühmtheit immer von Neuem erschüttert.

Träume der Ohnmacht
Friedrich Nietzsche und Lou von Salomé

Friedrich Wilhelm Nietzsche wurde am 15. Oktober 1844 in Röcken bei Lützen (Sachsen-Anhalt) geboren und starb am 25. August 1900 in Weimar.

Sein Vater, Carl Ludwig Nietzsche, war lutherischer Pfarrer. Dessen Ehefrau Franziska, geborene Oehler, entstammte ebenso einer evangelischen Familie mit mehreren Pfarrern und großer Sehnsucht nach Adeltum. Seinen Vornamen erhielt der künftige Philosoph zu Ehren des preußischen Königs Friedrich Wilhelm IV., an dessen 49. Geburtstag er geboren wurde. Nicht nachgewiesen ist dagegen eine Abstammung „von polnischen Edelleuten", wie Nietzsche in späten Jahren behauptete.

1846 wurde die Schwester Elisabeth geboren. Nach dem Tod des Vaters 1849 und des jüngeren Bruders Ludwig Joseph (1848–1850) übersiedelte die Familie nach Naumburg. Zum Vormund der Geschwister wurde Justizrat Bernhard Dächsel bestellt.

Wichtig wurde der von ihm so genannte *Naumburger Frauenhaushalt*: In den Jahren 1850 bis 1856 lebte Nietzsche zusammen mit Mutter, Schwester, Großmutter, zwei unverheirateten Tanten väterlicherseits und dem Dienstmädchen in bescheidenen Verhältnissen. Doch dank der Hinterlassenschaft der 1856 verstorbenen Großmutter wurde es der Mutter möglich, eine eigene Wohnung zu mieten.

Pfarrhaus und Frauenhaushalt wurden regelrecht zu Symbolen: *Herrschaft Christi und Tyrannei der Frauen.* Das Zusammensein mit beiden Größen prägte den kränkelnden Knaben. Sein Denken formte sich in Auseinandersetzung mit diesen Gestalten höchster Macht. Unter dem Titel *Der Wille zur Macht* wird beim Erwachsenen der Albtraum des Kindes philosophisch zum Ausdruck kommen.

Nietzsche besuchte zunächst die allgemeine Knabenschule, fühlte sich dort allerdings so isoliert, dass man ihn auf eine Privatschule schickte, wo er erste Jugendfreundschaften knüpfte. Ab 1854 besuchte er das Domgymnasium Naumburg. Da fiel der junge Mann durch seine musische und sprachliche Begabung auf. 1857 bereitete Pastor Gustav Adolf Oßwald, ein Freund seines Vaters, ihn für die

Aufnahmeprüfung in Schulpforta vor. Am 5. Oktober 1858 wurde Nietzsche als Stipendiat in die dortige Landesschule aufgenommen. In Schulpforta entstand seine eigene Vorstellung von der Antike, was einen Abstand zur kleinbürgerlich-christlichen Welt seiner Familie mit sich brachte. In dieser Zeit lernte Nietzsche auch den Dichter Ernst Ortlepp kennen, der dem jungen Mann zur Vaterfigur wurde. Andere geschätzte Lehrer waren Wilhelm Corssen, Rektor Diederich Volkmann und Max Heinze, der 1897 nach Nietzsches Entmündigung dessen Vormund wurde.

Im Wintersemester 1864/65 begann Nietzsche an der Universität Bonn das Studium der klassischen Philologie und der evangelischen Theologie. Er setzte sich auseinander mit den Werken der Junghegelianer, darunter *Das Leben Jesu* von David Friedrich Strauß, *Das Wesen des Christentums* von Ludwig Feuerbach und Bruno Bauers Evangelienkritiken. Diese Lektüren führten ihn (zur großen Enttäuschung seiner Mutter) zu dem Entschluss, das Theologiestudium abzubrechen.

Daraufhin konzentrierte sich Nietzsche auf die klassische Philologie. Zu diesem Zwecke folgte er Professor Friedrich Ritschl nach Leipzig.

Menschlich wichtig wurde ihm zu dieser Zeit die Freundschaft mit Erwin Rohde. 1867 wurde Nietzsche im Deutschen Krieg zwischen Preußen und Österreich zum Militärdienst einberufen. Doch nach einem schweren Reitunfall im März 1868 wurde er dienstunfähig.

In diesem Jahr 1868 traf er zum ersten Mal mit Richard Wagner zusammen.

Noch vor seiner Promotion, folglich ohne Habilitation, wurde Nietzsche 1869 zum außerordentlichen Professor für klassische Philologie an die Universität Basel berufen. Dabei lehrte er auch am Basler Gymnasium (Münsterplatz). Als Grund für diese Ausnahme-Berufung galt gewiss seine außergewöhnliche Begabung und originelle Interpretation der antiken Metrik, aber auch die gezielte Unterstützung zweier Baseler Professoren.

Die Anstellung beflügelte den ehrgeizigen jungen Wissenschaftler. Entstand in ihm vielleicht dadurch das Bedürfnis, sich von seinen Landsleuten abzuheben? Jedenfalls äußerte Nietzsche zu dieser Zeit den Wunsch, aus der preußischen Staatsbürgerschaft entlassen zu werden. Er blieb für den Rest seines Lebens staatenlos. Im Deutsch-Französischen Krieg diente er dennoch als Sanitäter auf deutscher Seite.

Er war eigenwillig. Trotzdem pflegte er Freundschaften, so etwa ab 1870 zu seinem Kollegen, dem Theologieprofessor Franz Overbeck; auch den älteren Kollegen Jacob Burckhardt schätzte Nietzsche, nicht jedoch in gleichem Maße umgekehrt. Ebenso einseitig war zumindest am Anfang sein Verhältnis zu Wagner, der (wie seine Frau Cosima) ihn weniger mochte, aber als Sprachrohr für die Gründung des Bayreuther Festspielhauses benutzte.

Nietzsche lernte bald den akademischen Neid kennen. 1872 erschien *Die Geburt der Tragödie aus dem*

Geist der Musik. Da er darin philosophisch vorgeht, wurde das Buch von seinen philologischen Kollegen meistens abgelehnt oder mit Schweigen bedacht. Obwohl Wagner und auch Rohde für ihn eintraten, fühlte sich Nietzsche in der Philologie isoliert. So bewarb er sich um den philosophischen Lehrstuhl als Nachfolger Gustav Teichmüllers – ohne Erfolg. Berufen wurde Rudolf Eucken.

Unter dem Einfluss Schopenhauers und Wagners verfasste er die vier *Unzeitgemäßen Betrachtungen* (1873–1876). Die erhoffte Resonanz blieb aus. Inzwischen hatte Nietzsche (im Umkreis Wagners) Malwida von Meysenburg und Hans von Bülow kennengelernt. Die Freundschaft mit Paul Rée lenkte ihn von seinem bisherigen Kulturpessimismus ab.

Doch die Unzufriedenheit wurde ihm zu einer Grundstimmung. Von den ersten Bayreuther Festspielen 1876 war er enttäuscht. Er fand das Schauspiel banal, das Publikum niveaulos. Infolgedessen begann er, sich von Wagner zu distanzieren. Die Entfernung entwickelte sich zur Ablehnung. Aus dem früheren unterwürfigen Anhänger wurde ein verbissener Feind. Mit *Menschliches Allzumenschliches* wurde 1878 die Entfremdung von Wagner und der Schopenhauer'schen Philosophie offenbar. Auch die Beziehung zu Deussen und Rohde hatte sich abgekühlt.

Zu der schriftstellerischen Erfolglosigkeit und dem Scheitern mehrerer Freundschaften begann sich ein anderes Problem abzuzeichnen: die Frauen. Der bislang theoretische Verehrer des Weiblichen wünschte sich nun eine Frau fürs Leben, die er sich durchaus konkret vorstellte: jung und reich. Dazu wurde er durch zwei Erfahrungen ermuntert: Erstens hatten Frauen leichten Zugang zu seiner prophetischen Denkweise und spürten gleich seine Genialität; ferner wurde er in diese Richtung ausgerechnet von einer Frau angespornt: seiner Gönnerin Malwida von Meysenburg.

Doch Nietzsche täuschte sich. Eines war das weibliche Prinzip, mit dem er gekonnt zu jonglieren wusste, und ein anderes die wirklichen Frauen, mit denen er meistens ungeschickt umging. Bald musste er die Folgen seines Irrtums schmerzhaft erfahren: Die Frauen fanden zwar sein Denken und seine ungewöhnliche Art interessant, wollten ihn jedoch als Mann keineswegs. Nietzsches Reaktion fiel eigentypisch aus. Wie sich die Bewunderung zu Wagner in Feindschaft verwandelt hatte, schlug die philosophische Verehrung des Weiblichen in Hass den konkreten Frauen gegenüber um.

Seine Gesundheit litt darunter. Die seit seiner Kindheit auftretenden Krankheiten, wie Migräneanfälle und Magenstörungen, die Kurzsichtigkeit wurden intensiver und zwangen ihn zu immer längeren Beurlaubungen von seiner Lehrtätigkeit. 1879 musste er sich schließlich vorzeitig pensionieren lassen.

Seine Pension plus die Zuwendungen von Freunden erlaubten ihm ein finanziell sorgenfreies Leben. Er reiste viel – auf der Suche nach guten klimatischen Bedingungen, doch vor allem getrieben von innerer Unruhe und immer neuen schriftstellerischen Plänen. Im Sommer hielt er sich meistens in Sils-Maria, im Winter vorwiegend in italienischen Städten (Genua, Rapallo, Turin) und in Nizza auf.

Gelegentlich besuchte er seine Familie in Naumburg. Zu seiner Schwester hatte er ein gespanntes Verhältnis. Vertrauen hatte er dagegen zu seinem früheren Schüler Heinrich Köselitz (genannt Peter Gast) und zu Overbeck. Gut stand er auch zum Musikkritiker Carl Fuchs und zu Paul Rée.

Diese Beziehungen waren fruchtbar für die Verbreitung seines Werkes – fraglich ist, ob sie auch für Nietzsche persönlich von Bedeutung waren. Ab wann kann man bei ihm Unfähigkeit für menschliche Gefühle als solche vermuten? Kam ihm vielleicht diese Fähigkeit als Kind abhanden?

Schon früh war er von seinem schriftstellerischen Talent überzeugt. Die Sprache war ihm genauso wichtig wie die Inhalte. Er suchte mit Besessenheit seinen Stil, der ihm als die wahre Definition seiner Persönlichkeit galt. *Morgenröte* und *Die fröhliche Wissenschaft* erschienen 1880. Da pflegte er weiterhin den aphoristischen Stil von *Menschliches, Allzumenschliches*.

Die Begegnung mit der russischen Schriftstellerin Lou Andreas-Salomé (Louise von Salomé) gehörte zu den grundlegenden Ereignissen in Nietzsches Leben. Für Salomé dagegen war er nicht so wichtig. Doch die Eigenart von Nietzsches Selbsteinschätzung verlieh der Beziehung ihre dramatische Prägung. Nietzsche versuchte seine Minderwertigkeitskomplexe durch Überbetonung seiner geistigen Größe auszugleichen. Die Russin durchschaute sofort den Mechanismus.

Geboren am 12. Februar 1861 in St. Petersburg aus einer russisch-deutschen Familie (gestorben am 5. Februar 1937 in Göttingen) spielte Lou von Salomé durch ihre Schriften, aber vor allem aufgrund ihrer persönlichen Beziehungen (u.a. zu Rainer Maria Rilke und Sigmund Freud) eine Rolle im europäischen Geistesleben ihrer Zeit.

Ihr Vater Gustav Salomé stammte von südfranzösischen Hugenotten ab. 1810 kam er als Kind mit seiner Familie nach Russland. Er ging zum Militär und stieg bis zum Generalstab der russischen Armee auf. 1831 wurde er durch Zar Nikolaus I. in den Adelsstand erhoben. Die Mutter, Louise geb. Wilm, war norddeutsch-dänischer Herkunft. Das Ehepaar hatte sechs Kinder. Davon war Louise das jüngste, einziges Mädchen, des Vaters Lieblingskind. Zu Hause wurde Deutsch, Französisch und Russisch gesprochen. Die wohlhabende Familie war kulturell vielseitig interessiert. Spätestens nach der Begegnung mit Freud war Lou die Bedeutung der glücklichen Kindheit und der großen väterlichen Liebe für ihre Entwicklung bewusst. Sie fühlte sich innerlich sicher, war souverän unabhängig im Umgang mit bedeutenden Männern. Ihr Urvertrauen drückte sie einmal im Alter so aus: „Es mag mir geschehen, was will – ich verliere nie die Gewissheit, dass hinter mir Arme geöffnet sind, um mich aufzunehmen."

Ihr Eigensinn zeigte sich früh. Sechzehnjährig trat sie aus der protestantisch-reformierten Kirche aus.

Zwei Jahre später schloss sie sich dem holländischen Pastor in St. Petersburg, Hendrik Gillot, an, der ihr literarische, philosophische und theologische Grundkenntnisse vermittelte. Rasch nahm sie alles auf, was ihr beigebracht wurde. Das waren die Anfänge jener umfassenden Bildung, die sie auszeichnete.

Mit Gillot machte Lou ihre erste Liebeserfahrung. Er war 25 Jahre älter als sie, hatte zwei erwachsene Töchter. Da kündigte er aber die Trennung von seiner Frau an und machte seiner Schülerin einen Heiratsantrag. Von Salomé lehnte ab. Sie war enttäuscht über die Absicht ihres Lehrers. An einer Ehe und einem sexuellen Verhältnis war sie nicht interessiert; trotzdem blieb sie mit Gillot befreundet. Dieses Muster wiederholte sich im Laufe ihres Lebens. Mehrmals machten ihr Männer Angebote. Sie nahm davon, was sie wünschte; sie bestimmte die Bedingungen. Sexuelle Pflichten lehnte sie ab, frei willigte sie ein, wann sie wollte. Trotz der Heiratsabsage reiste sie mit Gillot einmal nach Holland. Dort ließ sie sich von ihm konfirmieren. Bei der Gelegenheit wurde sie von ihm auf den Namen „Lou" getauft.

Nach dem Tod des Vaters zog Lou von Salomé zusammen mit ihrer Mutter in die Schweiz und begann im Herbst 1880 ein Studium an der Universität Zürich, die – als eine der wenigen Universitäten zu jener Zeit – auch Frauen annahm. Da ihr der erforderliche Schulabschluss fehlte, musste sie sich vorher einem Eignungstest unterziehen. Sie besuchte Vorlesungen unter anderem über Religionswissenschaften, Logik, Metaphysik, Archäologie, Geschichte. Doch sie erkrankte an der Lunge und musste das Studium unterbrechen. Die Ärzte empfahlen ihr ein wärmeres Klima. Im Februar 1882 trafen Mutter und Tochter in Rom ein.

Zu der Zeit lebte in der italienischen Hauptstadt Malwida von Meysenburg, die wegen ihrer Nähe zu den Revolutionären von 1848 aus Berlin ausgewiesen worden war. In Rom hatte sie in der Art der Berliner Salons einen Zirkel für Künstler und Intellektuelle gegründet. In diesem Kreis verkehrte der Philosoph Paul Rée und danach auch dessen Freund Nietzsche.

Rée verliebte sich beim ersten Blick in Lou von Salomé und hielt um ihre Hand an. Er wurde abgewiesen. Nietzsche hatte durch von Salomé selbst über die begeisterten Briefe von Rée an sie und über ihre Ablehnung erfahren. Trotzdem verliebte er sich, als er im April 1882 Rom erreichte, ebenso leidenschaftlich in die Russin. Naiv – wie so oft in Frauenangelegenheiten – machte Nietzsche ihr einen Heiratsantrag, ausgerechnet durch Rée als Vermittler. Auch er wurde zurückgewiesen, war aber als Freund, Lehrer und Gesprächspartner bei Lou – genauso wie Rée – willkommen.

Von Salomé hatte eine klare Vorstellung über die Zukunft mit ihren beiden Verehrern. Sie wünschte sich eine Beziehung zu dritt (von ihr „Dreieinigkeit" genannt) in Wien oder Paris. Sie sollten zusammen wohnen und ihre Zeit vor allem mit Gedankenaustausch und Schreiben verbringen. Sexualität spielte bei Lou von Salomé eine untergeordnete, stets von ihr bestimmte Rolle. Doch das Projekt scheiterte am Elementaren. Die Männer waren eifersüchtig aufeinander, Lou war seelisch und körperlich zu frei. Trotzdem währte die Freundschaft zwischen Lou und Rée lang.

Mit Nietzsche war es anders. Er wollte die Frau nicht teilen. Er brauchte Zuneigung und materielle Sicherheit – ganz für sich allein. Es ging ihm also nicht nur um Liebe. Freilich wusste dies Lou, die ebenso eigensüchtig den genialen Mann für ihre eigene Wertschätzung brauchte.

Um ihre Gefühle zu klären, reisten von Salomé und Nietzsche gelegentlich zusammen. Einmal, Mai 1882, waren sie in Sacro Monte di Orta (Oberitalien), wo sie sich wahrscheinlich näher kamen. Daraufhin machte er ihr in Zürich einen neuen Heiratsantrag, den Lou wiederum ablehnte. Hinzu kam die Eifersucht seiner Schwester Elisabeth. Sie wollte die russische Schriftstellerin aus dem Leben ihres Bruders verbannen. Dafür schaltete sie die Mutter ein, diffamierte die Rivalin, indem sie erzählte, die Russin habe sich während der Bayreuther Festspiele unmöglich benommen. Nietzsche war zuerst von den Intrigen angeekelt, dann über das Ganze empört.

Diese Erfahrungen trugen zweifelsohne dazu bei, dass aus dem einstigen Apostel des Weiblichen ein Frauenhasser wurde, als der er in die Geschichte eingegangen ist.

Nietzsches Beziehung zu Lou von Salomé endete auf ungute Weise im Herbst 1882. Salomé, Nietzsche und Rée kamen in Leipzig zusammen. Wahrscheinlich gab es großen Streit. Salomé reiste ab, ohne sich zu verabschieden. Nietzsches Bruch mit beiden war vollendet. Niedergeschlagen schrieb er im Dezember 1882: „An jedem Morgen verzweifle ich, wie ich den Tag überdauere [...] Heute Abend werde ich so viel Opium nehmen, dass ich die Vernunft verliere: Wo ist noch ein M(ensch), den man verehren könnte! Aber ich kenne Euch alle durch und durch."

Die Idee des Übermenschen: Opium für die Elite?

Nietzsche fristete ein dürftiges Dasein. Der Leib bekam Opium – der Geist Projekte. Durch den Rausch der geistigen Kreativität versuchte er sein Schicksal zu verkraften. Vergeblich. Seine Seele litt nur.

Der Verkünder des Übermenschen erfuhr in sich selbst die Kluft zwischen Wollen und Können. Während er von dem beflügelt, was er Inspiration nannte, ein machtvolles Menschenbild entwarf, war er selbst von seinen Schwächen gequält.

Seine Freunde, vor allem Salomé, bewunderten die literarische Qualität seiner Tiraden, aber sie nahmen ihn nicht ernst. Erst später wurden seine Träume durch einige Denker als *Öffnung einer höheren Dimension* ausgelegt.

Die *fröhliche Botschaft,* die so viele mitgerissen hat, lautete: Das historische Menschentum müsse zugrunde gehen, das sei seine Bestimmung, der Mensch sei etwas, das überwunden werden müsse. Doch die Geschichte laufe eindeutig auf ein Wesen hinaus, welches das Höchste in sich darstelle. Vom

Menschen als Bettler Gottes zum Menschen als Gott. Das war die von ihm prophezeite Zukunft.

Spätestens seit dem Desaster des Zweiten Weltkrieges schüttelt der nüchtern einsichtige Mensch mitleidig den Kopf vor den Worten des kranken Genies, das tatsächlich vieles gesehen – aber dann hochgedichtet hat im fiebrigen Zustand. Die Tragik seines Lebens zwingt, in die entgegengesetzte Richtung zu blicken:

Nietzsche, Symbol des Menschen: *Ecce Homo!* Der Träumer eines neuen Menschentums als zerrissene Gestalt. Ist beides – Schwärmerei und Zerrissenheit – in der Wesensart des Menschen verankert? Weil der Mensch so widersprüchlich gebaut ist, dass er zwangsläufig Unmögliches anstreben muss, gehören Unzufriedenheit und Träumerei als die beiden Seiten der einen Medaille dazu.

In diesem Sinne stellt Nietzsche einen Spiegel für den Menschen dar. Nicht seine Idee des Übermenschen ist großartig (sie mutet eher naiv an). Nicht seine Zerrissenheit ist erschütternd (sie ist folgerichtig). Doch die Übereinkunft der beiden Phänomene ist umwerfend: dass die Dürftigkeit Derartiges hervorzuträumen vermag.

Sein Zarathustra verkündete den letzten Papst, er selbst sprach vom letzten Wissenschaftler. War er auch vielleicht der letzte Prophet – typisch für die technologische Zivilisation? Technologie des Geistes, die alles wagt. Nietzsche konstruierte das künftige Menschentum im Labor seines Kopfes. Es war ein kranker Kopf auf schwachem Rumpf und wackligen

Beinen. Vermutlich wusste da niemand so gut Bescheid wie Lou von Salomé.

Doch einiges spricht dafür, dass auch Nietzsche gelegentlich bei sich selbst durchblickte. Zu dieser Klarsicht wurde er gewiss durch die Demütigung geführt, die bei ihm die kalte Stärke der begehrten Frau verursachte.

Nietzsche verlor die Kontenance. Die Frau, die er sich ausgesucht hatte, war zu stark – und kannte kein Erbarmen mit Männern. Salomé ließ ihn die Bitterkeit einer vollständigen Niederlage kosten, die ihm zum Verhängnis wurde. Durch die Ablehnung fand er sich selbst unerträglich wertlos.

Zwar machte er sich geistige Stärke vor. Vergeblich. In Wirklichkeit war er ein überempfindliches, verletztes, da im Wesentlichen zu kurz gekommenes Kind. Wie sollte er ohne Frau und ohne Freunde bestehen? Als die *Dreieinigkeit* zerbrach, gestand er verzweifelt:

> Nein, ich bin nicht gemacht zu Feindschaft und Hass: und seit diese Sache so weit fortgeschritten ist, dass eine Versöhnung mit jenen beiden nicht mehr möglich ist, weiß ich nicht mehr, wie leben; ich denke fortwährend daran. Es ist unverträglich mit meiner ganzen Philosophie und Denkweise. [...]

In dieser Stimmung begann Nietzsche (im Januar 1883 in Rapallo), den ersten Teil des *Zarathustra* zu schreiben. Hintergründig wirken zwei Dimensionen: eine persönliche und eine geschichtliche.

Persönlich überwand er durch das Schreiben die Krise – er habe sich „einen schweren Stein von der Seele gewälzt". Er wollte Lou beeindrucken – das ist deutlich zu erkennen im Kapitel über das Wesen der Frau. Auch Richard Wagner hatte der Philosoph vor Augen. Er nannte seinen *Zarathustra* eine Symphonie. Die Sprache des Denkens sollte eine höhere Musik zu Klang bringen können als Wagner es mit seinen Noten vermochte.

Geschichtlich eröffnete er neue Horizonte. Er stellte das Bestehende aus der Vision eines ungeahnten Sprungs über sich hinaus absolut infrage. Die Schrift verstand er als *die* Sage, aus welcher die künftige Menschheit schöpfen soll.

Selten war die Kraft der Sehnsucht so schöpferisch wie bei Nietzsche – und selten war auch die Überzeugung entschiedener, dass Ideen wirklicher seien als Fakten.

Seine Entwürfe fand er selbst großartig. Doch er war ebenso überzeugt, dass niemand außer ihm sie verstehen konnte. Als er sich vollkommen vereinsamt fand vor seinem eigenen Werk, brach er zusammen. Der Zusammenbruch wurde – *medizinisch gesehen* – sehr wahrscheinlich durch Paralyse als Folge von Syphilis verursacht. Die andere Seite war das Paradoxon des Menschen, das er in sich selbst erlitt. Er verstand sich nicht mehr, er wurde von seinem eigenen Leben überfordert, von seinen Freunden nicht ernst genommen. Der typische Fall des missverstandenen Genies? Das Genie, das sich selbst aufs Peinlichste und Tragischste übernimmt? Oder das Schicksal eines jeden Menschen – bei einigen betonter als bei anderen?

Nietzsche war auf Jesus eifersüchtig. Es besteht zweifelsohne eine Verbindung zwischen dem Übermenschen und dem auferstandenen Christus, den Nietzsche als Kind im Pfarrhaus kennenlernte und der ihn wie eine Besessenheit sein Leben lang verfolgte.

Er wurde vom Gewicht seines eigenen Traums erdrückt. Der Verkünder des Übermenschen war selbst lebensunfähig. Der Apostel des Weiblichen verwandelte sich in einen Frauenhasser. Das große Kind, das nach Anerkennung lechzte, hasste am Ende alles, in erster Linie sich selbst. Er war nicht nur der Anti-Christus. Nietzsche wurde Anti-Alles – ein Genie der Pubertät.

Nach seinem geistigen Zusammenbruch im Januar 1889 wurde er von Mutter und Schwester gepflegt, bis er am 25. August 1900 56-jährig starb.

Der so früh und elend verstorbene Denker beschäftigte nach seinem Zusammenbruch die Frau, die er geliebt hatte. In ihrem Buch „Nietzsche in seinen Werken" von 1894 versuchte Lou von Salomé, den „Denker durch den Menschen zu erläutern". Anna Freud äußerte später dazu, Lou Andreas-Salomé habe mit diesem Buch die Psychoanalyse vorweggenommen.

Lou von Salomé und Paul Rée lebten drei Jahre lang in Berlin freundschaftlich zusammen und trennten sich 1885. Reé kam 1901 bei einer Bergwanderung ums Leben; ob durch einen Unfall oder durch Selbstmord, blieb ungeklärt.

Lou heiratete dann den Orientalisten Friedrich Karl Andreas und lebte mehrere Jahre mit ihm in lockerer Beziehung zusammen. Der Ehemann zeugte ein Kind mit einer anderen Frau. Lou gestaltete – im gleichen Haus mit ihm wohnend – ihr Leben nach ihren eigenen Vorstellungen. Sie schrieb, reiste, hatte lockere Verbindungen mit Männern. Dann wurde auch sie einsam und erkrankte. Sie starb 1937 in Göttingen im Alter von 76 Jahren.

Vor ihrem Tode soll sie geäußert haben: „Meinen Erinnerungen möchte ich treu bleiben – Menschen nicht."

Am Ende ihres Lebens stimmte Lou mit Nietzsches Denken überein: Das Kapitel über die drei Verwandlungen des Geistes in *Also sprach Zarathustra* erörtert die Entwicklung des Menschen vom Untertanendasein zur Freiheit in drei symbolisch gekennzeichneten Stufen: *das Kamel* (Abhängigkeit des Gehorsams), *der Löwe* (der Wille zur Revolte), schließlich *das Kind*, das Ja zum Leben sagt und so durch Annahme des Vorgegebenen die Gelassenheit der Übereinstimmung mit dem Schicksal erreicht.

Der Friede mit sich selbst ist eines der anspruchsvollen Ziele der menschlichen Sehnsucht.

7.
Aufstand der Elite

In der ersten Hälfte des 20. Jahrhunderts wurde die Menschheit von zwei Weltkriegen (1914–1918, 1939–1945) erschüttert. Der Erschütterung folgte eine kurze Zeit der politischen Besinnung. Daraufhin ging die Entwicklung in gewohnter Weise fort. So war wenige Jahre später die Gefahr wieder da – diesmal in der Gestalt des Kalten Krieges.

Viele Denker fanden eine Ursache der Situation darin, dass die Regierungen nach wie vor in der Wirtschaft den Grund für Heil und Verderben sahen und Rüstung als das beste Mittel für die Erhaltung des Friedens betrachteten.

Die Philosophie dachte weiter, kehrte selbst um, kritisierte die eigenen Träumereien in der Vergangenheit und schickte sich an, bescheiden und nüchtern neue Wege zu gehen.

Im Sinne dieser selbstkritischen Besinnung sei an die Grundthese der vorliegenden Abhandlung erinnert: Der Hauptgrund für die Katastrophe ist *nicht etwas am Menschen, nicht die Menschen einer Epoche oder eines Landes, nicht ein politisches System oder wirtschaftliche Zusammenhänge – der Hauptgrund ist der Mensch als solcher.* So ging es darum, die Eigenart des menschlichen Wesens zu erhellen.

Frankreich, das große Kulturland, vermochte aus der Demütigung durch die deutschen Nationalsozialisten schließlich doch siegreich und selbstbewusst hervorzugehen. Gerade hier wiederholt sich das Phänomen, indem sich die Hybris – unter neuem Gewand getarnt – durch die Hintertür einschleicht.

Als Hybris wird der Drang des Menschen bezeichnet, Unmögliches anzustreben. Nicht immer führt sie zu zerstörerischen Kriegen. Aber sie trägt unweigerlich zur Selbstzerstörung des Menschen bei. Die heikle Problematik sei am Beispiel einer epochalen Gestalt erläutert.

Freiheit um jeden Preis: Jean-Paul Sartre (1905–1980) und Simone de Beauvoir (1908–1986)

Geboren in Paris am 21. Juni 1905, wo er bis zu seinem Tod 1980 lebte, galt der Schriftsteller Jean-Paul Sartre als führender Vertreter der Existenzphilosophie und Exponent des engagierten Intellektuellen im Frankreich der Nachkriegszeit.

Simone de Beauvoir stammte aus einer reichen Familie, wurde ebenso in Paris geboren (1908) und starb 1986 daselbst. Obwohl Sartre sie als Mann nicht anzog, bewunderte sie ihn als revolutionären Denker, folgte ihm gedanklich und dann auch als Lebensgefährtin. Er seinerseits mochte sie als Frau, schätzte ihren scharfen Verstand. Er behauptete einmal, niemals einen Text ohne ihre vorherige Gegenlektüre veröffentlicht zu haben. Füreinander geboren seien sie gewesen, meinten sie. Doch die Beziehung war keineswegs einfach.

Sartres Denken war radikal; das beeindruckte Simone. Man habe, sagte er, seit dreitausend Jahren nur Unsinn über den Menschen gesprochen und geschrieben. Höhepunkt des Irrweges seien die Katastrophen des 20. Jahrhunderts. Das abendländische Denken sei gescheitert. Nun müsse man umkehren. Weg von abstrakten Spekulationen – hin zur konkreten Existenz.

Doch er selbst, Jean-Paul, verbarg nie seine eigene lebenslange Zerrissenheit, die er nicht nur auf seine Familienverhältnisse, sondern auf die Eigenart der menschlichen Natur zurückführte.

Er wollte die Sache an der Wurzel packen. Also fing er an mit dem Höchsten, dem Glauben an Gott. Man könne nicht eine höhere Lenkung in einer Welt wie unserer annehmen. Sein Atheismus war für ihn eine Grundentscheidung und zugleich ein Bekenntnis zur Freiheit und Unabhängigkeit.

Freiheit sei entweder vollständig oder gar keine, meinte er. Doch nur ein Wesen, das sich selbst schaffe, könne als frei angesehen werden – gleich wie eben die traditionelle Philosophie Gott als erste Ursache von allem denkt. Diese absolute Eigenschaft, die schöpferische Freiheit, will nun Sartre von der „Gott" genannten abstrakten Konstruktion wegdenken und auf den real existierenden Menschen übertragen.

Wie ist zu verstehen, dass sich der Mensch selbst schaffe – nicht körperlich, aber geistig?

Das Phänomen, an dem Sartre seine Auffassung nachzuweisen versucht, nennt er *choix originell* (ursprüngliche Wahl). Er erklärt es so:

In einer frühen Phase seines Lebens gebe es – wie verborgen auch immer – einen Augenblick, an dem jeder Mensch entscheidet, wie er sein will. Freilich findet er Bedingungen (Familie, Umgebung usw.) vor. Aber es ist seine Entscheidung, wie er damit umgehen wird. Freiheit, definiert Sartre, sei das, *was ich aus dem mache, was man mit mir gemacht hat.* In diesem Sinne wähle jeder Mensch sich selbst.

Theoretisch hat Sartre über diese Urwahl in seinem Hauptwerk *Das Sein und das Nichts* (Kapitel über *existenzielle Psychoanalyse)* ausführlich gehandelt. Er hat sie aber vor allem anhand von historischen Beispielen illustriert, so etwa in seiner Studie zum Leben des Dichters Jean Genet. Das umfangreiche, brillant geschriebene Buch heißt: *Jean Genet, Comédien et Martyr.* Als Kind wurde Genet einmal beim unerlaubten Mitnehmen eines Gegenstandes überrascht. Da wurde zu ihm gesagt: *Du bist ein Dieb (Tu es un voleur!)* Das Wort traf das Kind wie ein Blitz. Der Vorwurf prägte sich ihm so ein, dass er, so Sartres Deutung, entschied, tatsächlich ein Dieb zu werden. Und Genet wurde ein Dieb, der viele Jahre im Gefängnis verbringen musste, und auch ein Dichter. Sein dichterisches Werk sei aus diesem Erlebnis hervorgegangen. Als Dieb gebrandmarkt machte Genet daraus sein geistiges Kapital.

Für Sartre selbst gilt auch die Kritik, die er klassischen Philosophen gegenüber äußert. Hatten diese den Menschen *gedanklich* konstruiert, so stellten für Sartre grundsätzlich *Worte* das Baumaterial dar. Er war wesenhaft ein Schriftsteller. Alles wird bei ihm zu einer Frage des Ausdrucks. Infolgedessen betitelte er seine Autobiographie: *Les mots* (Die Wörter). Diese waren Motor, Substanz seines Lebens.

Die Sartre'sche Selbstwahl ist eine Metapher, die man zwar mit Fakten illustrieren, aber nicht zu einer Realität umwandeln kann. Niemand vermag sich selbst zu wählen, weder biologisch noch psychisch. Die Fundamente des Daseins (Epoche, Land, Familie, Eigenart usw.) werden den Menschen vorgegeben. In diesem Sinne trifft sein Satz wohl zu: Wenn der Mensch zu handeln anfange, sei alles vorentschieden: *Les jeux sont faits*. Das Spiel ist entschieden, bevor es beginnt. Wir können mitspielen, aber nicht über das Spiel als solches entscheiden.

Nun gehe es darum, wie der Mensch mit und in der Mannschaft, in die er ohne sein Zutun hineingeraten ist, zurechtkommt. Im Laufe des Spiels erweise sich, was für ein Spieler er wird.

Jedes Individuum stelle eine unverwechselbare Art dar, die Menschheit zu realisieren. Beispiel: Nero und Franz von Assisi gehören der Menschenart an. Aber sie bringen entgegengesetzte Grundformen des Menschseins ans Licht. Haben sich Nero und Franz von Assisi selbst gewählt? Die Theorie einer ursprünglichen Selbstwahl, um die Eigenart des Menschen zu erklären, scheint zu einfach zu sein.

Es gilt also zu unterscheiden zwischen *Faktum* des Existierens und *Freiheit* (die jeweilige konkrete Weise, die Existenz zu verwirklichen).

Das *Faktum* des Daseins brachte Sartre mit dem Wort *contingence* zum Ausdruck. Es ist so gekommen, aber es hätte auch anders werden können (andere Epoche, anderes Land, anderes Geschlecht, andere Familie). Nun muss der Mensch das Faktum akzeptieren und es mit *Sinn* erfüllen. Diese Aufgabe aber, meint Sartre, habe jeder *zu leisten*.

Auch diese so positiv klingende Aussage (wonach jeder Mensch Schöpfer des Sinnes seines Daseins sei) wird bei näherem Zusehen fraglich. Denn der Mensch kann und muss gewiss immer wieder versuchen, sich zu verändern, und manchmal scheint es zu klappen. Doch schließlich fällt der Mensch früher oder später auf sich selbst zurück. Als etwa aus Saulus Paulus wurde, blieb Paulus doch im Grunde der temperamentvolle, energische, zielstrebige Saulus – nur dass er nicht mehr *gegen*, sondern *für* das Christentum kämpfte. Es fand eine Änderung der Richtung, nicht des Wesens statt.

Dass es im eigenen Leben nicht immer so läuft, wie man möchte, wusste Sartre aus eigener Erfahrung.

Sartres letzte Jahre offenbarten aufs Schmerzlichste die Ohnmacht des Denkers beim Prozess seines eigenen Verfalls. Nach seinem Tod (15. April 1980) legte Simone de Beauvoir pietätlos das Drama der Selbstzerstörung des langjährigen Lebenspartners offen. Die Kritik kommentierte ihre Ausführungen mit dem Satz: *Der zweite Tod Sartres.* Ihre Enthüllungen vernichteten das Bild, das sich Millionen Menschen vom Philosophen und Schriftsteller *aufgrund seiner Worte* gemacht hatten.

Gerade diese Kluft ist nach unserem Verständnis die entscheidende Aussage. Zur Realität des Menschen gehören freilich seine Worte, seine Philosophie. Die sind ihm in einem Tatsachen und Ideal, Weg und Ziel. Doch das Problem bleibt – das Fragezeichen über sich selbst, die Kluft zwischen Behauptungen und Realitäten. Doch die Worte halten wertvolle Augenblicke fest, in denen der Mensch identisch ist mit dem, was er sagt.

Früh kam der junge Sartre zu der Auffassung, dass das Leben des Menschen zufällig verläuft. Hinweise auf eine höhere Ordnung konnte er nirgends finden. Die Schlussfolgerung zwang sich ihm aus familiengeschichtlichen Gründen geradezu auf.

Sein Vater, ein französischer Marineoffizier, starb an Gelbfieber im Alter von 32 Jahren. Jean-Paul war erst 15 Monate auf der Welt. Seiner Mutter Anna-Marie (1882–1969) blieb keine andere Lösung, als mit dem Kind zu ihren Eltern zurückzukehren. Ihr Vater (Sartres Großvater) Charles Schweitzer (ein Onkel von Albert Schweitzer) war ein Gymnasiallehrer für Deutsch. Unter seiner Obhut wurde der Junge unterrichtet. Er begann früh zu lesen. Das Geschriebene reizte seine Neugierde. Aus Neugierde wurde Leidenschaft. Den Prozess stellte er später in seinem bereits erwähnten Buch *Les Mots* (Die Wörter) dar, als er fast sechzigjährig auf seinen Lebensweg zurückschaute.

Doch gerade das Lesen sollte ihm die ersten Schwierigkeiten bereiten. Er erkrankte an einer Linsentrübung im rechten Auge, das allmählich erblindete und nach außen wuchs. Mit der Zeit schielte er stark. Dies und seine geringe Körpergröße (1,56 m) machten ihm zu schaffen. Hinzu kam die Wiederverheiratung seiner Mutter 1917 mit einem Freund ihres verstorbenen Ehemannes, mit dem sie nach *La Rochelle* zog. Sartre kam mit beidem – seinem Stiefvater und dem Ortswechsel – nicht zurecht. Auch mit seinem Großvater wurde es schwierig. Sein Selbstwertgefühl litt jedoch offensichtlich nicht darunter. Ihm half seine geistige Überlegenheit, über all dies hinwegzukommen. Der junge Sartre erzwang die Rückkehr nach Paris und somit wieder an das renommierte Gymnasium Lycée Henri IV., wo er vorher gewesen war. Dort lernte er seinen späteren Kollegen Paul Nizan kennen, der für seine literarische Karriere wichtig wurde.

Sein Studium für das Lehramt absolvierte Sartre in der *École Normale Supérieure*. Bei der Rekrutierungsprüfung (agrégation) jedoch reichte der belegte 50. Platz für die Anstellung nicht aus. Erst beim zweiten Anlauf erreichte er mit der Nummer Eins das Ziel. Bei dieser Gelegenheit lernte er Simone de Beauvoir kennen, die den zweiten Platz belegt hatte. Sie wurde als Gymnasialprofessorin angestellt und nach Marseille versetzt. Er musste zuerst seinen Militärdienst bei den Meteorologen in Tours absolvieren. Danach, zu Beginn des Schuljahres 1931, wurde er vom Unterrichtsministerium als Gymnasialprofessor für Philosophie nach Le Havre geschickt.

Simone de Beauvoir hatte seit ihrer Studienzeit ebenfalls eine unkonformistische Lebensauffassung. Diese äußerte sich bei ihr in der Infragestellung der etablierten Vorstellung von der Frau. Noch als Schülerin beantwortete sie die Frage, was sie werden wolle, unumwunden: *eine berühmte Schriftstellerin,* also keine Ehefrau, keine Mutter. So fand sie, als man ihr als junger Studentin Sartre vorstellte, diesen gerade wegen seiner Auffassung der Frau-Mann-Beziehung genial. Er sprach ihr aus der Seele. Sartre habe, sagte sie später, eine originelle Art der geschlechtlichen Zweisamkeit entdeckt, die auf Angewiesensein, Freiheit und Transparenz gründete („une relation de couple originale fondée sur la nécessité l'un de l'autre, la liberté et la transparence"). So fing die kleine Familie (*La petite famille*) an, die im Café de Flore des Pariser Boulevard Saint Michel einen Treffpunkt hatte: keine Tabus, keine Ehe, keine Kinderzeugung. Stattdessen fand sie ihre schöpferische Form der Selbstverwirklichung in der intellektuellen Zusammenarbeit, im allseitigen Gespräch, im Drang nach Erfolg und Ruhm.

Simone und Jean-Paul: Zwei sehr unterschiedliche Menschen waren sich begegnet, die als gemeinsame Grundlage nur eine Idee hatten: die Freiheit. Von da aus vermochten sie gegen alles zu opponieren. Sie stellten über Frankreich hinaus gleichsam die Opposition überhaupt dar. Denn sie waren überzeugt, dass sich die Menschheit aufgrund eines Selbstmissverständnisses falsch entwickelt hatte. Es galt, ihr den richtigen Weg zu weisen.

Simone war 21, Jean-Paul 26 Jahre alt.

Von Anfang an fassten Simone und Jean-Paul ihre Beziehung unkonventionell auf. Jeder hatte auf seine Weise dem eigenen Leben einen klaren Zukunftsentwurf zugrunde gelegt. Sie wollte Schriftstellerin werden, was nach ihrer Vorstellung Ehe und Mutterschaft ausschloss. Er hatte sich ebenso für das Denken und das Schreiben entschieden, alles andere spielte eine untergeordnete Rolle.

So kamen beide auf verschiedenen Wegen im selben Grundentwurf überein: Durch das Schreiben sich selbst verwirklichen und zur Verbesserung der gesellschaftlichen Verhältnisse beitragen. Das Projekt war folgenreich. Nicht nur der Philosoph und die Schriftstellerin gestalteten entsprechend ihr eigenes – individuelles und gemeinsames – Dasein. Das französische Intellektuellen-Paar wurde weltweit zum Modell für eine freiheitliche Liebesbeziehung und prägte dadurch den Zeitgeist in der zweiten Hälfte des zwanzigsten Jahrhunderts.

Die Theorie war verführerisch: frei und gebunden zugleich! Umso eklatanter wurden jedoch die Schwächen der Konstruktion. Das Projekt scheiterte schon individuell bei der Existenzgestaltung der Begründer. Sie – die Frau, die ganz anders sein wollte – litt wie jede andere Frau unter den Freiheiten, die er sich, wie so viele Männer, im Namen der gemeinsamen Theorie nahm. Doch auch gesellschaftlich und politisch erwies sich das Modell der freien Liebe und der unbedingten Freiheit als undurchführbar. Viele Menschen, die sich für die verkündete freie Liebe entschieden, deckten damit nur ihre Unreife, ihre Unfähigkeit zu, eingegangenen Verpflichtungen treu zu sein.

Zerbrach das Modell an der verkrusteten Härte der gesellschaftlichen Konventionen oder lag die Schwierigkeit in der Natur des Menschen? Den Einwand versuchte Sartre a priori abzufangen: Es gebe keine Natur des Menschen, betonte er, sondern nur gesellschaftliche Verformungen. Meinte er dies wirklich ernst oder war es eher – wie bewusst auch immer – eine Ausrede für die eigene Angst, dem Schicksal des Menschen ins Auge zu schauen? Die Antwort darauf gibt das Leben, nicht die Theorie.

Nach dem Aufschwung der ersten Jahre kam die Ernüchterung. Über die konstruierenden Schriftsteller hinweg meldete sich der Mensch in ihnen: Simone litt unter den Ausschweifungen Sartres, und dieser sah auch nicht gerne die Eskapaden seiner Lebenspartnerin. Theoretisch waren sie großzügig, freiheitlich. In der Praxis waren sie eifersüchtig – und brauchten zugleich Abwechslung. Sie waren genauso widersprüchlich wie alle anderen Menschen auch.

Noch eine wichtige Seite: Der Grund des Problems war in beiden zwar identisch: der Mensch, aber gleichzeitig verschieden: die Natur des Mannes bzw. die Natur der Frau.

Der Kampf gegen diese elementare Evidenz machte das Paar weltweit populär, erwies sich jedoch in der Sache als wirkungslos. Bei Sartre und de Beauvoir zeigt sich unweigerlich beides: a) es gibt natürlich eine gemeinsame Natur des Menschen, die allerdings in mehrfacher Hinsicht rätselhaft ist; b) Frau und Mann sind gewiss identisch, was Würde und Rechte anbelangt, zugleich jedoch ontologisch, psychologisch und physiologisch wesensverschieden.

Simone de Beauvoir leugnete das Phänomen theoretisch: Man werde nicht als Frau geboren, man werde es durch die gesellschaftlichen Verhältnisse. Um einen solchen Grundsatz wörtlich und ernst zu nehmen, war sie zu intelligent. Aber sie wusste, dass eine solche Formulierung Erfolg versprechend war, und sie profitierte davon. Ihre Bücher verkauften sich gut.

Simones Widersprüchlichkeit war erschütternd. Ihre Theorien bewegten massenhaft die Frauen, die vom Glauben getragen wurden, irgendwo – genauer: in Paris – lebe eine Frau, die schaffte, was sie selbst nicht konnten. Die Atheistin Simone de Beauvoir als Erlöserin! Doch ihr eigenes Leben führte die Theorie ad absurdum. Sie war nicht nur sehr weiblich, sondern auch eine ausgesprochen kokette Frau, sehnte sich nach Wärme und Geborgenheit bei ihrem Partner. Das revolutionäre Programm für ein neues Frauentum war eben nur Literatur. In Wirklichkeit war Simone besitzergreifend und rachsüchtig; sie entblößte ihren Partner Sartre nach seinem Tod erbarmungslos – genauso wie es enttäuschte Frauen zu tun pflegen.

Man komme nicht als Frau zur Welt, man werde es, betonte sie immer wieder. Der Satz ist literarisch brillant, konnte Frauen aus der ganzen Welt faszinieren. Aber es war eben ein brillanter Satz – nichts weiter. Sie selbst, Simone, war und blieb bis zum Ende ihres Lebens eine empfindliche, ehrgeizige Frau, die unter den (theoretisch) akzeptierten Schwächen litt. Und er, Jean-Paul, ging an den Abgründen seines Bedürfnisses nach Liebe und Anerkennung durch Selbstzerstörung zugrunde – wie so viele Männer auch.

Die verbale Rebellion gegen die Natur des Menschen beeinflusste zwar elitäre Exponenten, nämlich die Intellektuellen der damaligen Zeit, aber sie erwies sich ziemlich bald als eine kurzlebige Stimmung der Nachkriegszeit.

Menschliche Freiheit gegen jede höhere Instanz verstand Sartre als heldenhafte Selbstbehauptung. Die neue Philosophie sei eine Entscheidung für die alleinige Verantwortung des Menschen,

> weil wir (die Existentialisten) den Menschen daran erinnern, dass es außer ihm keinen anderen Gesetzgeber gibt und dass er in seiner Verlassenheit über sich selbst entscheidet; und weil wir zeigen, dass nicht durch Rückwendung auf sich selbst, sondern immer durch die Suche nach einem Ziel außerhalb seiner, [...] – dass dadurch der Mensch sich als humanes Wesen verwirklichen wird. (Jean-Paul Sartre, L´existentialisme est un humanisme. Paris 1946)

A priori habe das Leben des Menschen keinen Sinn; dieser müsse jeweils gefunden werden. Diese Position hat in der Tat eine heldenhafte Seite. Sich allein und verlassen zu wissen, erschreckt, ängstigt den Menschen. Doch das sei leider so – das Gegenteil nur Selbstbetrug. Der Atheismus war für Sartre eine frühe Entscheidung und ein langwieriges Unternehmen, das, wie er meinte, einen langen Atem voraussetze und nur von starken Menschen durchgehalten werden könne.

Simone hat ihre weibliche Physiologie natürlich nicht infrage gestellt – offen gelassen sei, ob sie sie mit Freude bejahte. Sie stellte allerdings infrage die traditionelle Auffassung vom Dasein der Frau, den Sinn von Weiblichkeit. Da weder auf göttliche Offenbarungen noch auf Naturgesetze zurückgegriffen werden könne (denn all dies sei Menschenwerk, also letztlich gesellschaftliche Konvention), liege es im Kompetenzbereich des Menschen, über den Sinn seiner Geschlechtlichkeit zu befinden. Wer als Frau geboren sei, habe deshalb die Bedeutung des eigenen Daseins nicht in vorgegebenen Institutionen zu suchen. Jede Frau müsse den Lebenssinn für sich selbst regelrecht erfinden. *Le Choix originell* bei Beauvoir, ihr „projet" hieß Schriftstellerin werden. Also klammerte sie aus ihrer Existenz bindende Liebe, Treue, Familie, Nachkommenschaft aus und widmete sich ihrer intellektuellen Berufung.

Das Paar hatte – gemeinsam und individuell – Erfolg.

Sartre erreichte über Frankreich hinaus Menschen aus aller Welt. Simone de Beauvoir – so umstritten sie auch unter Feministinnen sein mag – leistete einen grundlegenden Beitrag zur Frauenbewegung. Den Unterschied zu anderen emanzipatorischen Ansätzen sah sie darin, dass sie die *ontologische* Ebene, die Seinsdimension anzielte.

Bezweckt war mit all dem, den Menschen von Grund auf neu zu denken. Sartre setzte sich mit Psychoanalyse und dann mit Marxismus auseinander. Die Psychoanalyse sollte aufgrund des existenzialistischen Ansatzes („existenziell-psychoanalytische Methode") neu begründet werden. Politisch förderte er die Zusammenwirkung von Marxismus und Philosophie der Existenz. Denn auf einem langen Umwege kam er zu der Marx'schen Ansicht: Die materiellen Vorbedingungen bestimmen über die individuelle und kollektive Geschichte.

Simone de Beauvoir ihrerseits strebte eine epochale Revolution an, indem sie den Frauen eine Horizonterweiterung zu ermöglichen versuchte: *Macht es so wie ich, befreit euch.* Später gestand sie, weder in ihrer Beziehung zu Sartre noch als Schriftstellerin glücklich zu sein. Gerade das war in den Augen vieler das Heldenhafte. Denn Glück sei utopisch. Der Mensch habe zu leben, das Dasein zu bewältigen. Glücklich werden wollen sei eine naive Wunschvorstellung des *petit bourgeois.*

Eine Stärke Sartres war, schwierige Gedankengänge in verständlicher Sprache zu vermitteln. Im Rausch des Erfolges verwandelte sich vieles. Das französische Intellektuellenpaar war beflügelt. Träume wurden als Realitäten vorgestellt. Die Machthaber (überhaupt *Autoritäten)* wurden wieder einmal im Land von Voltaire und Rousseau als Zeichen der Unmündigkeit angesehen. Derartiges pflegt oft Massen zu bewegen.

Ein anderer Gedanke, der gut ankam: der Mensch als Schöpfer seiner selbst. Es war ein alter Gedanke, den Nietzsche aufgenommen hatte und der nun existenzialistisch einfacher formuliert wurde. Unter dem Gewicht dieser fröhlichen Illusion versank sogar die Hürde der doch anspruchsvollen und gelegentlich komplizierten existenziell-psychoanalytischen Argumentation. Beim Leser blieb meistens nur die Vorstellung hängen, dass der Mensch nichts über sich habe, einsam auf dieser Welt stehe, allein verantwortlich für die schwere Aufgabe des Existierens. Doch die entscheidende Stärke Sartres war die populäre Konkretion. Nicht den Menschen abstrakt bzw. als Dasein (ausgezeichneten Offenbarungsort des Seins) „hochgedacht" – Sartre hatte vor Augen der Menschen auf der Straße, in den Cafés, im Supermarkt. Der Mensch – jeder Mensch – als Held!

Es war in der Tat ein Ereignis: der Beginn einer Demokratisierung des Denkens, die im Laufe der medialen Entwicklung unvorstellbare (fruchtbare und verheerende) Dimensionen erreichen sollte. Daher Sartres Vorliebe für Gestalten der griechischen Mythologie, die er – wie die antiken Dramaturgen –, literarisch der Zeit angepasst, mit Erfolg in Paris inszenieren ließ.

Zur Freiheit verdammt, formulierte Sartre seinen Grundgedanken prägnant. Der Mensch könne alles, aber nicht die Freiheit ablegen: „En fait, nous sommes une liberté qui choisit, mais nous ne choisissons pas d'être libres: nous sommes condamnés à la liberté." Die Freiheit habe keine anderen Grenzen als sich selbst: „Etre condamné à être libre, cela signifie qu'on ne saurait trouver à ma liberté d'autres limites qu'elle-même."

Durch seine individuelle Freiheit trage das Individuum zur Gestaltung des Ganzen bei: „Je construis l'universel en me choisissant; je le construis en comprenant le projet de tout autre homme, de quelque époque qu'il soit." Auf diese Weise hat Sartre die Eigenart mancher historischer Gestalten – wie Flaubert, Jean Genet – zu entziffern versucht.

Dabei kommt der Drang des Menschen nach Transzendenz glänzend zu Wort – stets über sich hinaus auf der Suche nach Fülle. Die andere Seite ist der Frust des Scheiterns: Unzufriedenheit, Einsamkeit, Verzweiflung.

Diese Betrachtungsart hat eine lange Tradition mit Hauptmomenten, die von Kierkegaard über Pascal bis Augustinus zurückgehen. Doch Sartre und Beauvoir verzichteten auf Trost und Stütze durch einen Glauben, der nach ihrer Auffassung den Menschen unmündig macht und zum Selbstbetrug (zur „mauvaise foi") verleitet.

Die akzeptierte kosmische Einsamkeit macht den Menschen erhaben. Bescheiden wird er durch die Einsicht in den tragischen Charakter des Existierens. Diese Lebensinterpretation hat gewiss ihre Größe. Unlogisch scheint dagegen, dass sie entgegengesetzte Grundentscheidungen als irrsinnig abstempelt. Wenn sich das französische Intellektuellenpaar durch die Konstruktion einer literarischen Freiheit rettete, warum verweigerte es dann anderen das Recht, etwa zur Glaubenswelt Zuflucht zu nehmen?

8.
Oben glänzen die Sterne – hienieden Ruhm und Geld

Die kosmische Weite mit den vielen bekannten und unbekannten Himmelskörpern hat die Menschen seit eh und je fasziniert. Aus diesem großen Zusammenhang haben sie von Anbeginn der Kulturen Erklärungen für das, was auf Erden geschieht, zu gewinnen versucht. So ist die Astronomie in der primären Bedeutung als Sternenkunde vermutlich die älteste Wissenschaft – und Astrologie eine uralte Beschäftigung.

Unheimlich und zugleich die Urheimat. So kann der Mensch den Kosmos von Anfang an erfahren haben. Beide Aspekte bestimmen das Verhältnis: Ehrfurcht und Vertrautheit, Angst und Zuversicht. Entsprechend wurden die Urkräfte als göttliche Gestalten wahrgenommen. Diese Konkretisierung hatte eine doppelte Wirkung: Der Mensch konnte die Götter um Unterstützung und Vergebung bitten. Andererseits hatte er das Gefühl, die Strukturierung des Kosmos zu durchschauen; man war nicht verloren in einer Unendlichkeit, sondern aufgehoben im großen Zuhause.

Religionen haben ihre Offenbarungen. Hochkulturen haben ihre Wissenschaften. Beide hängen zusammen. Viele Jahrhunderte haben sie sich auch gemeinsam entwickelt. In den Hochkulturen waren die Priester gleichzeitig die Wissenschaftler. In einigen Kulturräumen ist dies zwar heute noch der Fall: Die Theologie bestimmt dort. Doch die Entwicklung scheint immer entschiedener in die andere Richtung zu gehen. Glaube und Wissen betreffen verschiedene Welten.

Bis zum Mittelalter war Theologie die höchste Wissenschaft – die Philosophie ihre Magd: *Philosophia ancilla theologiae*. Nach dem Mittelalter trennten sich Glauben und Wissen. Während die Theologie – unter Berufung auf die Offenbarung – weiterhin über Gott und andere höhere Ideen zu reden fortfährt, befasst sich die Wissenschaft immer konkreter mit innerweltlichen Fakten und versucht durch Beobachtungen und Experimente physikalische Gesetze herauszufinden.

Nun scheint aber eine neue Phase begonnen zu haben. Die Trennung zwischen Glauben und Wissen wird neu verstanden. Nimmt man Glauben rein anthropologisch in einem fundamentalen Sinne, so stellt er die Grundlage und den Kern jedes Wissens dar. Bei allen technischen Errungenschaften und trotz allen Fortschritts im Bereich der exakten Naturwissenschaften bleiben die Grundfragen geheimnisvoll. Der Urgrund des Seins ist dunkel, der Sinn des Ganzen ungewiss. Antworten sind nach wie vor trotz aller Fortschritte vorläufig – letztlich pure Glaubenssache.

Die Wissenschaft folgt einer eigenen Dynamik. Sie vermag technische Geräte immer genauer herzustellen, die der Kommunikation oder der Medizin zugutekommen – alles zum Wohle des Menschen. Doch auch hier berauschen die Erfolge. Die Wissenschaft will immer weiter bis zum Ursprung von allem gelangen und von da aus, einem Gott ähnlich, Materie und Leben manipulieren, Neues schaffen können. Der heutige Naturwissenschaftler stellt, wie so oft in der Geschichte, eine Mischung aus Prometheus und Odysseus dar. Gestalt einer Unruhe, welche bis zu den verborgensten Ecken der Wirklichkeit vorstößt und die letzte Weltformel zu finden versucht, während er mit seinem eigenen persönlichen Dasein kaum zurechtzukommen vermag.

Der Fall Albert Einstein (1879–1955)

Im Laufe des Jahres 1905 ließ der 26-jährige Physiker Albert Einstein drei Arbeiten in der Zeitschrift *Annalen der Physik* erscheinen zu den Themen: das *Licht* (den photoelektrischen Effekt), die *Bewegung von Teilchen*, die *Elektrodynamik bewegter Körper* mit dem Nachtrag über die *Energie*, der zum ersten Mal die weltberühmte Formel $E=mc^2$ enthielt. Die Artikel waren nicht sehr umfangreich. Aber sie veränderten das Weltbild.

Der Physiker wurde berühmt, für viele zu einem Vorbild. Doch er selbst war innerlich unzufrieden, fühlte sich nicht nur menschlich missverstanden, sondern er verstand sich selbst nicht. Selten ist der Kampf zwischen unendlichem Drang und Ohnmacht im Menschen so deutlich erschienen.

Albert Einstein kam am 14. März 1879 in Ulm zur Welt. Sein Vater Hermann war Kaufmann, seine

Mutter Pauline Hausfrau. Beide waren jüdischer Abstammung. Über das Kind erzählte man sich, wie oft bei berühmten Menschen, sonderbare Geschichten, die belegen sollten, dass sich Ungewöhnliches bereits früh abzeichnete. Doch in Wirklichkeit war Albert Einstein ein normales Kind, das früh seine Neigungen und seine unangenehmen Seiten – wie etwa ein zorniges Temperament – erkennen ließ.

Unter seinen Eigenheiten ragten seine Energie und sein Drang nach Unabhängigkeit heraus. Er liebte seine Freiheit und war deshalb rebellisch. Die Schule mochte er nicht. Und den Lehrern bot er gelegentlich die Stirn, was meistens böse Folgen hatte. „Ihre bloße Anwesenheit verdirbt mir den Respekt in der Klasse", bescheinigte ihm sein Klassenlehrer. Und so verließ Albert die Schule mit 15 Jahren, um seinen Eltern zu folgen, die inzwischen nach Italien gezogen waren. Doch besonders gewichtig war die Tat des 17-Jährigen: Er trat aus dem Judentum aus.

Sein Verhältnis zum Judentum war differenziert kritisch. Einerseits liebte er seine Heimat, seine Familie. Er war tief bewegt, wenn er nach Ulm kam. Wie die meisten Menschen, sagte er, erfuhr auch er die Aura, welche den Ort der Kindheit umhüllt. Er liebte sein Volk, bekannte sich zu seinen jüdischen Wurzeln. Aber er wusste zugleich diese Liebe zu den Ursprüngen von dem Schmuck zu trennen, mit dem die Menschen das Eigene zu umrahmen pflegen. Bekanntlich ist diese allgemeine Neigung im Judentum stark ausgeprägt. Doch die Juden betrachtete er keineswegs als auserwähltes Volk. Es gebe kein auserwähltes Volk, sagte er; die Juden seien genauso wie alle anderen auch: Menschen mit guten und mit schlechten Seiten, eingebildet wie die anderen Völker auch, träumend von einer großen Zukunft, bei der sie die Hauptrolle spielen werden.

Diese kritische Grundhaltung galt ebenso der Gottesfrage. Einstein kam früh zu einer klaren Auffassung: Er lehnte die Gottesvorstellung der Religionen, überhaupt Religion ab, weil sie auf Grundvoraussetzungen bauen, die unser Fassungsvermögen übersteigen. Seine Verehrung galt nicht einem persönlichen Gott, den er als Menschenwerk betrachtete, sondern einzig dem Wunder der Schöpfung, welche die Wissenschaft, vor allem die Physik, zu erhellen habe.

Die angeborene Neigung zur Naturwissenschaft wurde durch die Atmosphäre in der Familie gefördert. Die Eltern betrieben nämlich in München eine elektrotechnische Firma, die 1894 geschlossen wurde, weshalb die Eltern nach Mailand zogen. Albert blieb zunächst auf eigenen Wunsch in der bayerischen Hauptstadt. Auf den Hinweis eines Freundes bewarb er sich um einen Studienplatz in der Schweiz. Doch vorher musste er die Matura nachholen. Dazu ging er nach Aarau. Nach dem Schulabschluss wählte er für sein Studium das Züricher Polytechnikum (später Eidgenössische Technische Hochschule).

Dort verliebte er sich in die aus Serbien stammende Mitstudentin Mileva Marić, die auch zum Studium in die Schweiz gekommen war, wo Frauen einen Abschluss machen durften. Die Familie war gegen die Liebesbeziehung, auch an der Universität wurde sie nicht gerne gesehen. Gerade dies war für Einstein Anlass, um gegen die „Philister" zu kämpfen. Damit meinte er die geistige Borniertheit, die in seiner Umgebung herrschte.

Der Widerstand bestärkte die Liebenden. Überdies war Mileva für Mathematik und Physik überdurchschnittlich begabt. So konnte Albert Einstein mit ihr auch auf diesem Niveau kommunizieren. In den Liebesbriefen des jungen Paares kommt immer wieder die Wissenschaft zur Sprache. Mileva konnte mithalten, manchmal führte sie sogar. Dies hat zu der möglicherweise überpointierten Meinung geführt, sie sei *die Mutter der Relativitätstheorie.* Ob die späteren Streitigkeiten gerade auf diese Nähe, also auf Rivalität, zurückzuführen sind? Vermutlich war es einfacher: Wie bei vielen anderen Paaren verbrauchte sich auch zwischen Albert Einstein und Mileva Marić die Liebe. Einstein war ein umtriebiger Mensch, der den Aufschwung des Neuen brauchte. Erhaltene Briefe zeigen zunächst eine frische, leidenschaftliche Liebe, bei der auch Sachgespräche über Mathematik und Physik nicht fehlten. Doch dann ging es bergab, und die Beziehung endete unschön.

„Wie glücklich und stolz werde ich sein, wenn wir beide zusammen unsere Arbeit über die Relativbewegung siegreich zu Ende geführt haben", schrieb 1901 Albert an Mileva. Sie nahm teil am Club „Akademie Olympia", der oft in Einsteins Wohnung zusammentraf. Da wurde in der Nacht stundenlang mit jungen Wissenschaftlern debattiert. Umso peinlicher und für beide zermürbender war das spätere Zerwürfnis. Aus Liebe wurde Hass.

Nach Abschluss seines Studiums 1900 war der 21-jährige Albert Einstein erstmals arbeitslos. Er half sich finanziell mit Nachhilfestunden, bis er 1902 eine Stelle als „Experte III. Klasse" am Berner Patentamt bekam. An seinen Projekten arbeitete er in der Freizeit – und heimlich auch im Dienst. Die Schublade seines Schreibtisches im Amt nannte er ironisch sein „Institut für theoretische Physik".

Mehrere Jahre arbeitete er unter solchen Bedingungen, bis 1905 die erwähnten ersten bahnbrechenden Aufsätze an die Öffentlichkeit gingen. Doch während sein Weltruhm begann, wurde es in seinem Privatleben immer enger.

Alberts Mutter sprach sich gegen eine Heirat mit Mileva aus. Sie sei zu alt (sie war drei Jahre älter als Albert), ihre Herkunft passte ihr nicht und vor allem: das Mädchen sei ihr zu gescheit: „Sie ist ein Buch wie du, du solltest aber eine Frau haben." Statt für seine Freundin zu kämpfen, zögerte Einstein erst einmal die Hochzeit hinaus.

Doch Mileva wurde schwanger. Das Paar verheimlichte die Schwangerschaft. Mileva brachte das Baby im Januar 1902 in Serbien zur Welt. Es war ein Mädchen, das den Namen Lieserl bekam. Wahrscheinlich wurde es gleich zur Adoption gegeben. Denn diese Tochter wurde im Leben von Albert und Mileva nicht mehr erwähnt.

Trotz des Widerstandes der Familie heirateten sie doch im Januar 1903. Sie bekamen noch zwei Söhne. Bald ging es aber immer schlechter in der Ehe. Mileva verlor allmählich das Interesse für die Wissenschaft und verstand sich auch auf der Gefühlsebene mit ihrem Ehemann nicht mehr. Dieser war grundsätzlich nicht treu. Denn er fühlte sich generell von den Frauen angezogen und war sehr liberal im Umgang mit der Sexualität. Einstein war gefühlsbetont, überdurchschnittlich liebesbedürftig, zugleich jedoch launisch, unberechenbar. Wenn er später eine Beziehung mit seiner Berliner Cousine Elsa begann, die er dann heiratete, so spielte eine Rolle, dass sie sich während einer Erkrankung um ihn kümmerte. Die Ehe mit Mileva wurde nach jahrelangen Streitigkeiten 1919 geschieden. Mit Elsa blieb er bis zum Tode zusammen.

Vermutlich hat die Frage wenig Sinn, ob Albert Einstein seine Cousine Elsa liebte. Innerlich fühlte er sich an nichts gebunden. So konnte er auch von seinem Volk (dem Judentum) leicht Abstand nehmen – auch deshalb, weil er es nicht selbst gewählt habe, wie er betonte. Mit zunehmendem Alter lockerte sich bei ihm der innere Bezug zu allem – auch zu seinen Fachkollegen. Einiges spricht dafür, dass er auch nicht so an den Theorien hing, die ihn berühmt gemacht hatten.

Einstein verfolgte lange Zeit eine Intuition, die zu einer folgenschweren Entdeckung führte. Die ersten Ergebnisse teilte er in den erwähnten Aufsätzen von 1905 mit.

Einer handelte über den photoelektrischen Effekt. Der Grundinhalt war: Das Licht dürfe nicht nur als Welle, sondern müsse auch als Strom kleiner Teilchen aufgefasst werden.

Der andere Artikel stellte die Spezielle Relativitätstheorie dar: Zeit und Raum seien keine absoluten Größen, sondern hingen davon ab, wie sich ein Körper – ein Planet, ein fahrender Zug, ein Lichtstrahl – relativ zum anderen bewege. Dies kommt in der Formel über die Äquivalenz von Masse und Energie zum Ausdruck: $E= mc^2$.

Im Jahre 1915 veröffentlichte Einstein die Allgemeine Relativitätstheorie, die das Verständnis von Schwerkraft veränderte. Vier Jahre später, 1919, bestätigte eine Sonnenfinsternis die Richtigkeit seiner Auffassung. Einstein hatte richtig vorausberechnet, wie stark das Licht von Fixsternen durch das Schwerefeld der Sonne abgelenkt wird. Das war auch eine mediale Sensation.

Die Leistung betraf also zwei Inhalte: das Licht und die Gravitation.

Einstein hatte behauptet, dass Lichtstrahlen von entfernten Sternen gekrümmt würden – im Gegensatz zur geltenden wissenschaftlichen Meinung, wonach sich Lichtstrahlen nur in gerader Linie – auf dem kürzesten Weg – von einem Punkt zum anderen durch Raum (und Zeit) bewegten. Zwar ist eine Gerade der kürzeste Weg, doch in diesem Fall traf dies offensichtlich nicht zu.

Warum pflanzten sich die Lichtstrahlen nicht geradlinig fort? Warum beschrieben sie eine gekrümmte Bahn?

Einsteins Theorie bot eine Antwort auf diese Fragen. Da das Licht gekrümmt wurde, vermutete er, dass auch der Raum gekrümmt sein müsse. Diese Annahme war schwer nachvollziehbar. Wie konnte der Weltraum gekrümmt sein? Vor Einstein hatten die Physiker angenommen, der Raum sei flach. Es galt als bewiesen, dass die Schwerkraft der Sonne die kleinere Erde anzog, sodass diese auf einer gekrümmten Umlaufbahn um die Sonne kreiste.

Einstein behauptete, dass dies eine ungenaue Beschreibung der tatsächlichen Vorgänge sei. Die Gravitation sei nicht die Ursache für die Bewegung von Objekten (wie z.B. der Erde) im Raum; vielmehr komme es an bestimmten Stellen im Universum durch eine Anhäufung von Materie und Energie (wie die Sonne) zu einer Krümmung des Raumes. Gravitationseffekte – wie die Umkreisung der Sonne durch die Erde – würden deshalb nicht direkt von der Masse der Objekte hervorgerufen. Die um die Sonne kreisende Erde verfolgte, ebenso wie die gekrümmten Strahlen des Sternenlichtes, nur den kürzesten Weg durch den gekrümmten Raum. Damit waren die seit Jahrhunderten bestehenden Vorstellungen von Naturgesetzen infrage gestellt. Positiv bot sich erstmals die Möglichkeit, etwa die Geschwindigkeit des Lichtes zu messen oder die Relativität der Zeit nachzuweisen.

Newtons Theorie von der „absoluten" Zeit sagt die Möglichkeit aus, den genauen Zeitpunkt eines Ereignisses zu messen. Nach Einstein ist das nicht möglich. Denn die Energie ist das Ergebnis des Zusammenwirkens von Masse und Lichtgeschwindigkeit nach der Formel $E=mc^2$.

Daraus geht hervor, dass keine Materie die Geschwindigkeit des Lichtes erreichen kann. Die Zeit hängt davon ab, wie schnell oder wie langsam sich ein Körper bewegt. Wenn sich ein Weltraumschiff durch den Kosmos mit einer Geschwindigkeit bewegt, die der des Lichtes sehr nahe kommt, vergeht die Zeit für die Astronauten viel langsamer als für die Menschen auf der Erde. Wenn diese Astronauten nach einigen Jahren wieder auf der Erde landen, werden sie der Relativitätstheorie zufolge langsamer gealtert sein, als die auf der Erde zurückgebliebenen Personen. Das ist die Zeitdilatation (Zeitdehnung). Gemeint ist also nicht eine subjektive Begebenheit, sondern eine objektive Eigenschaft, die die Körper nachweislich beeinflusst.

Die Relativitätstheorie ist eine Dimensionentheorie, die besagt: Es gibt keine objektive Wirklichkeit, keine Materie, keine Zeit an sich. Was erscheint, ist das Ergebnis des Zusammenspiels von Kräften.

Und diese Kräfte selbst? Das wissen wir nicht; nur hypothetische Annahmen sind hierüber möglich. Auch die Physik verbleibt letztlich auf dem Boden des Glaubens.

Einstein hat zur Bildung einer physikalischen Theorie beigetragen, die zwar die Urgründe des Lebens nicht erreicht, aber das Leben auf Erden sowohl positiv als auch negativ verändert hat. Die Physik hat Fortschritt und ungeahnten Wohlstand, aber auch Nuklearwaffen, mithin unvorstellbare Zerstörung ermöglicht.

„Ohne dich fehlt mir's an Selbstwertgefühl, Arbeitslust, Lebensfreude – kurz, ohne dich ist mein Leben kein Leben."

So schrieb Albert Einstein an Mileva Marić in der ersten Zeit ihrer Beziehung. Die Gefühle waren echt. Er verdankte der Frau, die ihm später schwierig bis unerträglich wurde, Entscheidendes. Sicher auch aus diesem Grund (und wegen der gemeinsamen Kinder) gab er ihr die Geldsumme aus dem Nobelpreis weiter. Ferner: Dass Albert Einstein nach der Allgemeinen Relativitätstheorie nichts Bedeutendes mehr gelang, hat auch mit der Zerrüttung seiner Ehe und mit seinen anderen Liebesbeziehungen zu tun.

Auf sich allein gestellt, ohne Eros und Liebe also, verlor er die Orientierung auch in der wissenschaftlichen Landschaft. Er entwickelte sich immer mehr zum Eigenbrötler, der er im Grund immer gewesen war, und stellte sich ins Abseits. Da kamen ihm gleichsam die fundamentalen Paradigmen abhanden. Albert Einstein ist ein Paradebeispiel für die Grundthese, dass Gefühle den Boden für menschliches Denken und Handeln stiften. Werden die Gefühle trüb, verdunkelt sich auch das Denken – und das Handeln verliert seine Richtmaße.

Fachkollegen verstanden sein Verhalten kaum. Er lehnte zum Beispiel die Quantentheorie ab, die von jüngeren Physikern wie Niels Bohr und Werner Heisenberg ausgearbeitet wurde, obwohl sie erst auf der Grundlage seiner eigenen Arbeiten möglich gewesen war. Er begründete seine eigentlich nur launische Ablehnung damit, dass die jüngeren Physiker den Zufall eine zu große Rolle spielen ließen, und drückte es lapidar mit dem Satz aus: „Gott würfelt nicht."

Von der weiteren zeitgenössischen Entwicklung der Physik abgekapselt, verbrachte er den Rest seines Lebens mit der Suche nach einer „Weltformel", die alles bisher Bekannte auf einen Nenner bringen sollte – natürlich eine vergebliche Suche.

Das bekannte Foto, welches Einstein in tiefem Nachdenken versunken darstellt, zeigt auch einen zerrissenen Mann. Unsicher und unzufrieden, frustriert. Von der Physik war er enttäuscht. Er hatte sich von der Wissenschaft mehr versprochen, als sie geben kann. Ruhm und Geld vermochten ihn offensichtlich nicht zu erfüllen.

Er suchte die Ekstase. Aber eine Liebe alleine genügte ihm nicht. Er suchte die Fülle im Ausleben seiner lange Zeit vitalen Erotik. Doch auch dies ließ ihn auf Dauer leer. Vielleicht war einer der Gründe seines Scheiterns, die Lebenskunst nicht gelernt zu haben. Diese besteht darin, das Glück in der bescheidenen Konkretion des Alltags zu suchen und zu finden.

Als der alternde Einstein dann sah, was die Menschen aus dem wissenschaftlichen Fortschritt zu

machen fähig sind, stürzte er sich in die Friedens-
bewegung. Seine Mühe vermochte die verhängnisvol-
le Entwicklung nicht zu stoppen. Der Zweite Welt-
krieg brach aus, sein Volk wurde fast gänzlich ver-
nichtet, Milliarden von Dollars wurden für Zerstörung und Selbstzerstörung ausgegeben, während
unzählige Menschen verhungerten.

Doch die zerrissene, traurige und zugleich kindliche, von Ironie gezeichnete Gestalt Albert Einsteins
scheint auf den Grund hinzuweisen, aus dem die
enormen (lebensfördernden wie zerstörenden) Leistungen hervorgehen. Ist es nicht die Kraft der
menschlichen Sehnsucht?

Die Nachwelt hat nicht nur dem Leben und dem
Werk, sondern auch dem Gehirn von Albert Einstein
großes Interesse entgegengebracht. Wie muss das
Organ eines Menschen beschaffen sein, dem eine
solche Leistung gelungen ist?

Über die Wissenschaft hinaus ist er für viele Menschen zu einem Vorbild geworden. Man bewundert
seine scharfe Intelligenz, aber auch seine Arbeitskraft, seinen Fleiß, seine Ausdauer. Man beneidet
natürlich auch seinen Ruhm, der ihm Reichtum und
Einfluss verschafft hatte.

Doch war die größte Tat Einsteins nicht vielleicht
diejenige, die man am seltensten erwähnt? Nämlich:
Von seinen Leistungen deshalb Abstand genommen
(sie also „relativiert") zu haben, weil ihm mit zunehmendem Alter ein tiefer Einblick sowohl in den un-

endlichen Drang als auch in die Relativität alles Menschlichen gegeben wurde.

9.
Die Kinderfrage:
Wo war ich, bevor ich war?

Die wichtigsten Fragen unseres Lebens haben wir vermutlich in der Kindheit gestellt. Vom erworbenen Wissen noch unbelastet, von der Frische und Spontaneität des Anfangs getrieben, zielten sie oft auf Kern und Mitte ab.

Prägnant und unumwunden wurde berechtigterweise Auskunft über den Grund der Dinge verlangt. Wenn aus Kindern Philosophen werden, wird die schlichte Frage durch langjähriges Forschen und entsprechendes Nachdenken verkompliziert. Die Sache verschwindet aus dem Sinn – zugedeckt vom historischen Schrott; übrig bleibt das Stottern über die unbeantwortbaren „Warum, Wie, Wo?" der vielen Kinderfragen.

Wir bekamen eine schöne Geschichte von der Mutter oder der Großmutter erzählt, mit der wir glücklich einschliefen und manchmal davon träumten, dass Großvater auf einer Wolke auf uns zum Weiterspielen warte. Als aus den Kindern gelehrte Erwachsene wurden, hatten wir viele Theorien zu dieser Frage, aber keine Märchen mehr.
  „Wozu sind wir denn hier?" war eine einfache Frage. Denn die Antwort war für das Kind selbstverständlich: *Wir sind da, um zu spielen, uns zu*

freuen und glücklich zu sein. Kompliziert wurde es erst später, als wir das Spielen verlernten und hinter Dingen herliefen, die uns unglücklich machten.

Zu allen Zeiten hat es aber Menschen gegeben, die ihr Leben lang und also auch im Alter die Frische des Anfangs behielten. Diese Menschen denken und sprechen wie Kinder, d.h. sie gehen der Sache auf den Grund.

Viele Texte dieser Art habe ich im Laufe meines Lebens gelesen. Welchen soll ich nun hier zitieren, um das zu verdeutlichen, was ich in diesem Buch eigentlich sagen will? Ich habe also gesucht und gesucht und auch viele gefunden, ach! die Qual der Wahl – bis ich bei einem Altbekannten stehen geblieben bin. Vielleicht ist er nicht gerade der Beste, aber für den jetzigen Zweck doch sehr geeignet, habe ich gedacht. Denn er war ein großer Gelehrter, der Meister genannt wurde und auch ein wirklicher Meister war, Unverständnis und Verfolgung erleiden musste – aber trotzdem Kind blieb.

Er brachte das Kunststück fertig, in der Gelehrtensprache wunderbare Kindermärchen zu verfassen. Deshalb sind seine Erzählungen über die Jahrhunderte hinweg interessant, ja spannend geblieben – und immer aktuell, unter der Voraussetzung, dass wir durch die Töne hindurch die Musik hören, unter der Verkleidung die Seele suchen, hinter der Schale den Kern finden.

Auf einige der vielen Kinderfragen, die sich uns im Laufe dieses Buches gestellt haben, findet sich Antwort in einer Rede, die man damals (um das Jahr

1300) „Predigt" nannte und welche die Gelehrten mit den Worten des ersten Satzes zu zitieren pflegen: *Selig die Armen*. Der weise Mann sprach in seinen Vorträgen oft Latein, so hieß seine Predigt *beati pauperes*. Schon dieser Beginn ist umwerfend. Denn der Meister, der gerne gegen den Strom schwamm, behauptet unverblümt, dass die Menschen, welche nicht nur nichts haben, sondern auch nichts sind, am wirklich Wahren teilhaben.

Wenn wir seine Worte kindlich aufmerksam und natürlich mehrmals lesen, dann werden wir auch vernehmen, wie schön dieses Märchen ist.

Die Seligkeit selbst öffnete den Mund der Weisheit und sprach: „Selig, die arm sind an Geist, denn ihnen gehört das Himmelreich".

Nun gibt es zwei Arten von Armut. Einmal die äußere Armut. Sie ist gut und hoch zu loben. Aber über sie hinaus gibt es eine Armut, eine inwendige, und auf sie bezieht sich das Wort: „Selig, die arm sind an Geist".

Nun beschwöre ich euch, ihr möchtet so sein, dass ihr diese Lehre verstündet. Denn bei der ewigen Wahrheit, ich sage euch: Kommt ihr der Wahrheit nicht gleich, von der wir nun reden wollen, dann werdet ihr mich nicht verstehen. Ihr habt mich gefragt, was das Wesen der Armut sei und was ein armer Mensch sei. Darauf will ich antworten.

Ein alter Denker lehrt, ein armer Mensch sei der, der kein Genüge findet an allem, was geschaffen worden ist. Das ist gut gesagt. Doch darüber hinaus: Ich sage es noch besser und nehme „Armut" in einem höheren Sinn: Ein armer Mensch ist, wer nichts will, nichts weiß und nichts hat. Von diesen drei Punkten will ich heute reden.

Erstens also behaupten wir, ein armer Mensch sei der, der nichts will. Diesen Satz verstehen einige Leute nicht richtig. Es sind die Leute, die sich in ihrem Selbstbezug an äußere Dinge halten. Sie finden, das sei etwas Großes. Mir tun diese Menschen leid.

Käme nun einer und fragte mich: Was wäre denn ein armer Mensch, der nichts will?, so antworte ich ihm und argumentiere wie folgt: Solange der Mensch daran festhält, es sei sein Wille, frei von allem zu leben, so lange hat er die Armut nicht, von der wir reden wollen. Denn dieser Mensch besitzt immer noch einen Willen, mit dem er frei sein will und das ist nicht die wahre Armut. Denn der Mensch, der die wirkliche Armut hat, der ist völlig abgelöst von seinem geschaffenen Willen, *so wie damals, als er noch nicht war.* Denn ich sage euch: Solange ihr den Willen besitzt, frei zu sein, und solange ihr Verlangen habt nach der Freiheit, so lange seid ihr nicht arm. Denn nur das ist ein armer Mensch, der nichts will und nichts verlangt.

Als ich in meinem *ersten* Ursprung stand, da hatte ich niemanden über mir und keinen Willen in mir – da war ich nur *einig mit mir selbst.* Da wollte ich nichts. Dort verlangte ich nach nichts, denn ich war abgelöst von allen Dingen und ein Erkennender meiner selbst im Genuss der Wahrheit. Da wollte ich mich selbst und sonst nichts. *Was ich wollte, das war ich. Was ich war, das wollte ich.* Aber als ich dann heraustrat aus mir und mein jetziges Wesen entgegennahm, da bekam ich einen Schöpfer und viele Gesetze. *Denn bevor die Geschöpfe waren, da war niemand Schöpfer, vielmehr war der Urgrund, was er war.* Aber als die Geschöpfe entstanden und ihr geschaffenes Wesen empfingen, da war der Urgrund nicht mehr Urgrund in sich selbst, sondern er war ein Schöpfer in den Geschöpfen.

Die Menschen nennen den Urgrund Schöpfer, und den Schöpfer nennen sie in ihren verschiedenen Sprachen Gott. Nun behaupte ich: Gott, sofern er Gott ist, ist nicht das vollkommene Wesensziel der Geschöpfe. Dazu ist der Reichtum zu groß, den das geringste Geschöpf in Gott hat. Hätte eine Mücke Vernunft und suchte sie mit Vernunft den ewigen Abgrund des göttlichen Wesens, aus dem sie gekommen ist, so könnte Gott, behaupte ich, mit all dem, worin er Gott ist, die Mücke nicht ausfüllen und ihr Genüge verschaffen. Deswegen bitte ich Gott, losgelöst zu werden von Gott und die Wahrheit dort zu ergreifen und die Ewigkeit dort zu genießen, wo die obersten Engel und die Mücke und die Seele gleich sind, worin ich stand und wollte, was ich war, und war, was ich wollte. Deshalb behaupte ich: Soll der Mensch arm sein an Willen, dann darf er so wenig wollen und verlangen, als er wollte und verlangte, als er nicht war. Und in diesem Sinne ist der Mensch arm, der nichts will.

Zweitens: Der ist ein armer Mensch, der nichts weiß. Irgendwann einmal habe ich gesagt, der Mensch solle so leben, dass er für nichts lebt, weder für sich noch für die Wahrheit noch für Gott. Aber heute will ich anderes und Größeres sagen: Der Mensch, der diese Armut haben soll, der soll so leben, dass er nicht einmal weiß, dass er lebt, für überhaupt nichts, weder für sich selbst noch für die Wahrheit, noch für Gott. Mehr noch: Er soll so abgelöst sein von allem Wissen, dass er weder wisse noch sonstwie erkenne oder wahrnehme, dass Gott in ihm ist. Abgelöst soll er sein von jeder Art der Erkenntnis, die in ihm lebt. *Denn als der Mensch im ewigen Wesen Gottes weilte, da war nichts in ihm, was nicht er selbst war, sondern alles, was da war, das war er selber.*

Nun entsteht die Frage, worin das Glück bestehe. Einige Meister lehren, es bestehe in der Liebe; andere lehren, es bestehe im Erkennen und im Lieben, und die reden besser. Aber ich behaupte, es bestehe weder im Erkennen noch im Lieben. Mehr noch: Es gebe ein Eines in der Seele, von dem Erkennen und Lieben herkommen. Es selbst erkennt nichts und liebt nichts. Nur wer dieses Eine erkennt, der begreift, worin das Glück besteht. Es kennt weder ein Davor noch ein Danach.

Drittens: Arm ist der Mensch, der nichts hat. Viele Menschen haben behauptet, das sei das vollkommene Leben – auf Erden nichts zu besitzen an körperlichen Dingen. Das ist auch wahr in einem gewissen Sinne, wenn einer es freiwillig tut. Aber in diesem Sinne meine ich es nicht.

Ich habe zuvor gesagt, arm sei, wer die Freiheit nicht erreichen wolle, ja, der Mensch solle so leben, dass er abgelöst sei von beidem, von seinem Wunsch und von jedem Ziel, *abgelöst wie damals, als er nicht war.* Von dieser Armut behaupte ich, es sei die höchste Armut.

Da sind keine Inhalte und keine Unterschiede. Da ist weder Mann noch Frau, weder Schöpfer noch Geschöpf, weder Sein noch Werden. *So war ich, als ich noch nicht da war.*

Darum bin ich Ursprung meiner selbst, nach meinem Wesen, das ewig ist, nicht nach meinem Werden, das zeitverloren ist. Aufgrund des Werdens bin ich geboren, und sofern ich geboren bin, kann ich sterben. Sofern ich ungeboren bin, bin ich ewig gewesen, bin ich jetzt und werde ich ewig dauern. Was an mir geboren ist, das wird sterben und zunichte werden, denn es ist zeitverloren, darum muss es in der Zeit zugrunde gehen.

Bei meiner Geburt, da wurden alle Dinge geboren, und ich war Ursprung meiner selbst und aller Dinge, und hätte ich gewollt, so wäre ich nicht entstanden und alle Dinge wären nicht entstanden. *Und wäre ich nicht, dann wäre auch Gott nicht. Dass Gott Gott ist, dafür bin ich der Ursprung. Und wäre ich nicht, dann wäre Gott nicht Gott.*

Sind seine Äußerungen waghalsig? Eigentlich nicht. Sie sind vielmehr selbstverständlich, aber nicht jedermanns Sache. Muss auch nicht sein. Der Meister ist sich dessen bewusst. So bleibt er gelassen und beschließt seine Rede lapidar:

Dies zu wissen tut nicht not.

Der Meister hielt die Rede um das Jahr 1294. Die Pflanze hat mehrmals geblüht. Heute, über siebenhundert Jahre später, handeln wir erneut davon. Ohne Hektik. Ohne Ungeduld. Denn der Gedanke, um den es geht, kennt keine Eile. Deshalb heißt es zum Beschluss:

Wer diese Rede nicht versteht, der mache sich deswegen in seinem Herzen keine Sorgen. Denn solange der Mensch dieser Wahrheit nicht gleich wird, so lange wird er diese Rede nicht verstehen, denn sie ist unverdeckte Wahrheit, wie sie unvermittelt aus dem Herzen Gottes kommt.

So zu leben, dass wir es ewig einsehen, dazu helfe uns Gott. Amen.

Viertes Kapitel
Wie sich die Sehnsucht
die Ursprünge vorstellt

1.
Urgedächtnis der Menschheit:
Mythen und Märchen

Wir wollen Folgendes annehmen: Selbst als die Menschen noch ein unmittelbareres Verhältnis zur Welt hatten und diese nicht von kommerziellen Gesichtspunkten aus betrachteten, galt ihnen die Erde als ein feindlich-freundliches Gegenüber, von dem ihr Leben abhing. Mutter und Wiege – deshalb früh zur Göttin erhoben – war die Natur zugleich das unberechenbare Ungeheuer schlechthin, das Furcht einflößte.

Und was empfanden die Menschen einst zueinander? Keineswegs nur Liebe und erotische Anziehung. Auch Eifersucht und Hass, Verrat und Rache. Freude und Traurigkeit wechselten sich ab. Genauso wie heute wurde das Leben als Mühsal mit glücklichen Stunden erfahren – ohne Filter, ohne Beschönigung.

Begrifflichkeit gab es noch nicht. Die Verarbeitung der Erlebnisse geschah auf eigene Weise. In Sagen und phantastischen Erzählungen wurden unerklärliche Fakten interpretiert, Euphorie und Niedergeschlagenheit zu Wort gebracht.

Demnach sind bei der früheren Vergangenheit der Menschheitsgeschichte zu unterscheiden: a) die Fakten, welche durch Bauwerke, Statuen, Malerei festgehalten wurden, und b) die Erläuterungen der mündlichen Überlieferungen. Die Deutungen wandelten sich im Laufe der Zeit. Die Steine dagegen blieben – und stellen über die Zeiten hinweg das Gewesene dar.

So werden für das Verständnis der antiken Mythologie einschlägige Kenntnisse der Kunst der betreffenden Kulturen vorausgesetzt.

Dennoch stehen wir bei Bauwerken vor stummen Steinen, auf die wir – meistens unbewusst – das Licht unserer eigenen persönlichen Erfahrungen werfen. Dadurch werden auch diese erhellt. Denn die durch Sagen und Bauwerke überlieferten Erlebnisse (Momente der Urgeschichte) schreiben sich im Laufe der Jahrtausende in Leib und Seele des Menschen ein und werden von Generation zu Generation weitergegeben. So wirken sie als Urgrund individuell und kollektiv nach. Diese Urgründe liegen tiefer als Willensentscheidung, Bewusstsein und Verstand. Sie werden je nach Blickwinkel Archetypen, kollektives Urbewusstsein, Tiefenphänomene genannt und in den einschlägigen Wissenschaften (Archäologie, Ethnologie, Tiefenpsychologie, Tiefenphänomenologie) erforscht.

Hierzu vertreten wir die These, dass historische Urtatsachen nicht mehr als solche rekonstruiert werden können. Die durch Erzählungen und Bauwerke überlieferten Interpretationen jedoch dienen uns als Spiegel, in dem wir die Labyrinthe unserer eigenen Seele erblicken.

Es geht also um Urerfahrungen, die sich am Anfang der Geschichte – im Hervorgang der soge-

nannten geistigen Dimension aus dem Naturgeschehen - gebildet haben. Sie werden durch Erziehung und Genese im Laufe von Jahrtausenden
weitergegeben und deshalb – zumindest teilweise –
mit der menschlichen Natur identifiziert. Der Urstoff
dieses einstigen Erfahrens sind Empfindungen,
Erinnerungen, Erlebnisse – nicht Denkvorgänge, die
sich später in Hochkulturen ereignen. Gefühle sind
fundamentaler und früher als Denken – kollektiv wie
individuell. Kinder handeln primär aufgrund von
Gefühlen – Erwachsene ebenso, aber getarnt, also
kaum mehr ursprünglich.

Mythen und Märchen handeln von dieser grundlegenden Gefühlswelt. In diesem Sinne sind sie der
Zeit enthoben. Sie stellen das Urgedächtnis der
Menschheit dar. Dieses Insgesamt von Urerlebnissen
geht dem Wollen und Planen des Menschen voraus,
stellt den Grund für Wollen und Tun dar. Wenn der
Mensch zu wünschen und zu handeln beginnt,
findet er den Rahmen dafür vorgegeben. Von diesem
Rahmen handeln die Mythen.

Deshalb wird in ihnen nicht begründet, nicht analysiert – nur erzählt, wie es *in illo tempore* war. In illo
tempore ist die Redewendung für das Überzeitliche.
Was mythologisch *ehedem* geschah, geschieht *immer,* also auch heute.

2.
Leben, Lust, Kampf:
Die alten Griechen

In der griechischen Mythologie ist von verschiedenen vorgeschichtlichen Epochen die Rede, in denen jeweils andere Gestalten vorherrschten: Götter und Göttinnen, Titanen, Könige, Helden. Sie prägten das Geschehen. Wissenschaftlich pflegt man die Aussagen symbolisch zu interpretieren – als Vehikel von menschlichen Erfahrungen.

Angesichts von rätselhaften materiellen Zeugnissen (Bauwerken, Pyramiden, Städten, Tempeln) stellt sich die Frage, ob das, was mythologische Erzählungen als historische Begebenheiten darstellen, nicht auch tatsächlich historisch geschehen ist. War die Erde einst wirklich Schauplatz von Ereignissen, die von höheren Wesenheiten ausgetragen wurden? Hat es eine Epoche von Giganten gegeben – genauso wie es eine von Dinosauriern gegeben hat? Diesbezügliches Wissen könnte das Verhältnis des Menschen zu seiner Vergangenheit ändern.

Grundfragen wären dabei: Wann und wo hat intelligentes Leben begonnen? Ist die existierende Art, die wir Mensch nennen, nicht in der Tat Ergebnis eines kosmischen Urfalls, eines Abstiegs, von dem viele Mythologien berichten?

Eine sichere Antwort darauf scheint noch nicht möglich zu sein. Aber die eindringlich gewordene Fragestellung verschärft die Notwendigkeit, das *his-*

torische Gewicht der mythologischen Erzählungen ernst zu nehmen.

Wir sind von Rätseln umgeben: Lebenslust und Todessehnsucht, unerklärliche Leistungen, die den Menschen als solchen übersteigen, Neigungen, die ihn verblüffen, Abgründe, die ihn beängstigen – all dies erfährt der Mensch in sich selbst, meistens jedoch kennt er weder den Grund noch den Sinn seines Empfindens. Könnte es sich dabei nicht vielleicht um eine noch nicht einmal geahnte Form von Vererbung handeln?

Die Mythen handeln über Entstehung und Grund solcher Rätsel des Lebens und des Menschen.

Am Anfang war der Lebensdrang, dessen Prozess die Momente durchläuft: Entstehen, Wachsen, sich entfalten, Eingehen, um wieder aus sich hervorzugehen. Das Urgeschehen wurde durch *Aphrodite* vorgestellt. Später konkretisierte sich ihre Rolle, und sie wurde – wie danach in Rom *Venus* – zur Göttin der Liebe, der Schönheit und der sinnlichen Begierde. Mit den anderen elf kanonischen Göttern bewohnte sie den Olymp.

Aphrodite wurde von zwei Gestalten begleitet: Himeros und Eros.

Himeros ist die Personifikation des liebenden Verlangens. *Eros*, geboren aus dem starken Ares (Kampf) und der schönen Aphrodite, stellt die unwiderstehliche Anziehungskraft der Liebe dar.

Die Vielfalt von Gottheiten, vor allem die Nähe zwischen Himeros und Eros, zeigen die unterschiedlichen Seiten des Liebesdranges. Darin erblickten die alten Griechen das Grundgeschehen des Lebens – mehrdimensional verwickelt wie die Welt des Menschen.

Eros wies oft auf die Liebe zwischen Männern, *Aphrodite* eher auf die Beziehung zwischen Frau und Mann. *Himeros* aber stellte gleichsam den Grundantrieb dar und rief das Begehren hervor, das allen Erscheinungsformen der Lebenslust eigen ist.

Von Aphrodite finden sich in den griechischen Traditionen mehrere Versionen.

Hesiod, der dichtende Bauer, auf den die älteste Göttergenealogie zurückgeht, ließ Aphrodite als Tochter des Gottes *Uranos* (Himmel) geboren werden.[9] Uranos' Gattin war *Gaia* (Erde). Der Himmel und die Erde zeugten einen Sohn, *Kronos*, die Zeit, das Medium, in dem die Menschen ihr Leben verbringen.

Himmel, Erde, Zeit bildeten den Ur-Rahmen.

Zu Beginn der Zeit, am mythologischen Anfang der Erdgeschichte also, schnitt Sohn Kronos auf Wunsch seiner Mutter Gaia seinem Vater die Geschlechtsteile mit einem Sichelhieb ab und warf sie hinter sich ins Meer. Da vermischten sich Blut und Samen und ließen das Meer aufschäumen. Aus diesem Schaum ging Aphrodite hervor. Geleitet vom Gott *Zephiros* (leiser Westwind) ging sie zunächst nach Kythera, dann aber an der Küste von Zypern

---

[9] HESIOD, *Theogonie* 182, 91.

an Land. Dort schmückten sie *Horen* (die Töchter des Zeus und der Thermis), bevor sie den Unsterblichen vorgestellt wurde.

Vom Urgeschehen, aus dem das Leben hervorgeht, verkörperte Aphrodite die süße Seite der Liebe, die schöne und harmonische, die ohne Zauber kaum zu erreichen ist, wie Homer singt:

Gib mir den Zauber der Lieb' und der Sehnsucht,
welcher dir alle Herzen der Götter bezähmt
und sterblicher Erdebewohner! [...]
Ihr antwortete drauf die hold anlächelnde Kypris:
„Nie wär's recht, noch geziemt es, dir jenes Wort zu verweigern,
Denn du ruhst in den Armen des hocherhabenen Kronion."
Sprach's, und löste vom Busen den wunderköstlichen Gürtel,
Buntgestickt; dort waren des Zaubers Reize versammelt;
[...]
„Da, verbirg in dem Busen den bunt durchschimmerten Gürtel,
Wo ich des Zaubers Reize versammelte. Wahrlich, du kehrst nicht
sonder Erfolg von dannen, was dir dein Herz auch begehret."
Sprach's; da lächelte sanft die hoheitblickende Here;
Lächelnd drauf verbarg sie den Zaubergürtel im Busen.[10]

---

[10] HOMER, Ilias, 14.198–223. Übertragung von Johann Heinrich Voß.

Aphrodite löste den Gürtel und ließ den Busen frei. Das Weibliche zeigte seine Anziehungskraft. Der weiblichen Einladung folgen zwar gerne, aber zugleich notgedrungen, sowohl der Gott als auch der Mann. Im aphrodisischen Zauber wirkt das Unwiderstehliche der erotischen Liebe, die durch Leidenschaft die Pole der Schöpfung zusammenführt. In der Ekstase der Begegnung geht das Leben auf und gedeiht in der Wärme der Geborgenheit.

Doch in der Leidenschaft verbrennt sich die Liebe – und verirrt sich auch. Sie stiftet Zwist. So bedarf es immer wieder des Zaubers, der das Unmögliche möglich macht.[11]

Diesen Grundzug ihres Wesens hebt der Homerische Gesang hervor:

[...] die den unsterblichen Göttern süße Sehnsüchte
einflößt,
ebenso auch die Geschlechter der Sterblichen jäh
überwältigt, [...]
Der Kythereia im herrlichen Stirnband huldigen alle
[...]
Ja, sie verführte Zeus sogar, den Werfer der Blitze.
[...][12]

---

[11] Es ist die „Wärme und Echtheit der Leidenschaft, die das Wesen der Aphrodite ebenso durchglüht, wie das sonnenhafte Gold ihre ganze Erscheinung" (Karl Kerényi, *Töchter der Sonne*. Zürich 1944, 160.)

[12] Homerischer *Hymnos auf Aphrodite*. Übertragen von Dietrich Ebener. In: Bibliothek der Antike. Griechische Lyrik. Berlin und Weimar 1980.

Ein „Übergewicht der Sinnlichkeit" in der griechischen Götterwelt haben Fachleute bezüglich der Symbolik des Gürtels getadelt. Diese Bemerkung scheint jedoch an der Sache vorbeizugehen, da sie die Rückprojizierung eines späteren Empfindens in eine weit zurückliegende Welt – ja, ins Geschehen des Urlebens – darstellt. Es sollte weder von Über-, noch von Untergewicht gesprochen werden. Die Erzählung sagt, was sie sagt, und muss so genommen werden, wie sie ist. Zu bemerken ist jedoch, dass gerade die Ursprünglichkeit der Gestalt Forscher von Anfang an störte.

Nicht jeder Mensch verfügt über das Talent der Verführungskunst. Nicht einmal Zeus war dem Anspruch gewachsen. Aphrodite zürnte, bis der Vatergott sie „süßes Verlangen [...] zum Helden Anchises", des schönen Königs von Dardania bei Troja, spüren ließ. Da trat vor ihn die göttliche Tochter, ein kräftig hübsches Mädchen, das noch keine Ehe geschlossen hatte. Anchises erstaunte vor ihrer Aura. Aphrodites Kleider glänzten. Sie trug ein hell leuchtendes Gewand, gewundene Spangen und blanke Geschmeide in Kelchform. Herrliche goldene Ketten von bunter, kunstreicher Arbeit hingen um ihren zarten Nacken; ihr üppiger Busen schimmerte silbern wie der Schein des Mondes, ein Anblick zum Staunen.[13]

-----

[13] Vgl. *Homerischer Hymnos auf Aphrodite*. Übertragen von Dietrich Ebener. In: Bibliothek der Antike. Griechische Lyrik. Berlin und Weimar 1980.

Die Sage ist mit orientalischer Pracht geschmückt. Aphrodite von Ischtar und Astarte war ja, mit den Seefahrern über die Inseln kommend, zu den Griechen gelangt:

> Aphrodite, die goldbekränzte, schöne, besing ich,
> Sie, die rings die Höhen des meerumflossenen Kypros
> Alle beherrscht, wohin sie des Zephyrs schwellender, feuchter
> Windhauch über die Wogen des lautaufrauschenden Meeres
> Trug im schmeichelnden Schaum. [...][14]

Aphrodite war gleichsam eine Übergottheit, die von den örtlichen Naturgottheiten mit Ehrerbietung empfangen und bedient wurde. Die Horen, sang Homer, „nahmen sie freudig auf, sie hüllend in göttliche Kleider".

Die Horen verkörperten Naturkräfte, die zunächst für das Reifen der Früchte zuständig waren, dann aber zur göttlichen Aura (Numen) wurden, die die Jahreszeiten und den Augenblick der Liebe umgibt. Die Liebe bleibt stets erhaben, selbst wenn sie sich als verbotene Frucht darbietet. So trat sie anziehend und unwiderstehlich auf, als Aphrodite beim Ehebruch mit Ares ertappt wurde:

> [...] Der Kriegsgott eilte gen Thrake,
> Aber nach Kypros ging Aphrodite, die Freundin des Lächelns,

---

[14] *Homerische Hymnen.* Übertragen von Thassilo von Scheffer. In: Griechische Gedichte. Hg. Horst Rüdiger, Herrsching o.J., 20–23.

In den paphischen Hain, zum weihrauchduftenden Al-
tar.
Allda badeten sie die Charitinnen und salbten
Sie mit ambrosischem Öle, das ewige Götter verherr-
licht,
Schmückten sie dann mit schönen und wundervollen
Gewanden.[15]

Die *Charites* waren die Anmutsgöttinnen, die, später
in Rom als *Grazien* bezeichnet, mit ihrem majestä-
tischen Auftritt beeindruckten.

Taten ihr auf das unsterbliche Haupt den prächtigen,
goldenen,
Schöngefertigten Kranz, und in die durchstochenen
Ohren
Fügten sie Blüten aus Messing und aus gepriesenem
Golde.
Ihren zarten Hals und den silberschneeigen Busen
Schmückten sie mit goldenem Geschmeide, mit dem sie
ja selber
Prangen, die Horen im goldenen Stirnreif [...][16]

„Messing" meint das wertvolle Orichalkum, die Le-
gierung der römischen Münze *Dupondius*. Aphrodite
hatte die Bereiche der Horen und der Chariten in
sich aufgenommen, was durch das Überreichen der
Blumen-Ohrringe symbolisiert wird. Ebenso ging die
Verehrung der Venus, die altitalische Göttin des

---

[15] HOMER, *Odyssee*. 8, 361–366. Übertragung von Johann
Heinrich Voß.
[16] *Homerische Hymnen*. Übertr: Thassilo v. Scheffer. In: Griechische Gedichte. Hg. Horst Rüdiger, Herrsching o.J., 20–23.

Frühlings und der Gärten, mit anderen örtlichen „Wirksamkeiten des Erblühens" in derjenigen Aphrodites auf.

Die Schönheit der Liebe als Nimbus der Menschenwelt wurde in Aphrodite angebetet. So war ihre gesamte Ausstattung kostbar. Die Dichterin *Sappho* sagte zu ihr:

Du, auf buntem Thron, Aphrodite, Göttin, ...

Sie, die Himmlische offenbarte die Göttlichkeit des erotischen Geschehens. Liebend erst wachsen die Menschen über sich hinaus und bringen Göttliches hervor. In der Geschichte des jungen Anchises hieß es:

Als sie sich auf dem lockenden Lager niedergelassen, zog er zuerst den schimmernden Schmuck ihr vom Leibe, die Spangen
und die gewundenen Broschen, Geschmeide in Kelchform und Ketten,
löste den Gürtel ihr dann und streifte die glänzenden Kleider
ihr von den Gliedern und legte sie ab auf silberbeschlagnem Sessel.
Nach götterverhängtem Schicksal streckte sich schließlich,
ohne die Wahrheit zu wissen, der Sterbliche neben die Göttin.[17]

---

[17] *Homerischer Hymnos auf Aphrodite.* Übertragen von Dietrich Ebener. In: Bibliothek der Antike. Griechische Lyrik. Berlin und Weimar 1980.

Einige Interpreten sehen in dieser Schilderung der Abnahme von Schmuck und Kleidung ein Symbol dafür, dass Aphrodite ihre Göttlichkeit vorübergehend aufgab. Denn Anchises konnte zwar das Zusammensein mit einer menschlichen Frau überleben, mit einer Göttin jedoch nicht.

Unsere Interpretation des Mythos

Es bietet sich eine andere Interpretation an: Aphrodites Gestalt stellt die Zusammenkunft von göttlicher und menschlicher Liebe dar. Im Liebesgeschehen steigert sich der Mensch, die Grenzen zum Göttlichen werden überschritten. So wurde Aphrodite in den Olymp aufgenommen und, als „die Schaumgeborene", zur Adoptivtochter des Zeus.

Ein historisches Faktum ist hierbei von Bedeutung: Aphrodite wurde noch vor Hesiod verehrt. Folglich ist sie altorientalischer Herkunft und gehörte zu den präolympischen Gottheiten.

Die Sage entfaltet also eine menschliche Urerfahrung: In der Liebe erreicht der Mensch das Göttliche, welches *als das Unerreichbare* dem Menschen *innewohnt*. Ein Drang in seinem Wesen erfordert eine ganz andere Definition vom Menschen als diejenige, die später die griechische und danach die abendländische Philosophie („mit Vernunft begabtes Wesen") geben wird.

Die Spannung dieses überfordernden Dranges ist ein Grund für die menschliche Unruhe. Davon zeugt die folgende Gestalt:

Leidenschaft, Enge, Drang nach Weite, Verwirrung, Verlust und Findung. All dies stellt der griechische Held *Odysseus* dar, auf den in dieser Abhandlung (oben Kap. 3, 3) bereits eingegangen worden ist. Er machte zuerst die Erfahrung von Sieg und Niederlage im Krieg. Dann genoss er die Geborgenheit der Liebe mit Ehefrau und Familie, zeugte ein Kind mit seiner Geliebten – und verließ auch diese, um die Welt zu erkunden.

Odysseus wurde alles zu eng. Immer wieder entfloh er den Schranken des Gewohnten, bis er die damalige Grenze der zivilisierten Welt an der spanischen Südküste bei Cádiz erreichte. Doch auch über diese Grenze wollte er hinaus, immer weiter, dorthin, wo es *nicht weiter*zugehen schien – in den Ozean: „Non plus ultra". Doch in dieser Urtiefe, in den Abgründen des Atlantik, Symbol der ungeheuren Nacht der Unendlichkeit, verschwand er. Urbild oder Realität: Versank darin der Mensch oder ging er in einer unbekannten Welt auf?

Odysseus ist eine Gestalt der menschlichen Sehnsucht auf der Suche nach Befreiung. Held des Wagnisses und Abenteuers, der Leidenschaft, Urquell von Kreativität, Trauer und Gedächtnis, Gesetzlosigkeit und Treue. Immer sterbend, um zu leben. Der leidende Gott in menschlichem Gewand.

Ein Gott wäre zu wenig, um die griechische Urerfahrung zu Wort zu bringen. Die Vielgötterei dagegen bringt das Lebensgeschehen in seiner Tiefe und in seiner Weite trefflich zum Ausdruck.

Das Leben sprudelt. Es will hinausfließen. Es

geschieht, indem es in einer Vielfalt von Erscheinungsformen auseinanderläuft. Leben bedeutet Vielfalt, Entfaltung, unaufhörlich Tod und Wiedergeburt.

In der Urzeit der Menschheit, da es noch keine Intellektualisierung der Phänomene gab, war die Beziehung zur Transzendenz vom Staunen und von der Bewunderung gekennzeichnet. Die Menschen staunten über Wasser und Feuer, Berge und Meere, Himmel, Erde, Sterne, Pflanzen, Tiere und Menschen. All diese Dinge waren ihnen göttlich. Doch göttlich waren vor allem der Ort und die Tätigkeit, durch welche Leben entstand.

Entsprechend war urmythologisch die Erotik, als treibende Kraft im dramatischen Geschehen der Geschlechtlichkeit, das Grundphänomen der Menschenwelt. Es gehörig vorzuleben, vermögen nur ein Gott und eine Göttin, die menschlich mit Menschen verkehren. Gerade diese Verbindung lehrte Entscheidendes. Nicht die Fortpflanzung war das erste Ziel, sondern die Lust und die Freude – stets von Leid und Schmerz begleitet.

In der griechischen Mythologie ist das Verhältnis von Frau und Mann nicht primär auf die Gründung einer Gesellschaftsordnung ausgerichtet. Das Leben lebt vielmehr frei und genießt das pure Faktum seines Daseins im Spiel der Geschlechter. Der Sinn ist das Spiel selbst.

Die Gestalt der Aphrodite beeinflusste lange die Lebensauffassung der Menschen, bis die Philosophie vor etwa dreitausend Jahren die mythische Vorstellung ablöste. Die Gefühlswelt bedarf eines Ordnungsprinzips, genauso wie der Sturm der Kreativität erst durch die Form zur Gestaltung gelangt.

Doch gerade deshalb war die Ablösung des Ursprünglichen von der Gefahr der Einseitigkeit bedroht. Das griechische Denken konstruierte die Welt und imaginierte den tugendhaften Menschen, dem es angeblich genügen sollte, etwas zu wollen, um es auch – so Aristoteles – verwirklichen zu können. Diese Illusion hatte stets nur theoretischen Bestand. Denn trotz aller Philosophie blieben die Abgründe – also die Notwendigkeit eines konkreten Ordnungsprinzips, das nicht nur die individuellen Wünsche bremst, sondern vor allem die Wirklichkeit, die Gesellschaft, regelt.

Auf eine Formel gebracht: Der Mensch möchte vornehmlich Geist sein – und bleibt trotzdem grundsätzlich Tier. So behauptet er, durch Vernunft geleitet zu sein, während er in Wirklichkeit ein Schifflein im Ozean seiner Leidenschaften ist. Diese Seite wird in einer anderen, schwerwiegenden Tradition der Menschheitsgeschichte unumwunden angegangen.

Während also die altgriechische Mythologie das erotische Prinzip als Ursprung des Lebens bejubelte, legt die jüdisch-christliche Tradition die problematische Kehrseite offen.

3.
Die Lust als Problem:
Das biblische Konzept

Auf eine Grundvoraussetzung sei hingewiesen:
Nicht nur die Sexualität – auch die natürliche
Anziehungskraft der Geschlechter ist in der biblischen Erzählung über die Erschaffung des Menschen abwesend. Im monotheistischen Jahwe-Glau-
ben kommt die Vorstellung von Glück im Wunsch
nach Erfüllung des Gesetzes, Besitz und kinder-
reicher Familie. Die erotische Spannung dagegen
wird als solche moralisch verdammt – nur als Mittel
zum Zwecke zugelassen, sie wäre infolge eines Feh-
lers, durch einen Urfall, der menschlichen Natur
hinzugekommen.[18]
Im Neuen Testament wird der alttestamentliche
Entwurf grundsätzlich fortgeführt. Die Mensch-
werdung Gottes und die Auferstehung des Fleisches
betreffen das irdische Dasein, in dem es von seiner
zeitlich-leiblichen (sexuellen) Situation befreit werden soll. Entsprechend ist der Drang nach Freiheit,
der nach dem Römerbrief 8, 18–26 die Schöpfung
antreibt, jenseitig interpretiert:

---

[18] Die erotische Beziehung zwischen Frau u. Mann wird in dem
König Salomo zugeschriebenen *Hohe(n) Lied* in ihrer Schönheit
dargestellt. Dessen Zugehörigkeit zum alttestamentlichen
Kanon wird aus besagtem Grund gelegentlich bezweifelt.

Denn ich bin überzeugt, dass dieser Zeit Leiden nicht ins Gewicht fallen gegenüber der Herrlichkeit, die an uns offenbart werden soll. Denn das ängstliche Harren der Kreatur wartet darauf, dass die Kinder Gottes offenbar werden. Die Schöpfung ist ja unterworfen der Vergänglichkeit – ohne ihren Willen, sondern durch den, der sie unterworfen hat –, doch auf Hoffnung; denn auch die Schöpfung wird frei werden zu der herrlichen Freiheit der Kinder Gottes. Denn wir wissen, dass die Schöpfung bis zu diesem Augenblick mit uns seufzt und sich ängstet. Nicht allein aber sie, sondern auch wir selbst seufzen in uns selbst, die wir des Geistes Erstlingsgabe haben, und sehnen uns nach der Kindschaft, der Erlösung unseres Leibes. Denn wir sind zwar gerettet, doch auf Hoffnung. Die Hoffnung aber, die man sieht, ist nicht Hoffnung; denn wie kann man auf das hoffen, was man sieht? Wenn wir aber auf das hoffen, was wir nicht sehen, so warten wir darauf in Geduld.

Die griechische Mythologie sieht im Vorgegebenen – und zwar auch in seinem manchmal überrumpeln-den, gewalttätigen, grausamen Charakter – das Positive. *Der Mensch sei eben so*, wäre eine griechisch-mythologische Formel. Die biblische Auffassung dagegen hat vor Augen den problematischen Charakter der Sinnlichkeit und sieht das davon betroffene faktische Leben als Verfallserscheinung der ursprünglichen Idee an. Der Verfall ereignete sich durch eine Neigung des Menschen zur unangemessenen Selbstbehauptung (durch Überheblichkeit also). Es ginge folglich darum, die Wirklichkeit samt Mensch zu ihrer Uridee zurückzuführen und sie von daher zu erneuern. Dieses Unternehmen wäre aber weder mit menschlichen Kräften noch innerweltlich durchführbar. Nur Gott selbst könnte den Menschen retten und die Weltordnung wiederherstellen.

Dieses Konzept wird in den ersten Kapiteln des Alten Testaments als historisches Ereignis dargestellt. Die neuzeitliche Bibelforschung hat den Urtext, wie es heißt, *entmythologisiert*, um die religiöse Botschaft zeitgemäß vermitteln zu können.

Die Welle, antike Texte zu entmythologisieren, scheint abgeklungen zu sein. Denn die Geschichte bleibt trotz Entmythologisierung so, wie sie war. Gefordert ist nun der Mut, Urtexte direkt zu lesen, Urbildern unbefangen ins Auge zu schauen.

Die biblische Sage geht von einem Urzustand des Glücks aus in einem Ort der Harmonie und Unschuld, genannt Eden. Darin lebte nackt das erste Menschenpaar. Die Idylle wird im 1. Kapitel des ersten Buches Mose (Genesis) beschrieben, das mit der Feststellung endet:

Und Gott sah alles an, was er gemacht hatte; und siehe da, es war sehr gut.

Daraufhin wird die Erzählung gleichsam „gebogen". Die Bibelwissenschaftler erläutern es so, dass der Bericht einer anderen Tradition eingefügt worden sei, mit der doppelten Absicht: a) die übergeordnete Stellung des Menschen in der Schöpfung zu betonen, b) die Ehe als Fundament der Gesellschaftsordnung zu begründen.

Die idyllische Vorstellung des ersten Teils, heißt es, wäre zu naiv angesichts der harten Wirklichkeit gewesen. Ein elementares Problem drängte sich auf: Wie konnte eine so chaotische Welt wie die unsere entstehen, wenn Gott deren Schöpfer ist? Wie ist der ständige Zwist zwischen Mann und Frau zu erklären, wenn am Anfang alles gut war?

Um diese Frage überzeugend zu beantworten – so erläutern es Fachleute –, mache der biblische Text eine Drehung, welche die keimhafte Präsenz der Unordnung schon ins Paradies setze. Die Umdeutung betrifft drei zentrale Aspekte: *a) den Bezug des Menschen zu Gott, b) die Beziehung Frau – Mann, c) das Verhältnis des Menschen zur Erde.*

Die Präsenz des Menschen wird nun so gesehen:

> Und Gott der Herr machte den Menschen aus einem Erdenkloß, und blies ihm ein den lebendigen Odem in seine Nase. Und also ward der Mensch eine lebendige Seele. Und Gott der Herr pflanzte einen Garten in Eden gegen Morgen und setzte den Menschen hinein, den er gemacht hatte. Und Gott der Herr ließ aufwachsen aus der Erde allerlei Bäume, lustig anzusehen und gut zu essen, und den Baum des Lebens mitten im Garten und den Baum der Erkenntnis des Guten und Bösen.

Grundlegend für den (oder die) Verfasser des Urtextes war die Machtfrage. Der Mensch wurde als Herrscher verstanden, aber nicht als der oberste. Er war Mittler zwischen Gott und der Welt, steht über den Dingen, aber unter Gott. Dies wird durch die Einschränkung zum Ausdruck gebracht, er dürfe nicht vom *Baum der Erkenntnis* essen. Der symbolisch als Quelle absoluter Macht gemeinte Baum war wahrscheinlich der Feigenbaum, der in der hebräischen Hierarchie der Früchte den 4. Platz einnimmt.

Und Gott der Herr nahm den Menschen und setzte ihn in den Garten Eden, dass er ihn baute und bewahrte. Und Gott der Herr gebot dem Menschen und sprach: Du sollst essen von allerlei Bäumen im Garten; aber von dem Baum der Erkenntnis des Guten und des Bösen sollst du nicht essen; denn welches Tages du davon isst, wirst du des Todes sterben.

Alsdann ward die Harmonie des Edens getrübt. Wie ein Schatten schwebte über ihm das Gespenst des Todes, das durch menschliches Verschulden wie der Blitz einbrach. Bevor das Unglück jedoch geschieht, wird die hierarchische Grundordnung geklärt. Zuerst gibt der Mann den Tieren ihren jeweiligen Namen. So wird die Überlegenheit des Menschen in der Schöpfung betont. Dann heißt es zur Beziehung Frau – Mann:

Und Gott der Herr sprach: Es ist nicht gut, dass der Mensch allein sei; ich will ihm eine Gehilfin machen, die um ihn sei. [...] Da ließ Gott der Herr einen tiefen Schlaf fallen auf den Menschen, und er schlief ein. Und er nahm seiner Rippen eine und schloss die Stätte zu mit Fleisch. Und Gott der Herr baute ein Weib aus der Rippe, die er vom Menschen nahm, und brachte sie zu ihm. Da sprach der Mensch: Das ist doch Bein von meinem Bein und Fleisch von meinem Fleisch; man wird sie Männin heißen, darum dass sie vom Manne genommen ist. Darum wird ein Mann Vater und Mutter verlassen und an seinem Weibe hangen, und sie werden sein ein Fleisch. Und sie waren beide nackt, der Mensch und das Weib, und schämten sich nicht.

Am Anfang war demnach der Mensch ein Mann. Als aber die Frau aus seiner Rippe gemacht wurde, war

Adam der Mann und Eva *sein* Weib. Der Mann (als der Mensch) ging also auseinander und entließ aus sich die Frau. Alsdann erst stellten beide zusammen den Menschen dar. Folglich entstand der Mensch eigentlich aus dem Mann, und die Frau entwickelte die untergeordnete Existenzform eines aus dem Manne entnommenen Fleischstücks.

Dieses entwickelte sich nach eigenen Gesetzen, die physiologisch wie psychisch die weibliche Wesensart prägten. Die dem Mann abgeschnittene Scheibe sah aus wie der Mond (luna), dessen Zyklen für die Frau als eigentypisch angesehen werden (Menstruation). Auch der Ausdruck „lunatisch" (ital. lunatico= launisch), um den weiblichen Stimmungswechsel zu kennzeichnen, geht auf die biblische Symbolik zurück.

Werden nun beide Teile der Erzählung zusammengedacht, so ergibt sich folgendes Konzept:

Das Verhältnis Frau – Mann wird keineswegs von der Liebe oder von der Leidenschaft her, sondern einzig von der Macht – und die Macht vom Mann – her aufgefasst. Konsequent wird auch Gott als Herr und Herrscher angesehen – und zwar militärisch: Herr der Heerscharen.

Die Vorstellung einer „Göttin" oder einer „Mutter" am Ursprung ist von der jüdisch-christlichen Glaubenswelt aus Unsinn. Zwar herrscht die Sinnlichkeit in vielen Erzählungen des Alten Testaments vor und bestimmt geradezu das Alltagsleben des Judentums mit dem Wunsch nach Kindern und Reichtum; in der Grundauffassung jedoch spielt sie keine Rolle. Die Erotik bleibt in der Praxis entscheidend – als

Vehikel, damit der Mann die Frau begehrt und diese Kinder bekommt. Doch im Verständnis bleibt die Frau dem Mann zum Zwecke der Fortpflanzung untergeordnet.

Die spätere Einführung des Weiblichen durch das Christentum in der Gestalt Mariens ließe – ontologisch interpretiert – das Grundkonzept in einem neuen Licht erscheinen. Aber dieses höhere Verständnis – abgesehen von der Frage, ob es im Urphänomen überhaupt angezielt sein könnte – hat in der Entwicklungsgeschichte des menschlichen Bewusstseins kaum eine Rolle gespielt. Hier wirkt noch immer vorwiegend die populäre (also ontische) Vorstellung der evangelischen Erzählung.[19]

Liebe – geschweige denn Erotik und Sexualität – spielt im biblischen Verständnis des Daseins von Frau und Mann keine grundlegende Rolle. Vielmehr werden die physiologischen Ursprünge des Lebens als Konsequenzen des Verlustes der ursprünglichen Idee vom männlichen Menschen angesehen. Das Unglück zu Beginn der Menschheitsgeschichte bestand also darin, dass der Mann seine Vormachtstellung verlor. So erfolgt die Erläuterung der Zerrüttung des ersten Menschenpaars eigentlich vom Phänomen der Macht her:

---

[19] Eine Hochinterpretation der jungfräulichen Empfängnis (als Tiefenphänomen der ursprünglichen, ideellen Beziehung des Menschlichen zum Göttlichen) versucht der Verf. in einer anderen Schrift, die als Weiterentfaltung der vorliegenden demnächst erscheinen soll.

Und die Schlange war listiger denn alle Tiere auf dem Felde, die Gott der Herr gemacht hatte, und sprach zu dem Weibe: Ja, sollte Gott gesagt haben: Ihr sollt nicht essen von den Früchten der Bäume im Garten? Da sprach das Weib zu der Schlange: Wir essen von den Früchten der Bäume im Garten; aber von den Früchten des Baumes mitten im Garten hat Gott gesagt: Esst nicht davon, rührt's auch nicht an, dass ihr nicht sterbt. Da sprach die Schlange zum Weibe: Ihr werdet mitnichten des Todes sterben; sondern Gott weiß, dass, welches Tages ihr davon esst, so werden eure Augen aufgetan, und werdet sein wie Gott und wissen, was gut und böse ist.

Und das Weib schaute an, dass von dem Baum gut zu essen wäre und dass er lieblich anzusehen und ein lustiger Baum wäre, weil er klug machte; und sie nahm von der Frucht und aß und gab ihrem Mann auch davon, und er aß. Da wurden ihrer beider Augen aufgetan, und sie wurden gewahr, dass sie nackt waren, und flochten Feigenblätter zusammen und machten sich Schürzen.

Demnach ging die Unschuld durch den Drang verloren, die Machtverhältnisse umzukehren. Durch höheres Wissen wollte der Mensch eine Stellung in der Schöpfungsordnung einnehmen, die ihm nicht zusteht.

Diese Schlussfolgerung ergibt sich allerdings nur innerhalb des biblischen Verständnisses des Daseins vom Männlichen her. Im Rahmen einer anderen Auffassung wäre eine entsprechend andere Interpretation möglich gewesen, z.B.: Das Grundübel hätte in der Erfahrung der Begrenzung menschlichen Erkennens bestehen können. Beim Essen der verbotenen Frucht ginge dem Menschen auf, wie kurzsichtig sein Fassungsvermögen sei. Doch der Mythos deutet das Phänomen in eine andere Richtung.

Die Überschreitung der menschlichen Grenzen durch absolutes Wissen verursacht folgende Situation:

Und sie hörten die Stimme Gottes des Herrn, der im Garten ging, da der Tag kühl geworden war. Und Adam versteckte sich mit seinem Weibe vor dem Angesicht Gottes des Herrn unter die Bäume im Garten. Und Gott der Herr rief Adam und sprach zu ihm: Wo bist du? Und er sprach: Ich hörte deine Stimme im Garten und fürchtete mich; denn ich bin nackt, darum versteckte ich mich. Und er sprach: Wer hat dir's gesagt, dass du nackt bist? Hast du nicht gegessen von dem Baum, davon ich dir gebot, du solltest nicht davon essen? Da sprach Adam: Das Weib, das du mir zugesellt hast, gab mir von dem Baum, und ich aß. Da sprach Gott der Herr zum Weibe: Warum hast du das getan? Das Weib sprach: Die Schlange betrog mich also, dass ich aß.

Da sprach Gott der Herr zu der Schlange: Weil du solches getan hast, seist du verflucht vor allem Vieh und vor allen Tieren auf dem Felde. Auf deinem Bauche sollst du gehen und Erde essen dein Leben lang. Und ich will Feindschaft setzen zwischen dir und dem Weibe und zwischen deinem Samen und ihrem Samen. Derselbe soll dir den Kopf zertreten, und du wirst ihn in die Ferse stechen. Und zum Weibe sprach er: Ich will dir viel Schmerzen schaffen, wenn du schwanger wirst; du sollst mit Schmerzen Kinder gebären; und dein Verlangen soll nach deinem Manne sein, und er soll dein Herr sein.

Und zu Adam sprach er: Dieweil du hast gehorcht der Stimme deines Weibes [...] verflucht sei der Acker um deinetwillen [...] Im Schweiße deines Angesichts sollst du dein Brot essen, bis dass du wieder zu Erde werdest, davon du genommen bist. Denn du bist Erde und sollst zu Erde werden.

Und Adam hieß sein Weib Eva, darum dass sie eine Mutter ist aller Lebendigen. Und Gott der Herr machte Adam und seinem Weibe Röcke von Fellen und kleidete sie. Und Gott der Herr sprach: Siehe, Adam ist geworden wie unsereiner und weiß, was gut und böse ist. Nun aber, dass er nicht ausstrecke seine Hand und breche auch von dem Baum des Lebens und esse und lebe ewiglich! Da wies ihn Gott der Herr aus dem Garten Eden, dass er das Feld baute, davon er genommen ist, und trieb Adam aus und lagerte vor den Garten Eden die Cherubim mit dem bloßen, hauenden Schwert, zu bewahren den Weg zu dem Baum des Lebens.

Nicht sinnliche Leidenschaft (wie in anderen Mythologien), sondern der Drang nach Wissen verursacht den Fall. Doch dieser hat eigentlich kaum intellektuelle Folgen. Stattdessen wird die sinnliche Seite des Daseins – die erotische Dimension des Verhältnisses zwischen Frau und Mann – voll getroffen.

Die Gedankenführung sei festgehalten:

Durch das Essen der verbotenen Frucht gingen ihnen die Augen auf. Doch sie sahen nicht ihre geistige Begrenzung, sondern nur ihre leibliche Nacktheit. Da erst taucht erstmalig im biblischen Mythos der Aspekt der menschlichen Leiblichkeit auf: als ein Grund für Scham.

Der Mann fiel zwar als Erster, aber er wurde entschuldigt. Seine Schuld wurde auf die Frau abgeschoben. Auch diese wurde entschuldigt. Doch ihre Situation war von Abhängigkeit und Negativität gekennzeichnet. Sie war gleichsam dazu verdammt, den Mann zu begehren, um von ihm zu empfangen. Die Folge der sexuellen Vereinigung, das Gebären, ist schmerzhaft – doch nicht von Natur aus, sondern infolge der Schuld. Ebenso wurde die Arbeit zum Los des Mannes als Folge des Urfalls. Alles, was mit der Körperlichkeit zu tun hat, war grundsätzlich negativ als Strafe abgestempelt.

Es stellt sich die Frage: Wie hätten Mann und Frau aus dieser Sicht gelebt, wenn sie nicht gefallen wären? Von Liebe, erotischer Lust und Freude an den Kindern ist im biblischen Mythos keine Spur zu finden. Ebenso bleibt außerhalb seines Blickwinkels, dass Arbeit Freude bereiten, das Dasein bereichern und Kreativität bedeuten kann.

Den Grund für die Negativität dieser anfänglichen Situation liefert die Schlange.
Damit wurde – nach der angelockten Eva und dem düpierten Adam – eine dritte Gestalt eingeführt, welche die entscheidende Ursache für die ursprüngliche Zerrüttung der Menschheit symbolisiert.
Die Schlange wird in der christlichen Tradition oft auf den Teufel bezogen (vgl. Buch der Offenbarung 12, 9). In der philosophischen Spekulation des Abendlandes wird das Böse nicht personifiziert. Hier wird darunter ein Urprinzip verstanden, das in der

Überbetonung des Eigenen besteht: *nur ich.* Doch auch die philosophische Spekulation fügt sich ins biblische Konzept ein, das auf der hierarchischen Ordnung fußt, in deren Mitte – unter Gott, aber über allem Seienden – der Mensch steht. Der Gedanke einer ontologischen Gleichheit aller Geschöpfe ist den Traditionen des Abendlandes fremd.

Im Vergleich zum Judentum geht das Christentum in Richtung auf eine Vermenschlichung des Menschenverständnisses einen Schritt weiter:

Die Schlange, die im Garten Eden Eva verführte, wurde später von einer anderen Frau, Maria, besiegt. Doch es handelt sich dabei nicht um eine Bejahung der Weiblichkeit als solcher, sondern um eine Wiederherstellung der Schöpfungsordnung zugunsten des Menschen. Indem Maria zur Mutter Gottes wurde, wurde sie eigentlich höher denn Gott gestellt. Doch sie wurde nicht bejaht als Frau, die begehrt, Kinder gebiert, dem Prozess des Altwerdens unterzogen wird und schließlich stirbt. Im Gegenteil: Maria wird als asexuelle Frau angesehen, die einen unsterblichen Gott-Menschen „unbefleckt" der Welt schenkt und damit dem Los der Endlichkeit entzogen bleibt.

Allerdings sind die vorgestellten Gestalten (Maria und Jesus) keineswegs einseitig vergeistigt. Im Gegenteil: Der von der Frau geborene Gott-Mensch muss durch das unendliche Leiden des Karfreitags gehen, um das neue Leben erreichen zu können. Ist dann die Dimension der Sinnlichkeit im Konzept nicht doch – wenn auch eigenartig, als eine zu erhebende – mitgedacht?

Der stete Neubeginn in der Natur und im Menschenleben wird in vielen Kulturen bedacht und rituell oft emphatisch gefeiert. So kommt der Hervorgang des Lebens gleichsam aus der eigenen Asche in vielen Mythologien vor. Es ist ein Grundthema von Malerei, Dichtung und Musik Die Jahreszeiten – von Frühling bis Winter – stellen symbolisch und reell der Grundcharakter eines jeden Prozesses dar: Aufgang, Wachstum, Untergang, Wiedergeburt.

Gegenüber anderen Weltreligionen bestand das Neue des Christentums im Versprechen, dass die menschliche Sehnsucht nach leiblicher Unsterblichkeit aufgrund der Auferstehung des hingerichteten Jesus erfüllt werde. Die Auferstehung wurde von Anfang an als historisches Faktum vorgestellt und als solches zur Grundlage eines Glaubens gemacht, für den die Hoffnung auf ewiges Leben entscheidend war und bleibt.

Das Phänomen betrifft über den Menschen hinaus die gesamte Wirklichkeit. So Apostel Paulus im bereits angeführten Römerbrief 8, 22–25:

Wir wissen ja, dass die ganze Schöpfung zusammen seufzt und insgesamt in Wehen liegt bis jetzt.

Im Lichte der platonisch-aristotelischen Philosophie wurde die christliche Glaubenswelt zu einer Grundlage für das Selbstverständnis des Menschen, die jahrhundertelang Gültigkeit hatte und in vielen Kreisen immer noch hat. Die griechische Mythologie dagegen wurde ins Feld der historischen Symbolik verschoben. Doch immer wieder tauchte sie auf und zeigte die Wirksamkeit ihrer Sicht.

Außer den griechischen und den jüdisch-christlichen Traditionen haben andere Kulturen Menschenbilder entworfen, die lehrreich sind. Im Folgenden wenden wir uns exemplarisch einigen zu.

4.
Verrückt! Ich bin du
Laila und Majnun
(Eine islamische Liebesgeschichte)

Die orientalische Liebesgeschichte *Laila und Majnun* – zwischen der Prinzessin und dem Sohn eines Kleiderwäschers – wird seit Tausenden von Jahren im Osten erzählt. Sie ist arabischer Herkunft, doch wir finden sie in verschiedenen Fassungen; sehr verbreitet ist die persische Version. Dem aserbaidschanischen Komponisten Äzeryr Hacibeyov diente sie als Thema der ersten islamischen Oper überhaupt, die 1908 in Baku uraufgeführt wurde. Auch der Musiker und spirituelle Meister Hazrat Inayat Khan pflegte die Erzählung auf eigene Art vorzutragen.

Der Grund des Erfolges könnte darin liegen, dass die Sage schlicht und rührend die Sehnsucht des

Menschen nach reiner Liebe zum Ausdruck bringt.[20] Der Knabe Majnun hatte eine besondere Liebesfähigkeit.

Schon in der Schule, da er Laila, dem schönen Mädchen aus dem Schloss, zum ersten Mal begegnete, funkte es zwischen beiden. Mit der Zeit wuchs der Funke zu einer Flamme.

Der Junge konnte ohne das Mädchen nicht mehr leben. Er wurde unruhig, wenn Laila – stets mit ihrem Hund – etwas später zur Schule kam; mit seinem Buch in der Hand schaute er unentwegt zum Eingang, was die Spötter amüsierte.

Die Flamme wuchs zu einem Feuer, und Lailas Herz entzündete sich durch die Liebe von Majnun. Bald gab es für die beiden nur sie selbst auf dieser Welt. Wenn Majnun in ein Buch schaute, las er immer nur den Namen Laila, und wenn Laila ein Diktat schrieb, stand auf dem Umschlag der Name von Majnun.

Beunruhigt schrieben die Lehrer den Eltern beider Kinder, dass diese verrückt seien und und es keinen Weg gebe, ihre Aufmerksamkeit von ihrer Liebe abzulenken.

Die Eltern von Laila nahmen sie sofort von der Schule und überwachten sie sorgfältig, auf dass sie

---

[20] Vgl. NEZAMI, *Laila und Madschnun*. Zürich 2001 (übersetzt von Rudolf Gelpke); Fuat SEZGIN, *Geschichte des arabischen Schrifttums*. Bd. 2 (Poesie), Leiden 1975, S. 389–393; Eren DÜDÜKÇÜ, *Maǧnūn. Die Gestalt des heiligen Verrückten im islamischen Mittelalter*. Bremen 2007.

Majnun nicht sähe. Doch niemand vermochte Majnun aus ihrem Herz wegzunehmen. Ebenso wenig konnte Majnun ohne sie sein. Er musste von der Schule entfernt werden, weil er sie vor lauter Trauer in Aufruhr hielt. Seine Eltern riefen für teures Geld Ärzte und Heiler, um ein Heilmittel gegen seine Traurigkeit zu finden. Doch vergeblich. Wer hat je einen Menschen von der Krankheit der unendlichen Sehnsucht geheilt?

Freunde kamen, Verwandte kamen, weise Ratgeber kamen. Alle versuchten ihr Bestes, um den Gedanken an Laila aus Majnuns Gemüt zu löschen. Doch alles war vergeblich.

Ein Freund sagte zu ihm: „O Majnun, warum trauerst du so über die Trennung von Laila? Sie ist nicht schön. Ich kann dir tausend schönere und charmantere Mädchen zeigen, und du kannst dir unter ihnen eine Freundin aussuchen."

Majnun aber antwortete „Um die Schönheit von Laila zu sehen, brauchst du die Augen von Majnun."

Den Eltern von Majnun blieb die Entfernung als letzte Hoffnung. Sie nahmen Majnun auf die Pilgerschaft nach Mekka mit. Nach mehreren Reisetagen kamen sie am Heiligen Ort an. Um die *Ka'aba* drängte sich eine große Menge. Majnuns Eltern beteten laut zu Allah: „O Herr, Du bist gnadenreich und barmherzig, gewähre unserem einzigen Sohn, dass sein Herz vom Liebesschmerz um Laila befreit werden möge." Daraufhin baten ihn die Eltern: „Kind geh doch und bete, dass die Liebe zu Laila von Deinem Herzen genommen werden möge." Da antwortete Majnun und sprach: „Und wenn ich beten gehe, werde ich dann Laila treffen?"

Die Eltern waren tief enttäuscht. Trotzdem sagten sie zu ihrem Sohn: „Bete, Kind, was immer du beten möchtest."

Majnun näherte sich der *Ka´aba*, kniete davor und betete: „O Allah, du bist groß, und Mohamed ist dein Prophet, bitte, gib, dass ich für immer mit meiner Laila sein darf."

Ergriffen sagten alle, die herumstanden: „Amen".

Alle Versuche, Majnun von seiner Verrücktheit zu heilen, schlugen fehl. So entschieden seine Eltern, sich an die Eltern von Laila zu wenden. Sie sandten ihnen folgende Botschaft: „Uns ist es nicht gelungen, Majnun den Gedanken an Laila zu nehmen. Unsere letzte Hoffnung ist, dass Ihr in eine Heirat einwilligt."

Die Eltern von Laila antworteten: „Obwohl es uns dem Zorn unserer Leute aussetzt, weil wir einem anderen Glauben als Ihr angehören, willigen wir in eine Heirat ein. Als einzige Bedingung stellen wir, dass Majnun gesund ist."

Über diese Antwort waren Majnuns Eltern sehr erfreut. Sie baten ihren Sohn, sich gut zu benehmen.

Majnun war mit allem einverstanden, wenn er nur seine Laila treffen konnte. Sie gingen, wie es Brauch in ihrer Heimat war, in einem feierlichen Zug zum Haus der Braut. Dort war ein besonderer Platz hergerichtet worden für den Bräutigam, der mit Blumen überhäuft wurde.

Doch manchmal gewährt das Schicksal den Liebenden kein Glück.

Bevor die Braut erschien, kam der Hund zufällig vorbei, der Laila damals, als sie sich ineinander verliebten, jeden Tag zur Schule begleitete. Der Anblick des Hundes rief beim jungen Mann starke Gefühle hervor. Außer sich vor Freude rannte er auf den Hund zu, küsste seine Pfoten und legte alle Blumengirlanden um seinen Hals.

Aufgrund dieses Verhaltens meinten viele, dass Majnun verrückt sei. Wie die Sprache der Liebe für den Lieblosen Geschwätz ist, so wurde die Handlung des Liebenden als Verrücktheit angesehen. Die Eltern von Laila verweigerten das Einverständnis zur Heirat, und Majnun wurde nach Hause zurückgebracht und von seinen Eltern als hoffnungsloser Fall betrachtet und nicht mehr überwacht.

Majnun jedoch konnte sich nunmehr frei bewegen. Jeden fragte er nach Laila. Zufällig traf er einen Briefboten auf einem Kamel. Als Majnun ihn fragte, wo Laila sei, antwortete er: „Ihre Eltern haben dieses Land verlassen und sich hundert Meilen von hier niedergelassen." Majnun bat ihn, Laila seine Botschaft zu überbringen. Der Postbote sagte: „Mit Vergnügen." Als nun aber Majnun ihm die Geschichte zu erzählen begann, fand er kein Ende mehr. Majnun redete und redete. Der Briefbote fand die Geschichte amüsant. Doch er bewunderte auch den Ernst des Knaben und forderte ihn auf, ihn ein Stück Weges zu begleiten und währenddessen weiterzuerzählen.

Majnun wurde zum Gefährten des Boten und ging neben dessen Kamel her. Da verspürte der Mann Mitleid und sagte: „Zehn Meilen bist du mit mir gelaufen, um mir deine Botschaft zu erzählen. Wie lange noch? Geh nun deiner Wege, ich werde deine Botschaft Laila überbringen." Majnun sah es ein und ging zurück. Doch kaum hatte er sich hundert Meter entfernt, kehrte er um und sagte: „O lieber Freund, ich habe noch ein paar Dinge vergessen, die du meiner Laila überbringen solltest." Er ging nochmals zehn Meilen mit. Der Bote sagte: „Bei allen guten Geistern, geh nun zurück. Du bist schon so weit mitgegangen. Wie soll ich denn all die Dinge behalten können? Doch werde ich trotzdem mein Bestes tun. Geh nun zurück, du bist schon weit von zu Hause entfernt." Majnun ging ein Stück zurück. Aber es kam ihm wieder etwas in den Sinn und er rannte dem Briefboten nach. So ging er mit ihm den ganzen Weg und erreichte schließlich selber den Ort, an den er seine Liebesbotschaft hatte schicken wollen.

Der Briefträger war erstaunt über diese Ausdauer und sagte zu ihm: „Du bist nun im Land angekommen, wo deine Laila lebt. Wir werden bald die Ruine einer Moschee antreffen. Sie liegt noch außerhalb. Du bleibst dort. Denn in die Stadt zu kommen, wäre zu gefährlich für dich. Ruh dich also aus, ich werde deine Botschaft Laila überbringen."

Majnun hörte auf seinen Rat. Doch die Vorstellung, dass er in der Stadt war, in der Laila wohnte, brachte ihn dazu zu überlegen, in welche Richtung er wohl seine Beine ausstrecken sollte: nach Norden, Süden, Osten oder Westen? Bei jeder Richtung dachte er: „Wenn Laila auf dieser Seite wohnen würde, wäre es unhöflich von mir, meine Beine dahin auszustrecken. Am besten ist es, wenn ich meine Füße an einem Seil zusammenbinde und ich mich kopfüber an diesen Balken hänge. Dort oben wird sie sicher nicht sein."

Er war durstig und konnte kein Wasser finden außer etwas Regenwasser, das in einem lange nicht benutzten Tank war.

Der Briefträger ging ins Haus von Lailas Eltern. Da traf er die junge Frau und sagte zu ihr: „Dein Geliebter Majnun, der ohne Beispiel ist auf der ganzen Welt, gab mir eine Botschaft für dich. Während der Reise hat er nur von dir erzählt, er konnte nicht aufhören zu sprechen und ist bis hierher gelaufen neben dem Kamel." Laila antwortete: „Oh je! Armer Majnun! Was wird wohl aus ihm werden?" Sie fragte ihre alte Amme: „Was wird aus einem Menschen, der ohne Unterbrechung hundert Meilen gelaufen ist?" Die Amme erwiderte hart: „Ein solcher Mensch stirbt." Laila fragte: „Gibt es eine Kur dafür?" Die Amme antwortete: „Ja. Er muss etwas Regenwasser aus dem Vorjahr trinken. Von diesem Wasser muss eine Schlange getrunken haben. Dann müssen seine Füße zusammengebunden werden, und er muss lange kopfüber hängen bleiben; dies mag vielleicht sein Leben retten." Laila wurde traurig: „O, ist das schwer!" seufzte sie.

Doch Gott, der selber Liebe ist, gab, dass sich alles gut fügte für Majnun.

Am nächsten Morgen legte Laila ihr Essen beiseite und sandte es heimlich durch eine Magd mit einer Botschaft an Majnun: „Ich sehne mich nach dir, genauso wie du dich nach mir. Der Unterschied besteht lediglich in der Art der Ketten, die uns hindern. Sobald es mir möglich ist, komme ich zu dir."

Die Magd ging zur Ruine der Moschee. Dort saßen zwei Männer. Der eine war ganz in sich versunken, der andere schaute um sich. Sie dachte, dass Laila unmöglich so einen wie diesen Träumer lieben könnte. Doch um sicher zu sein, fragte sie, welcher der beiden Majnun sei. Majnun dachte an Laila und hörte die Worte nicht. Doch der andere Mann, der arbeitslos war, freute sich, den Essenskorb in ihrer Hand zu sehen und sagte: „Wen suchst du?" Sie sagte: „Mir wurde aufgetragen, dies Majnun zu geben. Bist du es?" Er streckte sofort die Hand aus nach dem Korb und sagte: „Ich bin derjenige, für den du dies gebracht hast" und tauschte ein paar Scherzworte mit ihr, und sie freute sich darüber.

Die Magd kam zurück. Laila fragte: „Hast du es ihm gegeben?" Sie antwortete: „Ja, das tat ich." Daraufhin schickte Laila jeden Tag einen Teil ihres Essens ihrem Majnun, und jedes Mal nahm es jener Mann entgegen, der sich sehr darüber freute, weil er ohne Arbeit war.

Eines Tages fragte Laila ihre Magd: „Du berichtest mir nie, was er sagt und wie er isst." Die Magd antwortete: „Er dankt dir sehr dafür, er ist ein fröhlicher Mann, der viel plaudert. Du musst dir keine Sorgen um ihn machen, er wird jeden Tag dicker." Laila sagte: „Aber mein Majnun war nie dick, und hatte nie eine Neigung dazu. Er hat großen Liebeskummer und ist zu traurig, um viel und witzig reden zu können." Laila vermutete sofort, dass die falsche Person das Essen erhalten hatte. Sie fragte: „Ist sonst noch jemand dort?" Die Magd antwortete: „Ja, da sitzt noch ein anderer, doch er scheint abwesend zu sein. Er nimmt nie wahr, ob jemand kommt oder geht, noch hört er auf das, was die Leute sprechen. Er kann unmöglich der Mann sein, den du liebst." Laila aber sagte: „Ich glaube, dies muss er sein. O weh, du hast die ganze Zeit das Essen einem falschen gegeben! Um sicherzugehen, nimm heute ein Messer mit auf dem Teller statt des Essens und sag zu jenem, dem du all die Tage das Essen gegeben hast: ‚Für Laila brauche ich ein paar Tropfen deines Blutes, um sie von einer Krankheit zu heilen.'"

Da kam die Magd wieder zur Moschee. Als der Mann das Messer in ihrer Hand sah und von Blut hörte, sagte er: „Nein, ich bin ganz gewiss nicht Majnun. Frag diesen Mann da." Die Magd ging zum anderen hin und sagte laut: „Laila möchte ein paar Tropfen deines Blutes, um von einer Erkrankung geheilt zu werden." Majnun nahm sofort das Messer in die Hand und sagte: „Ich bin glücklich, dass mein Blut meiner Laila nützlich sein kann. Ich bin sogar bereit, für sie mein Leben hinzugeben."

Majnun stach mehrmals in seinen Arm, doch

durch das monatelange Hungern hatte er kein Blut mehr, nur Haut und Knochen. Ein Tropfen Blut kam noch heraus. Er sagte: „Nur dies ist mir geblieben, nimm es, bitte."

Bald wurde bekannt, dass Majnun in der Stadt war. Als Lailas Eltern davon hörten, dachten sie: ‚Sicher wird Laila verrückt, wenn sie Majnun wiedersieht.' So entschlossen sie sich, die Stadt für einige Zeit zu verlassen, in der Hoffnung, Majnun würde nach Hause zurückkehren, wenn Laila nicht mehr da war. Doch bevor sie gingen, sandte Laila diese Botschaft an Majnun: „Wir verlassen die Stadt für eine Weile, ich bin sehr unglücklich, dass ich dich nicht gesehen habe. Die einzige Möglichkeit ist, uns unterwegs zu treffen. Dafür müsstest du vorausgehen und in der Sahara auf mich warten." Majnun freute sich über die Botschaft und machte sich auf den Weg zur Sahara.

Als die Karawane in der Wüste ankam und Rast machte, waren die Eltern von Laila schon etwas erleichtert. Denn sie stellten fest, dass Laila etwas glücklicher aussah, und meinten, Grund für ihre gute Stimmung sei der Wechsel – sie kannten ja den wahren Grund ihrer Freude nicht.

Laila aber ging mit ihrer Magd in der Sahara spazieren. Da traf sie plötzlich auf Majnun, dessen Augen schon lange Zeit auf den Pfad gerichtet waren, auf dem Laila kommen musste. Sie sprach: „Majnun, ich bin hier." Doch Majnun hatte keine Kraft mehr in seiner Zunge, um seine Freude auszudrücken. Er hielt ihre Hand, drückte sie an seine Brust und fragte: „Laila, wirst du mich nicht mehr verlassen?" Sie antwortete: „Majnun, ich konnte nur für einen Augenblick kommen. Wenn ich länger bliebe, suchten meine Leute nach mir, und dein Leben liefe Gefahr." Majnun sagte: „Ich habe keine Sorge um das Leben. Du bist mein Leben. O bleibe, verlass mich bitte nicht mehr." Laila versprach: „Majnun, sei vernünftig und glaub mir. Ich werde sicher zurückkommen." Majnun ließ ihre Hände los und sagte: „Ich glaube dir." So verließ Laila Majnun mit schwerem Herzen. Doch Majnun, der so lange keine Nahrung zu sich genommen, nur von seinem eigenen Fleisch und Blut gelebt hatte, konnte nicht mehr aufrecht stehen. Kaum war Laila gegangen, fiel er rückwärts gegen einen Baumstamm, der ihn stützte. Und so blieb er auch, nur die Hoffnung auf Lailas Rückkehr hielt ihn am Leben.

Jahre vergingen. Der halbtote Körper von Majnun war allem ausgesetzt: Kälte und Hitze, Regen, Frost und Sturm. Die Hände, die sich an die Äste klammerten, wurden selber zu Ästen, sein Körper wurde ein Teil des Baumes.

Inzwischen wurde Laila auf ihren Ablenkungsreisen immer unglücklicher. Ihre Eltern hatten die Hoffnung auf eine Heilung des Liebeskummers aufgegeben. Laila selbst hoffte jedoch, eines Tages ihr Versprechen an Majnun, sie werde zurückkommen, erfüllen zu können. Ob er noch lebe, Wind und Wetter und den wilden Tieren in der Wüste ausgesetzt, fragte sie sich insgeheim.

Schließlich kehrte die Karawane mit Laila zurück und hielt am selben Ort wie damals. Ihr Herz war mit Freude und Sorge erfüllt, mit Heiterkeit und düsteren Gedanken. Als sie die Stelle aufsuchte, an der sie Majnun verlassen hatte, traf sie einen Holzarbeiter an, der so zu ihr sprach: „O, junge Frau, geh doch bitte nicht weiter. Da drüben ist eine Art Geist." Laila fragte: „Wie sieht er aus?" Der Holzfäller antwortete: „Er ist ein Baum und gleichzeitig ein Mann; als ich mit der Axt einen Ast abschlug, hörte ich ihn mit einem tiefen Seufzer sagen: O, Laila."

Diese Worte bewegten Laila über alle Maßen. Sie ging in die zerstörte Moschee. Da sah sie, dass sich Majnun beinahe in den Baum verwandelt hatte. Fleisch und Blut waren aufgebraucht, Haut und Knochen waren zu Ästen geworden.

Laila rief laut: „Majnun?"

Er antwortete: „Laila!"

Sie sprach: „Ich bin hier, wie ich dir versprochen hatte, Majnun."

Er aber sagte: „Ich bin Laila."

Sie erwiderte: „Majnun, bitte, komm zur Vernunft. Ich bin doch Laila, schau mich an."

Da sprach Majnun und sagte: „Du bist Laila? Dann gibt es mich nicht mehr."

Und er war sofort tot.

Als Laila die Vollkommenheit seiner Liebe sah, konnte auch sie keinen Augenblick länger leben. Sie sprach den Namen Majnuns aus, fiel zu Boden und starb.

5.
Wie die Leidenschaft so auch die Ruhe
Begegnung mit Brahman
(Eine Erzählung)

In einer Stadt der Welt lebte einmal eine Frau, von der alle Bewohner sprachen. Sie hieß Antonia. Man erzählte sich, dass sie einer fremden Familie entstammte, die vor langer Zeit in diese Gegend gekommen war. Die Familie hatte sich so gut eingefügt, dass sie als einheimisch galt.

Antonia war schön, eine gute Ehefrau und Mutter, warmherzig, erfolgreich im Beruf. Trotzdem blieb sie bescheiden und freundlich. Deshalb war sie beliebt. Eines Tages wurde ihr ein hohes politisches Amt angetragen. Die Parteien waren zerstritten, das Land litt darunter. Das Volk sehnte sich nach einer integren Führungspersönlichkeit. Antonia nahm die Wahl an und regierte mehrere Jahre. Sie brachte den Bürgern Frieden und Wohlstand.

Doch sie selbst – nach außen hin fröhlich – war insgeheim unglücklich. Sie sagte zu sich: Mir fehlt nichts. Warum bin ich so traurig? Doch sie fand auf diese Frage keine Antwort.

Eines Tages erfuhr sie von einem Liebespaar, das in den Bergen wohnte. Die Frau hieß Lara, der Mann Kohuba. Friedlich wohnten sie miteinander in einem

Bauernhof, bearbeiteten die Erde, widmeten der Lektüre und der Meditation einige Zeit jeden Tag.

– Vielleicht lerne ich durch sie, wie ich zu mir komme, dachte Antonia.

Und sie ging zu dem Liebespaar in die Berge.

Lara und Kohuba saßen vor ihrem Haus.

– Was soll ich tun, um den inneren Frieden zu finden?, fragte Antonia.

– Du hast viel getan für andere Menschen, dich selbst dabei vernachlässigt, antwortete Lara.

– Es ist schön und wichtig, für andere da zu sein; doch der erste Mensch, den du zu lieben hast, bist du selbst.

– Soll ich von meinem Amt zurücktreten?

Da schaute Kohuba Antonia an, sprach zu ihr und sagte:

– Nein, du darfst nicht von der Welt weglaufen. Der Mensch gedeiht unter Menschen, wächst durch seine Aufgaben zu sich. Allein: Du musst in der Stille den Sinn finden, der von innen kommt.

– Was ist der Sinn, der von innen kommt?

– Derjenige, der in dir verborgen ist.

– Nimm eine Zeit lang Abstand von der Geschäftigkeit. Vielleicht hörst du dann die Stimme in dir.

Antonia kehrte in die Stadt zurück und widmete sich weiterhin ihrer Familie und ihrer Arbeit.

Lange Zeit verging. Antonia war weiterhin erfolgreich, wurde aber nicht glücklicher in sich selbst. Da entschied sie eines Tages, erneut auf den Berg zu steigen.

Es war Abend. Das Liebespaar saß friedlich vor seinem Haus.

Antonia grüßte und sagte:

– Ich möchte gerne eine Zeit lang bei euch sein. Nehmt ihr mich auf?

– Ja, antwortete Kohuba. Siehst du das kleine Haus oben auf dem Hügel? Da kannst du wohnen.

Antonia ging den steilen Pfad hinauf, der zum Häuschen führte. Es bestand aus zwei kleinen Räumen und einer Diele. In einem Zimmer mit einem Kamin standen ein Krug mit Wasser, ein Tisch mit einem Hocker, darauf ein Blatt Papier und ein Bleistift; im anderen Zimmer ein Bett und ein Waschbecken, in der Diele ein Gehstock. Hinter dem Häuschen lag gestapelt Brennholz.

Antonia war müde, legte sich ins Bett und schlief ein. Sie träumte, dass sie auf einem hohen Berg stand und ihre Stadt betrachtete. Der Anblick rührte sie.

Am nächsten Morgen erwachte sie früh und ging den Hügel hinunter zum Liebespaar, das sie bereits erwartete.

Der Tag begann anzubrechen.

Da sprach Lara und sagte:

– Am Anfang war die Stille. Die Stille erzeugte Unruhe. Und die Unruhe barg Lust. Und die Lust brachte den Sturm hervor. Der Sturm drängte nach Leben. Und das Leben sehnte sich nach Liebe. Das ist das höchste Gut.

Daraufhin sprach Kohuba:

– Am Anfang war Brahman. Es findet sich im

Leben, aber es ist nicht das Leben. Es findet sich in der Geschichte, aber es ist nicht die Geschichte.

– Was ist Brahman?, fragte Antonia.

– Brahman ist kein Sein, antwortete Kohuba, und Es ist auch nicht das Nichts. Es ist Anfang und Ende, Chaos und Ordnung, Krieg und Frieden, Verzweiflung und Seligkeit, Leben und Tod.

– Ich habe Bücher über Brahman gelesen, doch sie haben mich nicht glücklich gemacht.

– Brahman kann man nicht erläutern. Was wir Menschen als das Unendliche deuten, kann nicht das Unendliche sein. Brahman meint das, was anders ist als alles andere, sagte Kohuba. In den Schulen wird über *Saguna-Brahman* gesprochen. Es ist eine Vorstellung des Absoluten *mit* Eigenschaften, damit die Menschen verstehen können. Aber das ist nicht Brahman. In den Schulen ist auch die Rede von *Nirguna-Brahman*. Das sei eine höhere Vorstellung des Absoluten *ohne* Eigenschaften, zugänglich für Menschen, die abstrakt und philosophisch zu denken vermögen. Doch auch das ist nicht Brahman.

– Was ist dann Brahman?, fragte Antonia.

Lara antwortete:

– Brahman ist das in dir, was du zu finden hast. Es ist überall, aber du findest es nur in dir.

So sprachen an jenem ersten Morgen Lara und Kohuba zu Antonia.

Am nächsten Tag kam Antonia bei der Morgendämmerung vom Häuschen auf dem Hügel wieder zum Liebespaar hinunter und fragte:

– Was ist dann Brahman? Das Leben? Die Liebe?
Die Seele? Der Urgrund?
Lara antwortete:
– „neti, neti". (Das bedeutet: „nicht so, nicht
einmal das")
Antonia fragte:
– Was ist Brahman?
Lara antwortete:
– Brahman ist dein Weg.
Antonia wurde traurig und fragte:
– Wo ist mein Weg? Habe ich mich bisher geirrt?
Lara schwieg.

Da nahm Kohuba ein Buch und las daraus vor:
– „Dieses ... nennen die Kenner des Brahman das
Unvergängliche. Es ist nicht grob, nicht fein; nicht
groß, nicht klein. Nicht Geist, nicht Seele, nicht
Leib. Ohne Sprache und ohne Denken. Ohne Ge-
schlecht. Es erfüllt alles, doch nirgends ist es anzu-
treffen. Brahman ist das in dir, was du nicht bist.
Nur dadurch kannst du finden, was du wirklich bist.
Lara erklärte:
– Brahman ist die Fülle, nach der wir uns sehnen.
Wir erreichen sie im Hier und Jetzt; sie ist uns
gegeben.
Da sagte Antonia:
– Die meisten Religionen erkennen einen Schöpfer
an, der aus dem Nichts das Leben schafft. Ihr aber
sagt: Am Anfang war die Stille, die früher ist als
jedes Wort.
Lara erwiderte:
– Nicht *war* am Anfang die Stille. Die Stille *ist* der

Anfang, der früher ist als jeder Gott. Die Götter werden von Menschen gemacht. Die Stille aber lebt aus sich.

– Ohne das Wort wäre nichts geworden. Dem Wort liegt Kraft, Macht und Gewalt inne. Es kann leise und zart sein. Auch Frieden bringt das Wort und Glück und Fülle. Darum heißt es: Am Anfang war das Wort. Wieso lehrt ihr das Gegenteil?

Darauf antwortete das Liebespaar nicht.

Dann sagte Lara zu Antonia:

– Nimm dir zu essen mit, geh ins Häuschen und bleibe dort fünf Tage.

Antonia holte sich aus dem Haus Vorrat und ging ins Häuschen. Fünf Tage und fünf Nächte blieb sie darin.

Am Morgen des sechsten Tages kam sie zum Liebespaar hinunter und sprach:

– In diesen fünf Tagen und fünf Nächten ist mir mein Leben gegenwärtig geworden wie in einem Film mit klaren Sequenzen. Doch es war, als ob es sich um einen anderen Menschen handelte. Ich konnte alle Szenen nachvollziehen, sah mich darin, war mir aber selbst fremd.

– Glückserfahrungen und Leiden, Arbeit und Muße, Erfolge und Niederlagen. Das macht dein

Leben aus. Aber du bist mehr und anders als alle diese Zeiten und Erlebnisse, sagte Lara.

– Auch meine Lieben verstand ich, aber sie waren mir fremd, unerreichbar, sagte Antonia.

Sie hatte Platz genommen zwischen Lara und Kohuba. Alle drei saßen vor dem Haus mit Blick auf das Tal, in welchem die Stadt lag.

Antonia sprach weiter:

– Mein Vater war ein ehrenhafter Mensch, gütig und verständnisvoll, auch etwas schüchtern und ängstlich. Meine Mutter war edel und stark, mit Durchsetzungskraft. Ich war ihr einziges Kind. Meine Eltern hatten sich mehr Kinder gewünscht, aber nur eines bekommen. Ihre Liebe konzentrierte sich ganz auf mich. Meine Kindheit war schön. Danach konnte ich studieren. Ich fand gleich Arbeit. Der Tag hatte trüb begonnen. Nun aber wollte die Sonne durchbrechen.

Antonia fuhr fort:

– Ich heiratete den Mann, den ich liebte. Es schien jedoch, dass ich nicht empfangen konnte. Nach fünf Jahren glücklicher Ehe hatten wir noch keinen Nachwuchs. Doch dann fühlte ich in mir eine große Lebenskraft. Ich wurde schwanger. Unsere erste Tochter wurde geboren. Dann kamen noch ein Junge und wieder ein Mädchen. Wir waren und sind zufrieden. Bis ich mich dann dem öffentlichen Leben widmete. Ich wollte Gutes für die Menschen tun, nachdem ich selbst so viel Glück hatte. Doch in mir verspürte ich eine große Leere.

Sie schwiegen. Es war still auf dem Berg.

Nach einer Weile sprach Kohuba und sagte:

– Lara und ich leben im Zeichen von Brahman und Atman. Diese Begriffe entstammen dem Hinduismus. Doch wir sind keine Hindus. Wir gehören keiner Religion an, wir folgen auch keiner bestimmten philosophischen Richtung. Wir nehmen diese Worte, Brahman und Atman, in dem Sinne, den sie am Anfang hatten. Es waren Worte der Freiheit, des Suchens. Die Menschen haben sie dann verschieden interpretiert. Zahlreiche Schulen sind entstanden. Wir aber wollten keiner bestimmten Lehre folgen, sondern frei leben.

– Seid ihr zufrieden mit eurem Schicksal?

– Ja, wir sind zufrieden. Aber wie leiden auch. Denn wir werden älter, das Leben entgleitet uns, wir werden gebrechlicher. Altwerden ist schwer.

– Kann der Mensch glücklich werden?

– Auf eine solche Frage kennen wir keine allgemeine Antwort. Vermutlich alle Menschen erfahren Glücksmomente. Menschsein ist schwer. Wir sind von Geheimnissen umgeben. Wir beide haben Wissenschaften studiert, Ämter innegehabt, wir sind viele Jahre in Verantwortung gestanden. Dann haben wir uns zurückgezogen. Wir wollen niemanden belehren. Aber wir helfen jedem, der zu uns kommt.

So sprach Kohuba.

Lara fügte hinzu:

– Im Laufe der Zeit ist uns klar geworden: Die Freiheit braucht keine Räume, das Glück keinen Besitz. Unsere Aufgabe ist den Frieden bewahren – zuerst in uns, hier und jetzt.

Antonia hatte zugehört. Dann fragte sie:

– Darf ich noch einige Tage bei euch bleiben?

– Du darfst so lange bleiben, wie du möchtest, und kannst gehen, wann es dir beliebt, antwortete Lara.

Antonia ging erneut den Berg hinan ins Häuschen. Sie blieb dort noch einmal fünf Tage und fünf Nächte. In der Morgendämmerung des sechsten Tages stieg sie den Berg hinab zu dem Liebespaar und sprach:
– Als ich zu euch kam, fühlte ich mich ausgelaugt und war traurig. Nun aber habe ich in mir selbst einen Quell der Freude entdeckt: die Weite. In mir leben Himmel und Erde, meine Vorfahren, meine Eltern, meine Kinder, meine Geschwister, meine Freunde, mein Volk, die Menschheit. In mir ist Fülle. Doch auch Leere habe ich erfahren. So habe ich gelernt, dass Fülle nur vorübergehend in ausgezeichneten Momenten erfahren werden kann. Es ist oft so eng! Aber ich spüre ein Darüber hinaus in dem, was ich gerade tue. Das befreit mich.
– Das befreit dich nicht nur zu dir, sondern zum großen Sein.
Der Tag war bereits angebrochen.
Antonia schwieg eine Weile, dann fuhr sie fort:
– In der Stille suche ich nicht die Lösung meiner Probleme – ich erfahre die Stille. In der Arbeit erfahre ich Arbeit, in der Liebe nur Liebe.

Lara und Kohuba hatten zugehört. Sie fügten den Worten Antonias nichts hinzu.
Friede umhüllte den Berg.
Nach einer Weile ergriff Lara das Wort und sprach:
– Jene, die Gutes tun, werden gut. Gute Taten

machen rein. Wie wir handeln, so werden wir. Doch halte gelegentlich an, besinne dich. Deine Seele braucht Ruhe, wie die Lungen die Luft. Antonia, geh in deine Stadt wieder zurück.

Antonia stieg von der Spitze des Berges hinab und ging ihres Weges.

Als sie im Horizont verschwunden war, sprach Kohuba:

– Atman, das Selbst, ist niemals anderswo, es ist immer nur dort, wo wir sind. Doch wenn Atman aufgeht, ereignet sich Brahman.

Nachwort

Das Herz und der Verstand

Symbolisch ist mit *Herz* der Ort gemeint, aus dem Gefühle und Wünsche, Leidenschaften und Neigungen, Lebensimpulse entstehen. Menschen betrachten es als das Innigste. Deshalb wird es umhüllt, sorgfältig verschleiert. Nichtsdestoweniger ist es, gleich wie das physiologische Organ, das seelische Lebenszentrum.

Verstand nennt dagegen jene Eigenschaft, kühl zu analysieren, zu unterscheiden, auseinander zu halten. Menschen betonen gern, ihn reichlich zu besitzen und zu gebrauchen.

Unter *Vernunft* wird vorwiegend in der Fachwelt die Fähigkeit des Denkens verstanden, aus durch Beobachtung und Erfahrung erfassten Sachverhalten universelle Zusammenhänge herzustellen und zu überblicken (theoretische Vernunft), daraus Prinzipien zu gewinnen und danach zu handeln (praktische Vernunft). Diese Eigenschaft ist dem Menschen so wichtig, dass er sich zumindest im Abendland gattungsmäßig von daher definiert.

So klar und erfreulich nun die Unterscheidungen in Lehrbüchern und Lexika auch sein mögen, so dunkel und unsicher sind sie in der Wirklichkeit. Tatsächlich ist der Streit darüber, was den Menschen eigentlich wesensmäßig primär kennzeichne – ob Geist, Gefühl, Verstand oder Vernunft – vermutlich so alt wie die Begriffe selbst.

Die heikle Problematik wiederholt sich in der individuellen Geschichte:

Schon als Kind haben wir in der Schule gelernt, *der Mensch sei ein mit Vernunft begabtes Wesen.* – Nun zeigt die persönliche wie die gesellschaftliche Realität eher – um nicht zu sagen durchgehend – die Herrschaft des Unvernünftigen.

– Wenn Kinder unbekümmert fragen, was Vernunft bedeute, wissen ehrliche Lehrer nicht, was sie antworten sollen. Mit Recht. Was sollen sie sagen? Sie haben die Vernunft genauso wenig gesehen wie die Eltern. Aber die Kinder reimen sich den Rest mit eigener Logik: Vernunft = Belohnung steht gegen Unvernunft = Strafe. Die Schlauen sind artig. Denn vernünftiges Benehmen erbringt Süßigkeiten. Also ein Geschäft.

– Später, wenn die Kinder groß werden und sich mit Philosophie befassen, erfahren sie feierlich in Vorlesungen und Seminaren, *Vernunft sei ein Postulat.* Auf die Frage, was ein Postulat bedeute, erhalten sie die begriffliche Präzisierung: Es handele sich um eine Annahme, die sich für bestimmte Zwecke – wie etwa eine Gesellschaftsordnung – als notwendig erweise. Da werden aber junge Menschen, da in der Regel noch geistig frisch, gelegentlich skeptisch. Kennen sie doch, was in Kirchen und Regierungen, in Freundeskreisen und Familien, in den Räumlichkeiten der Alma Mater im Namen der Vernunft alles angerichtet wird.

– Noch später, gegen Ende des Weges, wünschen die nun alt und manchmal auch weise gewordenen Kinder keine Theorien mehr, denn sie haben genug davon. Also schauen sie auf Lehrer und Schüler, auf Redner und Zuhörer, auf Freunde und Verwandte zurück und rufen aus: Vernunft ist ein Elixier!

Ähnlich muss Goethe empfunden haben, als er in seinem Drama *Faust I* Mephistopheles dem Schöpfer Folgendes vorwerfen lässt:

> Ein wenig besser würd er leben,
> Hättst du ihm nicht den Schein
> des Himmelslichts gegeben;
> Er nennt's Vernunft und braucht's allein,
> Nur tierischer als jedes Tier zu sein.
> Er scheint mir, mit Verlaub von euer Gnaden,
> Wie eine der langbeinigen Zikaden,
> Die immer fliegt und fliegend springt
> Und gleich im Gras ihr altes Liedchen singt;
> Und läg er nur noch immer in dem Grase!
> In jeden Quark begräbt er seine Nase.

In der vorliegenden Abhandlung haben wir die zentrale Dimension des menschlichen Daseins zu erhellen versucht. Doch anders als der hochgeschätzte Dichter wollten wir die Vernunft keineswegs herabsetzen. Im Gegenteil: Unsere Ansicht war: Vernunft ist – als notwendige Illusion – eine erhabene Hervorbringung, eine der höchsten Leistungen der *Kraft der menschlichen Sehnsucht*. Wir haben uns bemüht, die Begründung unserer These klar und redlich vorzutragen.

Im November 2015 erscheint ebenfalls:

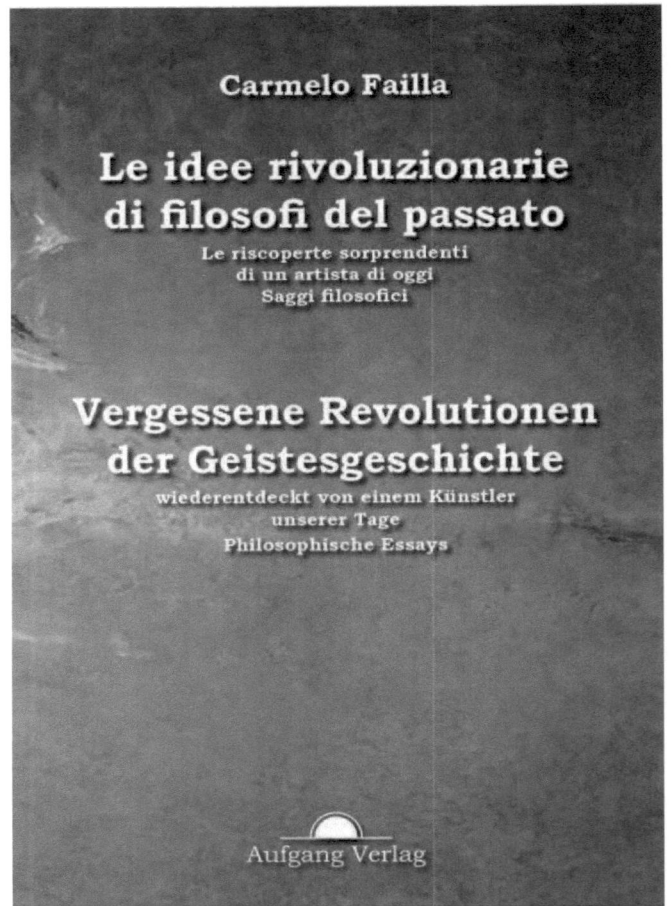

Carmelo Failla

**Le idee rivoluzionarie
di filosofi del passato**
Le riscoperte sorprendenti
di un artista di oggi
Saggi filosofici

**Vergessene Revolutionen
der Geistesgeschichte**
wiederentdeckt von einem Künstler
unserer Tage
Philosophische Essays

Aufgang Verlag